공간복지 Vol.1

공간닥터
프로젝트

학고재

Contents

별첨 F 단지별 현황

공간이 복지다

꽤 오래전 일입니다. 연구년을 맞아 외국대학에서 강의를 하던 중, 학생들에게 한국하면 떠오르는 이미지를 발표해보라고 했습니다. 빡빡한 수업일정에 잠시 청량제도 될 겸, 세계 각국에서 온 학생들이 생각하는 한국이 궁금하기도 했었습니다. K-POP이나 드라마 정도가 나올 것으로 예상했었는데, 결과는 당혹스러웠습니다. 헬조선, 삼포 이런 단어들이 마구 튀어나오는 데, 청년들이 생각하는 한국은 '국적에 관계없이 다 비슷하구나.'하는 생각마저 들었습니다.

일 년쯤 지나고 귀국하던 날, 커피숍으로 도배된 거리 풍경이 눈에 클로즈업되었습니다. 왜 그리 많은 지, 인터넷을 뒤져보니 역시나 1인당 스타벅스 수가 가장 많은 도시가 서울이었습니다. 책보고, 글 쓰고, 인터넷서핑 등이 외국 도시들에선 공공도서관에 가면 될 일이 우리 도시에선 커피숍에서 이루어지고 있습니다. 소득은 3만 불을 넘어섰는데, 도시공간의 서비스는 한참 뒤쳐져 있었습니다.

'공간이 복지다'라는 생각이 들었습니다. 그동안 우리사회는 주거의 질을 좌우하는 기준으로 취약계층에 대한 임대주택의 공급량이나 주택내부의 설계에만 주목해온 것이 사실입니다.

그러나 앞으로는 국민들의 풍요로운 삶을 위해 생활권 내 의료, 교육, 고용, 주거, 문화 등 사회서비스가 충실하게 제공되어야 하고, 그 사회서비스의 하드웨어 기반으로써 '장소중심의 공간복지'가 공공건축의 핵심적인 사회적 가치로 부각되어야 할 것입니다.

2018년 1월 제가 서울주택도시공사 사장에 부임할 당시 저는 취임일성으로 앞으로 공사가 발주·시공하는 공공주택건설에 있어 시민 누구나가 일정 수준이상의 기초생활인프라 서비스를 향유할 수 있도록'공간복지'를 지향하겠다고 약속한 바 있습니다.

'공간복지'라는 혁신사업을 정착시키기 위해 공사는 우선 그 실행 조직으로써 2019년 4월에 도시공간디자인실을 공간복지전략실로 확대·개편하였고, 공간복지전략실의 핵심 사업으로 건축-도시-조경분야 전문가 26명의 1기 공간닥터 선정 및 20년 이상의 21개 노후 공공임대 단지를 대상으로 공간닥터 1기 프로젝트를 시행하였으며, 그 중 강북 4개 단지(가양4, 중계4, 월계사슴2, 방화11)는 공간개선시범 공사에 실행·착수한 상태입니다.

또한 2019년 10월부터는 최적 공간위계 내 '작은 도서관' 건설을 위한 공간닥터 2기 활동계획, 11월부터는 동북4구(도봉, 성북, 강북, 노원) 공간복지 마스터플랜 작성을 위한 작업이 진행 중에 있으며, 12월에는 동아일보사와 우리공사가 공동으로 '2019 대한민국 공간복지 대상'을 마련하여 시상함으로써, 전국의 기초지방자치단체들에게 공간복지정책의 필요성을 환기시키고 있는 상황입니다.

금번 발간하는 책자는 노후 임대단지 외부공간개선을 위한 공간닥터 프로젝트 1기의 성과물입니다. 공간복지 코디네이터 역할을 충실히 해주신 공간닥터 1기 선생님들의 노고에 다시 한번 감사드립니다. 이미 진행되고 있는 하나하나의 프로젝트는 가죽을 벗기고 새 살을 돋게 하는 혁신의 과정일 것입니다.

또, 금번 성과물은 장래 서울주택도시공사가 공간복지 전문공기업으로 성장하기 위한 밀알이 될 것이며, 나아가 공간닥터들이 우리공사에서의 경험을 토대로 다른 지자체나 공공기관에서도 공간복지 전문가로서의 역할을 마음껏 펼쳐나가 주실 것을 응원합니다.

아울러 김혜정 공간복지전략실장을 비롯한 공간복지전략실 직원들의 노고에도 감사드립니다.

2020. 4.

서울주택도시공사 사장 **김 세 용**

| SH서울주택도시공사 공간복지전략실 |

공간복지 × 공간닥터
프로젝트

SH서울주택공사는 도시공간의 새로운 가치 창출이라는 비전을 가지고 주거복지를 넘어 공간복지로의 시작을 선포하였다. '필요한 시설을, 적절한 장소에, 좋은 공간으로' 제공하여 장소 기반의 복지, 공간복지를 통하여 삶의 질을 개선하기 위한 혁신적인 다양한 시도가 진행되고 있다.

공간닥터 프로젝트는 공간복지를 향한 새로운 걸음으로 노후된 임대아파트 외부공간을 대상
으로 진행된 사업이다.

　　임대아파트는 일반적인 분양아파트와는 다른 특성을 가지고 있다. 특히 공공임대아파트는
특성상 유지관리가 어렵고 노후화가 매우 빠른 편이다. 입주민들은 입주 후 퇴거율이 굉장히
낮아, 최초 입주자가 지속해 거주하여 아파트와 함께 노령화되고 있다. 거주자의 노령화로 인
한 공간 이용의 특성이 두드러지면서 이용자와 시설 간의 충돌이 발생하고 있으며 공간이 사
용자로부터 분리되고 있다.

　　예를 들면, 강남구에 있는 20,000㎡의 영구임대아파트 단지의 경우 65세 인구의 비율이
70%에 이르고 14세 미만의 어린이는 손에 꼽을 정도로 적지만, 놀이터는 5개소가 있어 활용도
측면에서는 버려진 공간이나 다름없는 상태이다. 하지만 노인정은 1990년대 조성된 면적 그
대로 유지하고 있어, 단지 내 노인의 이용 수요를 감당하기 어려운 상태이다.

거주자 측면	단지관리 측면	단지환경 측면	지역 커뮤니티 측면
고령인구 및 장애인 인구 비율은 매우 높은 편이나 무장애 계획 등 배려는 미흡	빠른 노후화, 입주자 특성상 관리 소홀과 충분한 유지보수가 어려움	주차공간, 자전거 보관소 등 주민 편의시설의 부족 고령화로 경로당 부족	주변 지역과의 물리적 단절과 심리적 소외

　　SH공사가 유지관리하고 있는 임대주택은 총 203,853호(2019.09기준)로, 이중 20년 이상 노
후 아파트 단지는 65단지 48,356세대에 이른다. 노후화는 지속적으로 가중될 것이고 사용자와
공간과의 부적합함은 거주자의 삶의 질을 떨어뜨릴 것이다.

　　공간닥터 프로젝트는 이러한 문제점을 진단하고 이를 개선하기 위한 사업으로 기획되었
다. 공간닥터는 의사가 환자를 진단·처방하듯, 임대아파트의 외부공간을 진단하고 처방할 건
축·도시·조경 등 다양한 분야의 전문가로 구성되었다. 각 분야의 전문가로 추천된 26명의 공
간닥터를 구성하고, 약 40여 일간 어렵고 힘든 섭외과정을 거쳐, 마침내 4월 27일 위촉식을 시
작으로 본격적인 프로젝트에 들어갔다.

공간닥터 프로젝트 추진의 기본 단위는 노후임대아파트의 분포도를 고려하여 서울시를 5개의 권역으로 구분하였으며, 권역당 4단지를 기본으로 한 팀을 구성하였다. 권역을 총괄하는 5인의 책임닥터와 21개 단지의 공간닥터는 5개의 팀으로 꾸려져 팀별 활동을 진행하였다. 책임닥터는 해당 그룹 공간닥터들의 조력자로서 우리공사와의 정기적 간담회를 통해 그룹 내 의견과 진행 사항을 상호 전달하고, 중간발표 및 최종발표 시 계획안 검토의 역할을 수행하였다. 21인의 공간닥터는 각각 1개 단지를 전담하게 되었으며 이를 추진하기 위한 조직을 별도로 구성하여 단지를 진단하고, 아이디어를 담은 처방안을 마련하는 역할을 수행하였다.

총 26인의 책임·공간닥터와 협력조직들은 단지 현황 및 입주민 현황 등 자료를 먼저 분석하고, 주간·야간·주말 등 시간대별 활용 현황을 파악하기 위한 현장방문과, 입주민과의 즉석 인터뷰를 통해 해당 공간의 활용도와 필요 공간에 대한 파악을 약 40일간 진행하였다. 각 단지별 공간의 문제점이 도출되었으며 외부공간의 개선을 위한 단지 거주자의 특성을 고려한 다양한 처방이 도출되었다.

중간발표회는 단지별 파악된 문제점과 아이디어 방향을 공유하는 자리가 되었다. 이틀간 진행된 중간발표의 가장 화두가 된 콘셉트는 신내12단지를 맡은 서울시립대 김충호 교수의 '좋은 것은 밖에 있다'로, 좁은 임대아파트 실내주거공간을 벗어나 외부공간을 활용하여 다양한 커뮤니티 활동을 즐길 수 있게 만들겠다는 생각이 담겨 있었다.

중간발표 회의를 통해 공유한 많은 아이디어는 전체 워크숍을 통해 다시 한번 서로의 공간을 돌아보며 새로운 시각의 아이디어들을 재생산해내며 한층 더 업그레이드된 사고를 할 수 있는 계기가 되었다. 전체 워크숍 자리에서는 노후임대아파트 중심의 공간닥터 프로젝트뿐만 아니라 SH주택도시공사가 추진하고 있는 공간복지를 위한 전략과 새로운 시도들에 대한 내용을 공유하여 공간닥터 활동의 의미와 방향성을 재고하는 기회가 되었다.

전체 워크숍 이후 책임·공간닥터는 제시한 아이디어를 실현하기 위한 세부적인 계획을 진행하였고, 주기적인 그룹별 회의를 통해 내용을 더욱 발전시켜 최종발표를 준비하는 시간을 가졌다. 마침내 7월 30일, 여름의 한복판에서 관련 26명의 책임·공간닥터 및 협력사들이 모여

각자의 기획안을 패널로 제작해 전시하고, PT를 통해 공간닥터 활동의 진단 프로세스, 계획 도출의 방법, 주요 계획 내용 등을 발표하는 자리를 가졌다. 이때 작성된 패널은 우리공사 직원들을 상대로 공간닥터 활동의 이해와 확산을 위해 별도의 전시를 기획하여 활용하였다. 이 전시기획을 통하여 임대아파트가 가지고 있는 문제점과 해결방안을 공유하고, 나아가 공공기관부터 공간(장소) 중심의 복지를 실현하여야 한다는 공감대를 높이기도 하였다.

도출된 21개 단지의 개선안 중 시범적으로 빠르게 시행이 가능한 우선사업대상단지를 선정하고, 임차인대표를 대상으로 주민설명회를 개최하였다. 각 팀별 1개의 단지를 추천받아서 진행된 우선사업대상단지는 주민설명회를 거쳐 최종적으로 4개의 단지가 시범사업 단지로 선정되었으며 임차인대표들의 의견을 반영한 실시설계를 진행하고 올해 안에 시공을 목표로 추진 중에 있다.

공간닥터 프로젝트는 임대아파트가 가지고 있는 여러 문제점을 장소 중심으로 해결하여, 공간에서 분리되고 소외되었던 사용자의 삶의 질을 향상시킬 수 있는 가능성을 보여준 사례이다. 공간닥터 프로젝트는 주거를 주택중심의 부동산의 자산으로서만 인지하는 현실에 대해 공간을 중심으로 한 복지를 통해 사용자의 일상의 생활과 삶을 닮는 그릇으로서의 진정한 주거공간의 의미를 되돌아 보게 된 사례이기도 하다.

공간닥터 프로젝트는 공간복지의 시범사업으로서 다소 생소하고 낯선 구조와 이야기를 담고 있다. 공간닥터 프로젝트의 기획부터 추진체계 구축, 공간닥터의 활동 등 프로젝트의 전 과정을 책과 영상으로 만들어 공간닥터 프로젝트의 대한 이해도를 높이고 공간복지를 위한 공간닥터들의 노력과 성과를 공유하고자 하였다.

앞으로 공간닥터 프로젝트는 임대아파트 외부공간뿐만 아니라, 공간으로 복지를 실현할 수 있는 다양한 장소를 발굴하여, 사용자 및 해당 지역사람이 겪는 사회적인 문제를 공간으로 해결하고자 하는 시도를 지속적으로 해나가게 될 것이다.

끝으로 우리의 삶을 담아내는 장소, 공간을 통해 삶의 질을 높이고 공간의 불평등을 해소하고자 하는 공간복지에 대한 사회적인 관심과 공감대 형성이 필요함을 강조하고자 한다.

01

A GROUP
공간닥터 프로젝트

책임닥터	시민과 공유하며 협치를 지향하는 퍼블릭 플랫폼
상계은빛3단지	함께하는 정원
중계3단지	3축 7복
중계4단지	목화마을 보고 듣는 체험 둘레길
월계청백1단지	Eco-hillside Senior Village

시민과 공유하며 협치를 지향하는 퍼블릭 플랫폼

지난 몇 개월, 공공에 의해 30여 년 만들어진 외부공간을 개선하는 실험을 했다. 고치고 다듬는 수준이 아니라 시민과 공유하며 협치를 지향하는 '퍼블릭 플랫폼'을 구상했다. 우리는 이것을 공간닥터에 의한 공간복지라고 명명했다.

주거복지의 시대를 뛰어넘어 공간복지의 시작을 선언한 의미이다. 점적인 주거공간의 개선이 아니라 시민과 입주민이 공생하는 선과 면의 커뮤니티를 개방하고 공유하는 방안의 모색이다. 전문가와 교수, 업체, 주민, SH가 현장에서 고민했다.

공간복지를 통해 만들어지는 과정은 서울시가 2013년부터 추진한 '공유 협치도시 서울'과도 일맥상통한다. 공간복지는 '도시 커먼즈(Urban Commons)'라고도 표현할 수 있다. 커먼즈 (Commons)는 굳이 번역하자면 '토지에 기초하는 유형자원으로 공유지, 공동자원, 공용자원, 공유재' 등으로 해석된다. 서울의 도시화 과정에서 수십 년 전에 사라졌지만 우물터, 마을 동구나무, 정자, 빨래터, 성황당, 신당 등이 서구의 커먼즈라고 볼 수 있다. 커먼즈가 되려면 일단 물질이나 정보·지식 등을 국가나 시장이 아닌 공동체가 공유 혹은 소유해야 한다. 우리 민족이 좋아하는 우리 것이라는 개념이 있어야 한다. 마을이나 공동체가 공동으로 운영 규칙을 만들고 구성원들이 함께 운영한다는 말이다.

이런 커먼즈 측면에서 공간복지를 보면 어떨까. A그룹은 노원구의 상계은빛, 중계3, 4단지, 월계청백1단지가 사례로 구성되었다. 네 분의 공간닥터가 저마다의 개성으로 단지의 특성을 분석하고 해석했다. 그리고 시대가 요구하는 정신을 외부공간에 표출했다.

각각의 단지마다 선도사업 계획이 디자인되었다. 실시설계가 추진되어 계획대로 진행된다면 2020년에는 시민들에게 휴식공간과 놀이공간을 줄 수 있을 것이다. 공간복지가 시민들에게 유행가 가사처럼 '애착이 있는 공간'으로 살아남으려면 어떻게 해야 하는가. 우리는 그 해답을 커먼즈에서 찾을 수 있다. 커먼즈는 국가·지자체, 공기업이 주인이 아니라 지역단체, 협동조합, 지역사회 등 '우리'라는 공유 의식을 갖는 공유 주체가 주인이기 때문이다. 벨기에에서 활발히 커먼즈 운동을 전개하는 바우웬스 대표는 서울에서 열린 '2019 미래혁신포럼'에 참석해 "벨기에에서도 커먼즈는 이제 막 생겨나고 있지만 성장 속도가 굉장히 빠르다"며 "2008년부터 벨기에 겐트시를 조사한 결과 10년 사이 도시 커먼즈가 10배나 증가했다"고 말했다.

사람들은 서울에 커먼즈를 적용하기 어렵다고 단언한다. 서울의 자투리땅을 시민과 공유할 경우, 운영권을 넘기는 것부터가 문제라고 말한다. 하지만 생각을 조금 바꿔 아파트 단지 내 외부공간을 보자. SH공사는 공간닥터 책임닥터라는 전문가 그룹을 활용해 입주민과 시민과 협력해 공간을 살기 편한 장소로 개선하는 실험을 진행하고 있다. 주민이 원하는 방식으로 디자인하고 이를 아파트 운영위원회가 운영하는 형태로 진행한다면 '서울형 커먼즈'라고 할 수 있다. SH공사는 2019년에 21개 단지를 필두로 공간복지를 전개하고 있다.

상계은빛단지는 보행로 동선을 변화시키고 주민들이 원하는 공간을 만들어 주민 편의를 증진시킨다. 중계3단지는 수목을 주민들이 원하는 새로운 품종으로 교체하고 주민들이 숲길을 산책하도록 만든다. 중계4단지는 텃밭을 외부 시민단체와 입주민들이 함께 가꾸는 것을 배우고 익히며, 다른 농장에서 농업을 할 수 있도록 준비하는 텃밭학교를 운영할 구상을 제시했다. 월계청백1단

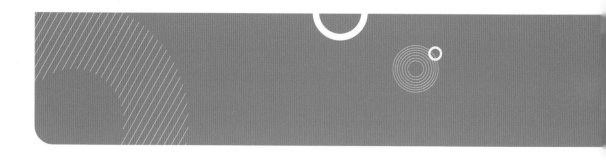

지는 범죄예방을 하면서 놀이터를 다양한 계층이 이용할 수 있도록 개선할 계획이다.

공간복지를 위해 SH공사가 시민과 함께 삶터와 놀이터를 조성하고 공공재로서 입주민들이 관리할 수 있도록 하는 것은 중요한 가치 창조이다. 지금까지의 시대가 공급자가 제안한 곳에 주민들이 맞춰 살았다면, 지금부터는 함께 고민하고 공공이 제안하며 사람들이 공공재로서 관리하고 즐기는 재미있는 공간을 구성하는 것이다. 재미있는 공간은 애착과 사랑받는 공간이 될 것이다. 동네마다 보물섬 같은 공간에서 이야기 꽃을 피우고 정담과 덕담을 나누는 살맛 나는 서울.

지금, 서울이 공간복지에 의해 다시 만들어지고 있다. 공간복지시설에서 입주민의 커먼즈 활동은 결국 '공간 민주주의'를 채색하는 과정이 될 것이다. 사람들은 공간복지를 통해 과거 산업시대에서 벗어나 시민과 소통하고 협치하는 새로운 서울을 즐길 것이다.

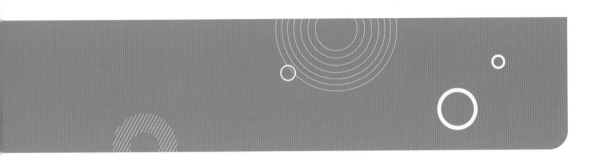

유상오
서울주택도시공사 미래전략실, 실장

함께하는 정원

– 가족과 이웃이 정원에서 만나다

이경훈   **국민대학교, 교수**
· 국민대 건축대학 학장
· Pratt Institute 건축학 석사
· 미국 건축사(AIA)

오화식   **사람과나무㈜, 대표**
· 한양대 생태조경학과 석사
· 서울시 공공조경가
· 조경협회 상임이사
· 조경학회 이사

대상지 개요

상계은빛3단지는 1998년에 준공을 시작했으며 서울시 노원구 동일로250길 17에 위치한 대지면적 23,590.30㎡(약 7,136평, 조경면적 : 7,090.47㎡)의 임대아파트이다. 단지 내부에는 9개의 주거 동과 1개의 단지 상가, 1개의 주민복지관이 있고 옥외에는 어린이놀이터 3개 소와 총 349대(지상 : 117대, 지하 : 232대)를 수용하는 단지 주차장, 그리고 주민공용의 중앙마당과 샛별어린이공원이 자리하고 있다.

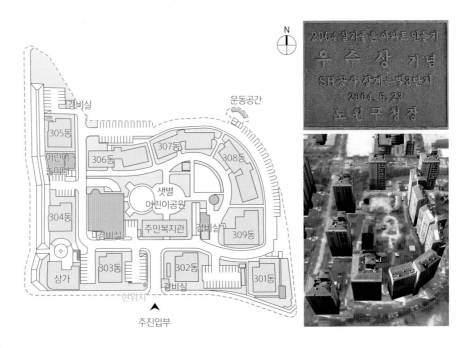

대상지 입지 조건

대상지가 가지고 있는 뛰어난 입지 조건을 살펴보면 크게 3가지로 분류할 수 있다.

1. 대상지를 둘러싼 자연환경

대상지의 북동쪽으로 수락산이 바로 연접하고, 더 멀리 북서쪽으로는 도봉산이 자리하여 맑은 공기와 자연이 친숙하게 닿는 환경적 조건을 갖추고 있으며 입주민들에게 쾌적한 단지 생활을 제공하고 있다.

2. 편리한 교통환경

지하철 7호선 수락산역이 10분 거리에 있고, 다양한 버스노선과 동일로 동부간선도로를 이용하여 시내 중심지나 경기도권과도 자유롭게 이동할 수 있으며, 근교에 대형 할인마트, 롯데백화점, 백병원, 을지병원 등의 시설이 있어 편의 접근성이 뛰어난 생활 환경을 제공하고 있다.

3. 우수한 교육환경

아파트 단지를 제외하고는 수락 초, 중, 고교가 바로 인접하여 주민들에게 뛰어난 교육인프라를 제공하고 있다.

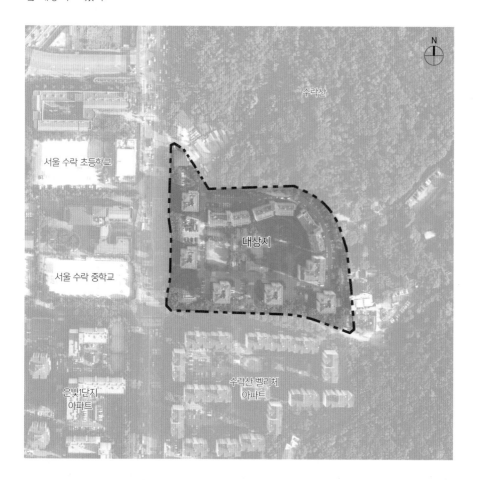

은빛3단지 입주 현황(총 874세대)

총 874세대의 거주민 입주 현황을 분석한 결과 이들의 거주 기간과 연령대를 고려하여 장기 거주민들과 고령 연령대에 맞춘 설계 및 공간 리모델링이 필요하다는 결론을 얻을 수 있다.

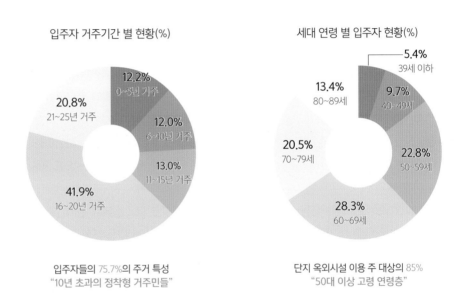

입주자 거주기간 별 현황(%)

12.2% 0~5년 거주
12.0% 6~10년 거주
13.0% 11~15년 거주
41.9% 16~20년 거주
20.8% 21~25년 거주

입주자들의 75.7%의 주거 특성
"10년 초과의 정착형 거주민들"

세대 연령 별 입주자 현황(%)

5.4% 39세 이하
9.7% 40~49세
22.8% 50~59세
28.3% 60~69세
20.5% 70~79세
13.4% 80~89세

단지 옥외시설 이용 주 대상의 85%
"50대 이상 고령 연령층"

대상지 인터뷰 및 현장조사 결과

상계은빛3단지의 거주민들은 단지 환경 관리에 적극적인 관심을 보였다. 실제로 자발적인 주민들의 관리와 관심으로 화단과 공용시설들은 노후화 기간에 비해 양호한 관리 상태를 유지하고 있다. 우리는 이러한 관심들을 토대로 다양한 의견을 수집하고 현장조사와 병행하여 실질적으로 필요한 개선점을 찾을 수 있었다.

주거환경에 대한 관심도가 높은 상계은빛3단지의 주민들

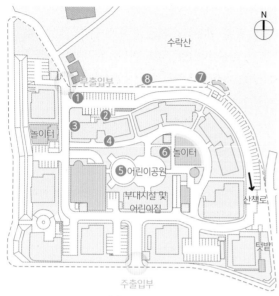

수락산

N

본출입부

⑧   ⑦

①

②

③

놀이터

④

⑥ 놀이터

⑤ 어린이공원

부대지설 및
어린이집

산책로

텃밭

주출입부

단지 공간 현황 키맵

❶ 노후화 진행과 부분파손으로 안전에
대비한 보수가 필요한 어린이 놀이터
(파고라, 놀이시설 등)

❷ 휴게 공간의 부족으로 자체 마련하
였으나 그늘이 없어 날씨에 따라 이용이
불편한 할아버지들의 간이 휴게공간

❸ 중앙마당으로의 진입과 동선 연계
를 막는 불필요한 메쉬 펜스

❹ 주민들에게 휴게 목적 이외에는 거
의 이용되지 않아서 그대로 방치되고
모래 먼지만 날리는 빈 운동장

❺ 인지성이 부족하고 노후화된 주진
입부

❻ 지하주차장 진입 시 심한 소음을 내
고 노후화에 의해 손상된 구식 트렌치

❼ 수락산과의 연계성이 뛰어나지만
외부에서 눈에 잘 안 띄고 우범화의
우려가 있는 전망형 휴게공간

❽ 쓰레기 수용량이 부족하여 단지의
미관을 해치고 있는 쓰레기 집하장

개선사항 분석 종합

1. 노후화 보수	2. 이용자 고려	3. 불량경관 개선
파손, 불량 시설의 보수 및 교체 필요	입주자(고령자)를 배려한 공간 재조정 필요	단지 이미지 개선을 위한 경관(미관) 향상 필요

노후화 보수

주민복지관 인근 지하주차장 진입부에서 지속적으로 발생하는 트렌치 소음은 주민들뿐 아니라 내부의 어린이집과 복지관 업무에 심각한 지장을 주고 있다. 그러므로 트렌치 소음을 개선하기 위해 무소음 트렌치로 교체하고 단지 내 보행환경 개선을 위해 2000년대 이후 교체가 없어 상당부분 파손되어 있는 포장의 교체를 제안하였다.

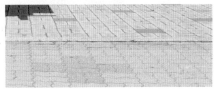

노후화로 인해 부분파손이 진행중인 단지내부의 경계석과 소형고압블록

이용자 고려

중앙마당은 어린이 공원과 연접한 단지 중심부로 입주민들의 체제 빈도는 높으나 공간의 활용률이 크게 떨어지는 단점을 가지고 있다. 이를 보완하고 입주민 연령 및 특성을 반영하여 새로운 공간으로 재조성할 필요가 있다.

1. 연계적이고 통합적인 공간디자인 도출

우리는 휴게 목적으로 이용되는 중앙마당을 조사, 분석하고 주민들의 의견을 수용하여, 기존의 폐쇄적 구조에서 벗어나 아파트 단지 중앙에 위치한 샛별어린이공원과 동선 및 녹지를 연계하고 불필요한 마당 주변 펜스를 제거하는 등의 방안을 통해 실질적인 주민 접근성 향상을 모색하였다. 입주자(고령)들을 고려한 운동시설을 도입하여 휴게시설을 마련하고 그늘을 적절히 배치함으로써, 실용적이면서도 더욱 새로운 중심공간으로의 리모델링을 시도하였다.

어린이공원과 통합된 새로운 중앙마당 계획

Before   After

2. 입주자 분석을 반영한 중앙마당 세부계획

방치된 중앙마당 운동장의 실용성을 높이기 위해 주민들의 기존 휴게공간을 보완하고 녹음 연계와 잔디를 통해 모래 먼지를 최소화해 주민들의 쾌적한 중심 커뮤니티 공간을 계획하였다.

구분	Before	After
Ⓐ 티하우스		
Ⓑ 게이트볼장		
Ⓒ 주민운동시설		
Ⓓ 파고라		

공간닥터 프로젝트

불량경관 개선

상계은빛3단지는 준공된 후 점진적인 노후화가 진행되어온 만큼, 주민들의 지속적인 관심과 관리를 도모하기 위해 단지의 불량 경관들을 보완해 전체적인 미관을 살릴 필요가 있다. 폐쇄적이고 인식성이 떨어지는 공간들을 재조성하여 야간 시 우범화를 미연에 방지하고 주민들에게 쾌적한 단지 생활을 제공하는 계획을 제안한다.

1. 주진입부 경관 개선

시인성이 떨어지고 상징적 요소가 없는 주출입부 현황

ALT 1.
상징 조형물 도입

ALT 2.
통합 디자인 문주 도입

2. 주진입부 식재경관 보완

Before	After

식재가 입구 간판을 가리고 있어 주진입부의 인식성이 약화된 현황

식재 설계와 보행 경계부 보완으로 주진입부 인식성 및 미관 향상

026

3. 전망형 휴게쉼터 보완

Before	After

수락산과 연계되어 조망이 뛰어나지만
야간시 우범화의 우려가 있는 전명형 쉼터

조망과 전통성을 강조한 정자 설치로
시인성 및 조망 포인트 강화

4. 쓰레기 집하장 교체

생활자원 쓰레기 자루가 외부로 노출되어
미관상 저해 및 악취가 발생하고 있으며,
길고양이나 비둘기와 같은 야생동물들에
의한 2차 피해가 우려되어 개선이 시급한
단지 내 쓰레기집하장 현황

사례 1 : 생활자원 보관소

사례 2 : 생활자원 보관소

함께하는 정원 - 가족과 이웃이 정원에서 만나다

대상지 조사 _현황 및 사례

1. 대상지 환경_대상지 및 입주자 분석

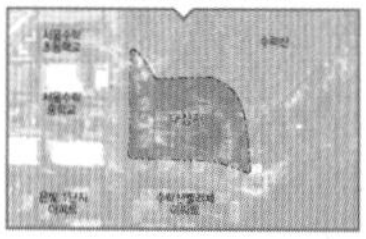

프롤로그

2. 사례 분석_해외 사례

· Mont Saint Michel (프랑스)

3. 단지 현황도_현황 조사 및 분석

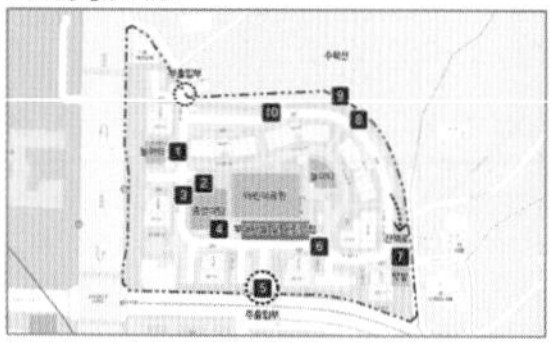

분석 종합 _계획 및 사업구분

1. 개선사항 도출

2. 기간별 사업 구분

① 우선 사업	② 제안 사업
파손된 일부 포장 교체, 자전거 보관대 교체, 쓰레기 집하장 개선 지하주차장 진입부 트렌치 교체, 단지 아스팔트 전면 교체 등	중앙마당 리모델링, 주진입부 설계 보완, 단지 상징 문주, 조형물 추가 등

- 기존 어린이공원과 통합된 공간디자인 도출

유지보수 및 불편개선 _우선사업

1. 지하주차장 진입부 트렌치 교체

2. 쓰레기 집하장 교체

3. 파손된 일부 포장재 교체

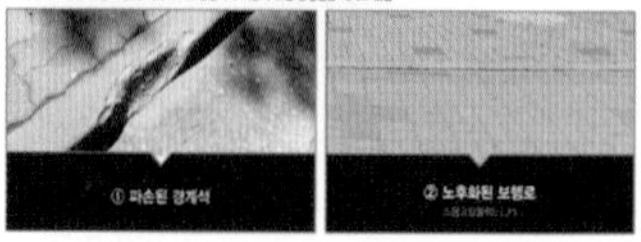

중앙마당 리모델링 _제안사업

1. 중앙마당 종합계획

2. 공간별 상세 투시도

주요공간 리모델링 _제안사업

1. 주진입부 경관 개선_조형물 설치, 통합디자인 문주 설치

2. 주진입부 보완_단순 식재 변경

3. 휴게쉼터

소리 (所懷)

이경훈 교수_ 날은 화창했다. 화사한 햇살에 반짝이는 벽돌 화단과 향나무가 방문객을 맞이하는 단지의 첫인상이었다. 이름은 은빛3단지이지만 모든 것이 금빛이었다. 겨울을 뚫고 나오는 나무 새순과 잔디, 그리고 나이를 먹었지만 정갈한 경계석에 이르기까지 모두 따사롭게 빛나고 있었다. 임대아파트라면 흔히 떠올리는 초라하거나 누추한 이미지가 아닌, 화사한 따뜻함이 있었다. 건물의 상태나 도로와 주차장의 포장 상태, 화단 관리 등 외부공간의 모습은 여느 아파트의 기준을 훌쩍 뛰어넘었다. 여기에 어떤 개선안을 내놓아도 크게 바뀌어 보이지 않을 거란 생각에 살짝 조급해지기 시작했다. 임대아파트가 어떻게 저소득층 주거의 대표가 되었을까? 예전 달동네에 살던 이웃의 주거를 아파트 형태에 옮겨 놓았다는 건데, 보다 높은 소득을 가진 주민들에게도 임대아파트를 공급해야 한다는 것이 평소 믿는 바였다. 어떻게든 집 한 채 마련할 수 있는 여력을 가진 사람들은 전세나 월세를 얻어서 주거를 해결하지만, 그런 형편도 안되는 소득이 낮은 사람들을 위한 주거는 공급하기도 벅차다는 답을 들은 기억이 있다. 의문은 여전하다. 임대아파트의 부정적 이미지를 완화하기 위해 별도의 단지나 주동을 만들지 않고 일반분양아파트와 섞어서 배치하는 방식이 추세라고 하지만, 굳이 그럴 게 아니라 중소득층을 위한 상대적으로 저렴한 아파트를 공급하면 부정적 이미지가 없어지지 않을까? 뉴욕에서 십수 년을 사는 동안 머문 곳이 대부분이 월세아파트였고 많은 이웃과 친구, 회사 동료를 비롯해 회사 사장까지도 임대아파트에 살았다. 물론 규모와 위치, 월세 금액이 모두 다르긴 했지만, 임대는 임대였다. 집을 소유하며 겪어야 하는 각종의 수고와 번거로움을 월세라는 간단한 방법으로 해결할 수 있다는 믿음이 그들이 임대를 선택한 근거다.

은빛3단지는 임대아파트라고 하기엔 믿을 수 없을 만큼 훌륭한 조건을 갖추고 있다. 20년을 넘긴 나이 덕도 있지만 주민들의 협력과 관리도 중요했다. 서울시 텃밭 사업에 응모해 커다란 온실을 유치했고 단지 중앙의 유치원도 단지 내 활기를 더한다.

초봄의 따뜻한 햇볕을 즐기기 위해 주민들이 외투를 입고 나와 모여 앉아있다. 대부분의 주민이 연로했지만 아직 남녀의 구분은 남아있다. 할머니들이 모이는 곳, 할아버지들이 모이는 곳이 다르고 편의점 앞으로는 술 드시는 할아버지들이 따로 모인다. 이분들이 모두 함께 모여 어울리게 할 수 있는 티하우스를 만들어 드리는 것이 내가 할 수 있는 제안의 전부였다. 중앙에 흙바닥으로 남겨 있는 정방형 공간에 고운 잔디를 깔고 한쪽에 어울리는 구조물을 만든다. 여름에는 해를 피하고 겨울에는 바람을 막을 수 있기만 해도, 잔디의 푸르름이 시원함과 온기를 함께 전해드릴 수 있으리라 상상한다.

오화식 대표_ 2000년대부터 시작한 주거문화의 변화는 다양한 브랜드와 다양한 형태의 아파트를 제공했다. 이번에 시행된 공간닥터 프로그램은 기존 노후화된 임대아파트를 새로운 주거 패러다임에 걸맞은 형태로 변화시킬 좋은 기회였다. 이렇게 뜻깊은 프로젝트를 시행할 수 있게 해 준 SH서울주택공사 여러분에게 감사를 드리고 싶다.
우리가 진행한 상계은빛3단지는 사회적 약자층이 80% 이상을 차지하는 특수한 환경의 임대아파트이다. 출발에 앞서 낙후 환경 개선을 위한 재조성이나 리모델링 계획을 섣불리 추측했지만, 실제 공간닥터 프로젝트를 진행하며 직접 만난 이곳 주민들의 거주 모습은 생각과는 달리 신선한 면이 많이 와 닿았다. 단지 내부는 세월에 의해 시설 노후화가 진행되고 있었지만, 주민들은 단지 환경에 대해 애착을 가지고 자발적으로 깨끗하게 정돈하며 유지관리를 하고 있었다. 이들은 단지를 가꾸는 것을 자기 일처럼 진심으로 즐겼고, 마당에 삼삼오오 모여서 일상을 이야기를 나누는 정겨운 풍경을 연출했다.
주민들이 다 같이 모여 앉아 쉴 수 있는 그늘을 마련하고, 낡아서 이웃을 불편하게 만들 수 있는 요소를 없애는 등 어찌 보면 소박한 일상의 커뮤니티(공동체 생활)를 개선하려는 바람을 가지고 있었다. 이는 은빛3단지 거주민들이 주거복지 환경에 만족도가 높기 때문에 가능한 모습이 아닌가 생각한다.

그리고 이러한 모습들은 프로젝트를 진행하는 우리에게도 많은 시사점과 풀어갈 숙제를 제공했다. 주민들에게 정말 필요한 것이 무엇인지 보다 진지하게 생각하며 주민들의 바람을 잘 풀어내는 게, 주거 취약층에 대한 주거복지를 위해 노력하는 SH서울주택공사의 바람과 맞닿아 있다고 생각한다.

이런 좋은 프로젝트가 단발성에 그치지 않고 지속되어 임대아파트의 수명개선뿐만 아니라 사회적 약자들에게 건강한 일상 공동체를 제공할 수 있게 되기를 바란다.

3축 7복

– 3개의 축, 7개의 복지공간

오상헌   **고려대학교 건축학과, 교수**
· 미국 하버드대 졸업
· 미국 도시계획가(AICP)
· 한국도시설계학회 이사

강주형   **생각나무 건축사, 소장**
· 서울대학교 졸업
· 인천시 공공 건축가
· 건국대학교 겸임교수

중계3단지를 방문하기 전에는, 대체로 주변 환경이 열악한 임대아파트의 전형적 이미지를 떠올린 게 사실이다. 아마 임대아파트에 가본 적이 있다면 대부분 비슷한 모습을 생각할 것이다. 하지만, 실제 환경은 놀랄 정도로 잘 조성되어 있었다. 아파트 단지는 시대적으로 매우 뚜렷한 트렌드가 있었기에 대부분 1980년대 말 계획된 평범한 아파트 단지와 아파트 유형을 띠고 있었으나, 단지의 관리가 매우 잘 되어있었다. 조경을 포함한 단지의 시설이 전반적으로 중소득층 아파트 단지의 환경과 별반 차이가 나지 않았다. 외부에서 봤을 때는 임대아파트라는 것이 특별하게 구분될 정도로 전혀 드러나지 않아서, 공간복지의 환경 개선이 굳이 왜 필요한 지 의문이 들 정도였다.

하지만, 단지 답사에 동행한 관리사무장의 설명을 들어보니, 외형상 드러나지 않는 보이지 않는 영역에서 주민들 간 갈등과 있었고, 더불어 임대아파트 단지만이 가진 특수한 문제점들이 하나씩 느껴지기 시작했다. 창고 같았던 가건물은 원래 놀이터 옆 정자였으나 주민들의 민원으로 사면을 막아 주민들을 위한 쉼터 역할을 못한 채 창고로 전락해 있었다. 부분적으로 바닥에 남아있는 흔적들 역시 대부분 음주와 관련된 민원으로 공공시설물이 철거되면서 생긴 것이었다. 곳곳에 있는 플래카드와 푯말 또한 심각한 주차문제를 짐작하게 하고, 예전 유휴공간에 텃밭을 가꾸었던 흔적만을 드러내고 있었다. 그리고 넓은 운동장을 사용하는 사안 또한 애완견 산책에 대한 견해차로 이용자들 사이의 갈등이 깊어지고 있었다.

다양한 복지시설과 관련 공간은 존재하고 있었지만, 소수 집단에 의해 독점 활용되면서 닫혀 있거나 활성화되고 있지 않았다. 노인 시설, 청소년 시설, 장애인 시설 등 특정 집단을 위한 시설과 공간이 제공되고 있었으나, 이 시설들 또한 여러 가지 이유로 저이용되고 있었다. 중계3단지는 외부공간과 시설 면에서 훌륭한 단지라고 할 수 있으나, 환경의 문제가 아닌 구성원들의 주인의식 결핍과 구성원들 간 관계 형성의 어려움 같은 문제로 인해 환경 개선이 필요한 상황이었다.

이는 임대아파트 단지의 문제만이 아니라, 오늘날 빠른 도시화를 겪고 있는 우리나라 대부분 주거지의 문제이기도 하다. 2015년 통계에 의하면 서울시의 자가점유비율은 42.1%로, 약 58%의 서울 거주민이 전세나 월세로 살면서 주기적으로 이사를 하고 있다고 추정할 수 있다. 이는 한 지역 혹은 한 동네에 오래 머무르면서 그 지역에 대한 주인의식을 품기가 어려운 상황이라는 걸 추측케 한다. 이웃사촌이라 부를 만한 사람이 많을수록 동네가 살기 좋다고 느껴지는 이유는, 지역에 대한 소속감과 사회적 연결망이 직접적인 관계가 있기 때문이다. 대부분의 아파트 단지는 타지역에서 이사 온 사람들이 모여 거주하면서 익명성을 중요시하고 개인 프라이버시를 우선시하기 때문에, 그로 인해 발생하는 부작용들이 많다. 서로에게 피해를 주지 않고 거주민들의 눈을 적당히 의식하는 게 서로에 대한 배려이자 더 나아가서는 좋은 거주 단지를 만드는 것인데, 서로에 대해 지나치게 무관심하고 존중하지 않는 환경에서는 지속적인 주민 간의 갈등과 충돌로 이어질 공산이 크다. 임대아파트 단지에서는 이런 사회환경적 요인이 더 두드러지게 나타나는 경향이 있다. 실제 주민이 아닌 이상 내면적으로 일어나는 단지 내 문제와 특수한 상황을 파악하긴 어렵지만, 많은 대도시 주거지가 겪고 있는 사회적 교류와 연결망이 결핍된 지역 문제와 비슷한 상황이라 진단하고, 물리적 환경의 개선에 우선하기보다는 사회적 환경의 개선에 초점을 맞춰 중계3단지를 바라보기로 했다.

중계3단지 목련아파트

따라서 건강한 사회적 환경을 조성하는 데 목표를 두고, 그에 필요한 중요한 단서들을 중계3단지에서 찾으려 했다. 다양한 시간대와 날씨 조건을 달리해 수차례 단지를 방문했고, 그 결과 다양한 가능성을 찾을 수 있었다. 단지 구성원들의 고령화로 인해 많은 분들의 거동이 불편한 것을 발견했고, 특히 오후 5~6시에는 단지의 중앙도로 주변으로 그들이 삼삼오오 모여 대화하는 모습을 볼 수 있었다. 단지 중앙에 위치한 복지관 주변에 머물며 담소를 나누는 어르신들의 모습은 보통 주거지에서 쉽게 볼 수 있는 장면임에도 불구하고, 무언가 불편해 보였다. 몇 분은 전기 카트를 타고 있어서 보도 위에 있는 지인과 멀리 떨어져 대화를 할 수밖에 없었다.

벤치와 같은 시설물에 대해 단지 관리인과 SH에서는 많은 우려와 걱정을 내비쳤고, 계획팀에 추가시설에 대해 매우 신중할 것을 부탁했다. 하지만 단지를 관찰해 본 결과, 주민들이 모이는 공간에는 필요한 시설이 부족했고, 숨겨지고 시선에서 벗어나 공간의 시설물들은 대부분 음주와 관련된 문제들 때문에 폐쇄되거나 처음 취지와 다르게 변용되어 있었다. 비록 단순한 벤치와 화단이지만, 적절하게 위치한 시설물이 사회환경에 미치는 영향은 대단하다. 이렇게 사회적 연결을 견고하게 하고 새롭게 이어주기도 하는 공간들을 '제3의 공간(The Third Place)'이라고 한다. 이는 주거 공간, 근무 공간 다음으로 사회적 활동에 중요한 공간이라는 개념인데, 이를 정리한 레이 올덴버그(Ray Oldenburg)는 커피숍, 헤어숍, 교회, 공원 등을 예로 든다. 이러한 공간들은 사회성을 도모하고 장소성(Sense of Place)을 사용자들에게 심어주는 곳이라고 설명한다. 이 공간들은 대부분 주거활동에 필수적인 서비스 활동으로 이 서비스를 제공하는 제공자가 있다. 오랜 시간 꾸준히 같은 사람과 교류하고 안부를 물으며 신뢰를 쌓는 것이 이러한 공간이 기본적으로 지닌 필수 요인이다. 다시 말하자면, 사람을 통해 공간에 대한 안정감과 정을 쌓아가는 것이지 물리적인 공간과 기능만으로는 사람 사이의 '관계'를 만들기는 불가능하다는 것이다.

외부공간 중 '애완견 공원(Dog Park)'은 애완견을 통해 주민들의 연대감이 높아질 수 있기 때문에, 매우 좋은 제3의 공간이라고 한다. 이처럼 관심사나 특수한 요인으로 유대감을 형성해 사회적 연결고리를 도모하는 것이 매우 중요하며, 사회적 연결을 부담스럽지 않고 점진적으로 유도하는 것 또한 기본적으로 필요하겠다.

계획팀은 SH공사에서 펼치고자 하는 공간복지라는 개념의 방향을, 단지 구성원들의 사회적 활동과 연결망을 점진적으로 활성화하고, 강압적이지 않으면서 은근슬쩍 유도하는

(Nudging) 서비스 중심의 복지공간 제공에 초점을 맞추었다. 또한 오늘날 지자체의 복지 프로그램은 일상생활에 추가적으로 제공되는 문화, 예술, 여가활동에 맞춰져 있어, 막상 일상에 여유가 전혀 없는 주민들은 그 혜택을 받지 못한다. 따라서 이 계획안은 일상생활에 직접적으로 도움이 되는 프로그램들과 공간으로 구성하려 노력했다.

중계3단지 목련마을 공간복지 마스터플랜은 크게 두 개의 콘셉트로 구성했다.

첫 번째 개념은, 자동차 중심의 단지에서 사람 중심의 단지로 재구성하는 것이다. 현재 중계3단지는 1980년대 말 지어진 아파트 단지 설계에 맞춰 자동차 중심으로 되어 있다. 단지 남북으로 출입구를 연결하는 중앙도로를 중심으로 양쪽으로 나뉘고, 주차장이 둘러싸고 있는 'ㄷ'자형 구성이다. 단지 중심으로 자동차가 통행하다보니 보행자는 앞뒤를 살피며 걸어야 함으로, 단지 내 보행 환경이 열악할 수밖에 없었다. 또한 고령층 주민들이 보도의 턱을 힘겹게 오르락내리락하는 모습도 안쓰러워 보였다.

NATURE ACTIVITY
PEOPLE

단지 디자인 개념 : 3축

1축 전경

단지의 중심 공간을 사람 중심의 공간으로 재편성하기 위해, 중심 도로의 디자인을 바꾸고 자동차 속도를 줄이도록 유도해 차량은 다소 불편해지는 대신 사람은 보다 편하게 단지를 다닐 수 있는 보행자 중심의 가로 계획을 했다. 이미 2000년대 초부터 유럽과 미국 도시에서 이뤄지고 있는 '교통 정온화(Traffic Calming Techniques)'는 도심 내 보행 환경을 개선하고 교통사고도 줄이는 데 효과가 있었다. 보행자들이 늘면서 지역경제도 살아나고 주거지 만족도 역시 높아졌다는 추가 연구결과가 보여주듯, 자동차 중심에서 사람 중심으로 재편한 생활가로는 단지에 새로운 공공 공간의 역할을 톡톡히 할 것이다.

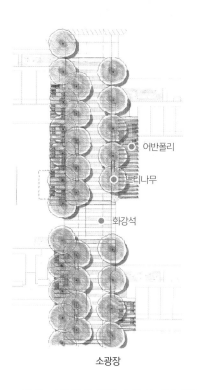

소광장

입구광장

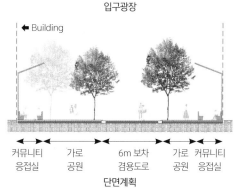

단면계획

커뮤니티 응접실　가로 공원　6m 보차 겸용도로　가로 공원　커뮤니티 응접실

또한 자동차와 보행자의 분리를 위해 필요했던 턱을 없애고 유니버설 디자인(Universal Design) 개념을 적용해 누구나 육체적 한계를 느끼지 않고 보행할 수 있게 설계했다. 넓은 도로폭 양쪽으로 주차되는 것을 줄여서 사람들이 길가에서 인사나 담소를 편하게 나누고, 근방에 앉아 있으면서 안전함을 느낄 수 있는, 단지의 심장과 같은 공간을 계획했다. 쾌적하고 차분한 공간을 위해 어반 인테리어(Urban Interior) 개념을 도입했다. 이를 통해 외부공간을 실내공간처럼 조성하면서 이색적인 공간 느낌을 주었고, 모두가 공유하는 응접실 같은 공간을 연출할 수 있었다. 현재 단지 내에서 흔히 볼 수 있는 주민들이 삼삼오오 모여 얘기하고 교류하는 공간으로서는 최적인 셈이다. 실내 같은 분위기를 조성하기 위해서 소파 같은 벤치를 놓고 커피 테이블과 램프 같은 요소를 첨가했으며, 아늑한 분위기를 위해 조경수와 루버 벽채로 천장의 개방감을 유지했다. 중앙의 생활가로는 입구 쪽 놀이광장부터 소규모 광장으로 이어지는 다양한 공간으로 연출했으며, 주민들의 취향과 연령에 따라 공간을 고를 수 있도록 했다.

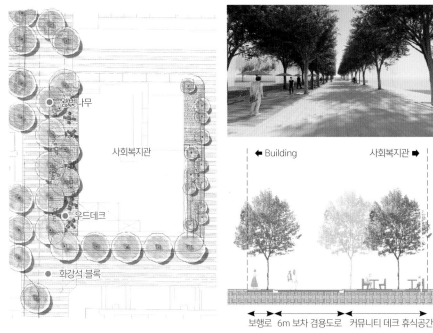

왕벚나무

사회복지관

우드데크

화강석 블록

← Building   사회복지관 ➡

보행로   6m 보차 겸용도로   커뮤니티 데크 휴식공간

복지관 광장 & 단면 계획

또 하나의 자동차 중심 공간인 주차장은, 현재도 부족한 주차면적을 줄일 수는 없었지만, 대신 시각적으로 폭력적인 주차장 경관을 개선시키고자 했다. '저영향개발 기법(LID, Low Impact Development)' 또는 '친환경 우수 시스템(SuDs, Sustainable Drainage System)'을 적용해 중앙 주차 공간에 우수(雨水)를 모으는 공간이자 목련나무와 식재를 심은 넓은 주차장 속 녹지를 마련했다. 주차대수에는 영향을 미치지 않고, 계절에 따라 변하는 주차장의 모습을 연출하고자 한 것이다.

또한 단지 내 자동차를 줄이기 위해 주차장의 재구성을 통해 한 자리는 공유 자동차의 배치를 계획했다. 공유 자동차는 필요 시 10분 단위로 대여할 수 있는데, 자동차를 가끔씩만 필요로 하는 주민들은 공유자동차가 단지 내에 상시 위치해 있다면 개인 소유 자동차의 관리유지비를 줄일 수 있어 개인 소유에서 공유 자동차로 전환할 것이라 생각한다. 또한 주차장 한복판에 위치한 재활용분리수거공간 또한 중앙 생활가로와 맞붙은 공간으로 재배치해, 쾌적하고 효율적인 공간 활용을 꾀했다.

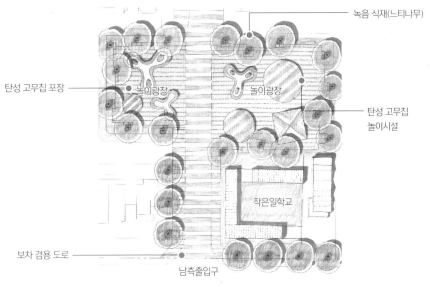

놀이 광장

　두 번째 개념은, 지속가능한 공간복지를 제공하기 위해 사회적기업들의 참여를 제안하는 것이다. 계획팀이 복지공간에서 기대하는 건 '제3의 공간' 개념에서도 이야기한 바 있는 '사람'의 역할이다. 사람은 사회적인 동물로 다른 사람과 교류하기를 원한다. 공간만 있다고 해서 그 공간이 활성화되기는 어렵고, 특히 지속가능하기는 매우 어렵다. 복지 프로그램에 관심 있는 사람들을 상대하면서 그들에게 대우해줄 수 있는 매개체는 공간이 아니라 사람이라는 개념이다. 그래서 임대아파트의 특성을 잘 이해하고 복지와 사회적 가치를 중요하게 생각하는 사회적기업들을 공간복지의 매개체로 투입했다.

　실제로 사회적기업 대표들을 만나 마스터플랜의 취지와 배경을 설명하고, 궁극적으로 참여가 현실 가능한지 또 참여의사가 있는가를 확인했다. 그리고 관심 있어 하는 업체들과 협업하면서 실현 가능성을 바탕으로 계획을 짰다. 마침 공간복지 마스터플랜을 함께 수행한 바 있는 설계사무소의 특화된 컨테이너를 활용했던 경험들을 살려 단지 유휴 공간들에 컨테이너 건물을 설치, 신축 부담을 덜고 비용 또한 줄이는 방법을 고려했다. 하지만 아직 단지 내 외부 공간을 상시 설치, 점거한 전례가 없어 공간 활용 시 발생할 수 있는 문제에 대해 법적 검토가 필요했다.

　　우선 제공하는 복지 프로그램은 거주민들이 많은 관심과 참여 의지를 보여준 텃밭 가꾸기와 정원 가꾸기이다. 특히 독거노인들의 관심이 많았는데, 가드닝 교육과 연계해 함께 재배한 작물로 요리하고 식사하는 공유 키친 과정까지 포함했다. 이 프로그램을 운영하는 업체는 '우리애그린'이라는 원예전문 사회적기업으로, 원예치료를 기반으로 사회 취약 계층(경력 단절 여성, 장애인)에게 안정적 일자리를, 저소득층 아동과 청소년에겐 체험학습 서비스를 제공하고 있다. 또한 환경오염 및 주거환경, 아동 및 청소년 교육, 독거노인 및 어르신의 삶, 장애인의 사회활동 등 갖가지 사회적인 문제를 해결하며 사회적 가치를 높이고, 창의적 사고와 더불어 나눔 서비스를 실천하고 있다. 이러한 서비스 업체를 통해 단지 내 텃밭을 가꾸는 주민들이 조직화되고 체계화된 프로그램에 포함되며 취미생활 및 활동을 유도할 수 있을 것이다. 이와 더불어 개인생활이 많은 단지에서 다른 주민들과 교류하고 협동하는 기회를 제공하고, 직접 단지를 가꾸고 그 변화를 확인하는 효과까지 기대할 수 있다.

어반 가드닝 스쿨

또한, 단지 내 커뮤니티를 중심으로 작은 일자리 창출도 가능하다. 서울시에 등록된 4만여 개 사회적기업들을 지원 및 관리하는 사회적경제지원센터를 통해 사회적기업, 협동조합, 마을기업, 자활기업 등 사회적경제기업들과 연대해 협동을 촉진하고, 지속가능한 경제 생태계를 조성해 사회적 경제 주체 형성 및 공감대 확산이 가능할 것이다. 이러한 협력과 지원을 바탕으로 수익 창출과 일자리 확대의 기회까지 높일 수 있다. 지금은 단지 구성원들이 취업에 대한 관심도가 높지 않고 취업에 목표를 두지 않기 때문에, 작은 일거리를 나눠주는 사회적기업들을 초청해 기업의 미션과 비전을 공유하고, 사업에 직접 참여하는 과정을 통해 사회적경제에 대해 알리는 기회 마련이 우선이다. 센터에서는 공간의 관리운영을 맡고 적절한 사회적기업을 선별해 단기 일거리를 창출하게 하며, 주민은 참여를 통해 소정의 보수를 받는 체계가 필요하다. 이런 방식으로 주민에게 작은 일거리를 제공함으로 교류의 기회를 마련하는 동시에, 사회적경제를 체험하면서 생기는 성취감과 자신감, 주민의 참여의지를 고양할 수 있다.

작은일 학교

반려견을 통한 유대감 형성과 제3의 공간 형성은, 소셜 벤처 '우푸'라는 반려견 산책 및 돌봄과 교육을 시켜주는 O2O서비스기업과의 접목을 통해 가능하다. 반려견과 보호자의 행복한 공존을 추구하는 이 벤처 기업은 경력 단절 여성과 시니어를 대상으로 시간제 일자리를 제공하면서 예비 사회적기업으로 선정되어 다수의 지자체와 협업하거나 지원을 받고 있다. 목련마을 단지는 1인 세대가 다수 거주하고 고령층 비율도 높은 특성상 반려견이 많고 반려견 교육의 필요성도 높은 편이다. 배설물 등 반려견으로 인한 주민 간 충돌이 빈번한데, 현재는 청소년복지관 앞 운동장에서 반려견 산책이 이뤄지는데 반려견에 대한 반감과 호감을 가지는 양쪽 주민들을 고려해 공간의 분리가 요구되는 상황이다. 반려견에 대한 위협감을 낮추기 위해 대상지의 경사를 활용해 낮은 쪽 기준으로 조성, 산책길에서는 내려다 보이도록 하는 게 좋다. 이 공간 활용에는 특별한 추가 시설도 필요 없어 시설물 관리나 유지보수 이슈도 최소화할 수 있다. 빠르게 확산되는 반려견 인구에 발맞춘 반려견 문화와 의식 향상 및 동물복지 차원의 공감대 형성을 기대할 수 있을 것이다. 이에 더해, '도그 워커'라는 직업이 단시간 일자리를 마련하는 등 소셜 벤처는 다양한 측면에서 공간을 관리 운영할 수 있을 것이다.

그리고 단지 입주민의 고령화에 따라 활용도가 떨어지는 어린이 놀이터를 노인들을 위한 놀이 및 치유 공간으로 변경하는 것이 쾌적한 주거 환경 조성에 바람직할 것이다. 이렇게 다양한 사회적 체험과 공유의 경험을 통해 생겨나는 입주민 사이의 유대감 향상은, 어떠한 물리적 환경 조성보다도 강력한 공간 개선 효과와 단지에 대한 애정으로 나타날 것이다.

반려견 학교

3축 7복 – 3개의 축, 7개의 복지공간

개요
대지 위치 : 서울시 노원구 노원로 331
지역 지구 : 도시지역, 제3종일반주거지역
도로 현황 : 30m, 10m 도로에 접함
대지 면적 : 64,847.2 ㎡
세 대 수 : 2,619세대 (공개 : 17세대)

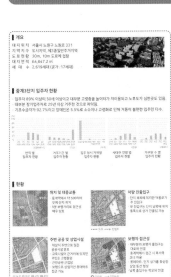

중계3단지 입주자 현황
- 입주자 89% 이상이 50세 이상이고 대부분 고령층을 놀이터가 저이용되고 노후도가 심한것으로 보임.
- 대부분 장기입주자로 25년 이상 거주한 것으로 파악됨.
- 기초수급자가 92.7%이고 장애인이 5.5%로 소수이나 고령화로 인해 거동이 불편한 입주자 다수.

현황
위치 및 대중교통
중계역에서 약 500미터
인해 단지 진입
보행 보행거리로 접근성
매우 양호

차량 찬출입구
단지 북측에 위치한 단지의 주 진입구
로 인접한 단지 남쪽에 위치
동측으로 상가 건물들 기능

주변 공공 및 상업시설
대상지 북측에 위치한
공공시설로 종교 공공시설
근린생활시설 근거리에 위치해
주민 고령층의 접근 가능

보행자 접근성
대부분의 보행자 출입구는
대상지 안으로 동측에서 접근 시 보차혼
용 이용
편리하나, 단지 지가 높은 장소인 입
상업 동선 형성
남북 진입구로 인접한 학교와 연결

단지 내 현황
1. 단지 종합도로
2. 놀이터
3. 주차장
4. 운동장 / 청소년 복지관
5. 관리사무소 / 복지관 / 상가

문제점
- 보행자 중심이 아닌, 자량중심의 단지환경
- 단지 내 사회적 교류 부족
- 제도적인 한계로 개인적 / 개별적인 활동을 통한 환경 활용 불가

문제점 개선을 위한 공간 디자인 방향
People Oriented Design : 사람중심 디자인
Third Place : 사회적 교류를 도모하는 공간개념. 사회적 기업과 연계
Sharing Economy : 공유경제 원리의 공간적 도입을 통하여 생활밀착형 프로그램 제안

분석 및 기회요소
단지의 배치가 중앙도로를 중심으로 단순한 형태를 가지고 있음
입주민의 고령화에 대응하는 공간전략과 가이드라인
충분한 복지시설을 갖추고 있으나, 활성화된 퇴지 않아 일상생활에 도움이 되는 공간복지 필요
- 자발성형별 단지 공유디자인 필요

단지 디자인 개념
3축 (Axis)
1 사람의 축
유니버셜 디자인 개념 / Universal Design Principles
교통정온화 / Traffic Calming Techniques
제3의 공간 개념 / Third Place Concept

2 자연의 축
자연과 교감 / 벤치의 기능 / 사색의 시작 / 교육 프로그램
1인 식구 공유커뮤니티 / 성벤치 쉼터 / 녹지와 산책로

3 활동의 축
활력을 불어넣어주는 공간
잔벤치화된 유휴지 / 커뮤니티 공간 제공
작은정원이 창업마켓 다양을 돕는 공유 사무실

7복 (복지공간)
1-a 마을입구 광장
입구광장
소광장
복지관 유형
1. 어반가드닝스쿨
2. 어른이 놀이터
3. 퇴마루 산책길
4. 작은정원이 학교
5. 반려견학교
6. 속은마당
7. 쪽전마당

공간 계획 방향
- 자동차 중심 단지에서 사람중심 커뮤니티로 재구성
- From Car-oriented Development to People-oriented Community

사람중심 커뮤니티

- 순환으로 완성되는 공간복지
- Community Welfare Cycle

공간복지의 순환체계

복지공간 계획도

2 어반가드닝스쿨

7 쪽전마당 Low Impact Development
6개자치 / 빗물순환 / 저장 / 보수효율 증가

단지 Master Plan

4 퇴마루 산책길

1-a 입구 광장
단지 입구에서 사람들의 복지적인 활성화 도시광장

1-b 소광장
휴식과 만남이 강조되는 아늑 보행성 휴게장
다양한의 중심성을 위한 삼각나무
가로수 공간 복잡지에 자리잡은 커뮤니티

1-c 복지관 광장

1-d 놀이 광장

3 어른이 놀이터
성인들을 위한 놀이 공간
지역 예방 놀이
무릎 건강 놀이

6 반려견 학교
각질당 어린이 복지관 활용
가벼운 운동과 놀이
사회복지관연계
반려견 교육 및 치유
반려견 놀이터 조성

5 작은읽 학교
사회복지관 연계
삼림 주거
정보교류 넝쿨
남은 공간 공유 / 창업판매 / 녹지퇴전 자율 소외공간 발판 설계

소회(所懷)

다니엘 오 교수_ 물리적 환경계획과 설계 프로젝트에는 익숙하지만, 공간의 복지를 제공한다는 건 생소하면서도 가볍게 접근할 수 없었다. 사실 매우 큰 부담이었다. 공간의 변화로 인해 사람들 삶의 질이 나아질 것이라 믿고 설계하지만, 복지라는 단어는 도시설계가로서 매우 신중한 생각을 하게 만들었다. 여러 고민 끝에, 차갑고 외로운 현대도시에서 사람이 사람과 주고받는 긍정적인 에너지와 관심이 바로 복지라고 정의내렸다. 주민들의 행태나 단지 속에서 그 기회를 찾았고, 중계3단지의 구성원들을 소중하게 생각하는 사람들을 통해 지속 가능한 복지의 기회들을 제공하고자 했다. 선례가 적은 탓에 제도적으로나 기술적으로나 어려운 부분이 존재할 수밖에 없겠지만, 이 문제들을 해결하고 창의적인 방법을 찾을 때 진정 혁신적인 복지 공간이 탄생할 것이다.

강주형 소장_ 공간복지 향상 차원의 외부공간 개선을 위해선 단기적이고 일시적인 접근이 아니라 오랜 시간 동안 주민들의 단지 내 공간 활용을 살피고 여러 실험을 바탕으로 접근하는 방식이 고무적일 것이라 생각했다. 단지 내 여러 공간들의 현재 모습에서 주민의 행동 패턴과 의지를 읽거나 새로운 실험적 외부공간 적용에 대해 예측하는 논의는 흥미로운 과정이었다. 주민들의 참여와 공동체에 대한 배려를 바탕으로 하지 않는다면, 좋은 시설과 환경 개선은 결국 일시적이거나 파편적일 수밖에 없을 것이다. 함께 살아가는 삶의 터전으로서 이곳을 어떻게 가꿔야 할지 고민하고 훈련하는 모습을 통해, 주민들 스스로 공간닥터 프로젝트가 제안하는 공간에 또 다른 차원의 생명력을 불어넣어 주기를 기대한다.

중계4

목화마을
보고 듣는 체험
둘레길

최혜영

성균관대학교, 교수
· 서울대학교 졸업
· University of Pennsylvania 석사
· 미국 조경사(RLA), 서울시 공공조경가
· 용인시 공공디자인위원

박경의

LP SCAPE, 대표
· University of Pennsylvania 석사
   성균관대학교 겸임교수

이윤주

LP SCAPE, 대표
· Harvard Design School 석사
   성균관대학교 겸임교수

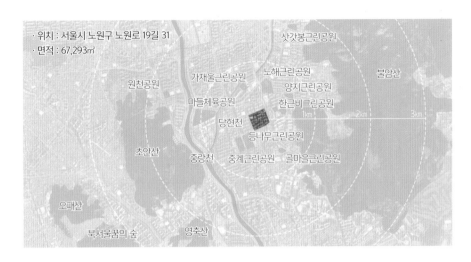

· 위치 : 서울시 노원구 노원로 19길 31
· 면적 : 67,293㎡

중계4단지 목화아파트는 단지 주변으로 지하철 및 버스, 서울 여러 지역을 연결하는 간선도로가 잘 구축되어 있고 서울시립 북서울미술관 및 시립과학관, 쇼핑센터, 영화관 등 문화적 여건 또한 뛰어나다. 하지만 단지 인근의 대표 자연 요소인 불암산, 중랑천, 당현천 등을 가기 위해선 꽤 걸어 나가야 해서 주민 상당수인 노인들이 접근하기에는 어려움이 있어 보였다. 실제로 설계팀에서 만난 어르신들은 인근 근린공원에 다녀오는 것도 힘들어 아파트 단지 내에서 대부분의 시간을 보낸다고 했다.

중계4단지는 서른 살이 넘는 나이로 인해 많이 낡았다. 포장이 뜯겨나가고 시설물이 고장 날 때마다 부분적으로 교체, 수선해 사용하다 보니 단지 전체의 디자인 통일성은 사라지고 어수선하며 심지어 지저분해 보이기도 했다. 땅속에 묻어 놓은 각종 건설 폐기물도 흙 위로 드

러나면서 주민들의 안전을 위협했다. 단지 내 식재
도 계획 없이 이루어지고 있었고 수목의 생육상태
또한 좋지 않았다.

설계팀은 1차 진단을 통해 주민들이 단지를 벗어
나지 않고서도 다양한 여가활동을 즐길 수 있는 방
법이 필요하다고 생각했다. 무엇보다 깨끗하고 안전
하며 심미적으로 통일성 있는 외부환경 조성이 시급했다. 주민들이 애정을 가질 수 있는 공간
이 생긴다면 자주 나와 즐길 것이고 결국 삶의 질이 향상될 수 있을 터였다.

어떤 공간을 제시할 것인가? 설계팀은 이에 대한 아이디어를 얻기 위해 단지 상태를 꼼꼼
히 살피는 동시에 국내외 공동주택의 사례도 검토했다. 현대의 여러 공동주택 및 임대주택에
서는 다양한 계층 및 대상을 위한 공간, 정원이나 공원 같은 외부공간, 보행자 중심의 공간 등
이 조성되고 있었고 주민참여 프로그램이 적극적으로 활용되고 있었다.

수 차례의 단지 답사와 사례 조사, 입주민 면담을 통해 설계팀은 중계4단지의 공간 개선 방
안을 다음과 같이 정리했다.

---

1. 어린이 놀이터 필요 : 단지 내에는 노인뿐만 아니라 어린이도 많다. 그러나 모두 낡은 놀이터들이다. 어린이가 다양한
   놀이 활동을 할 수 있는, 정말 재미있는 어린이 놀이터가 필요했다.
2. 노인을 위한 공간 필요 : 신체에 무리 가지 않는 운동을 하거나 휴식을 취하면서 가볍게 즐길 공간이 필요했다.
3. 노후시설 교체 필요 : 노후시설의 경우 과감하게 전면 교체를 생각했다. 이를 통해 확연히 달라질 외부공간은 단지
   이미지를 향상시킬 것이다. 그리고 주민들이 단지에 갖는 애정도 상승할 것이다. 장기적 관점에서 보면 관리비 또한
   저감시킬 수 있다고 판단했다.

설계팀 입장에서 하나 아쉬운 점은, 주민들이 서로 소통할 수 있는 사회적 프로그램이 결
국 최종안에서 제외된 것이다. 도시농업, 공동 텃밭, 참여예술활동 등을 제안했으나 의외로 주
민들의 반대가 거셌다. 주민들과 얘기를 나눠보니 과거 공동 텃밭을 운영하면서 여러 문제가
있었던 모양이다. 텃밭을 놓고 주민 간 분란이 생겼고 관리의 어려움으로 결국 텃밭이 엉망이
되는 등 결과가 좋지 않았다고 한다. 다시 한번 시도해 보면 어떨까 하는 아쉬움이 들었지만
결국 공간의 사용자는 주민이기에 그들의 의견을 존중하기로 했다.

위 사진은 기존 둘레길 14곳과 어린이 놀이터 4곳의 상태를 보여준다. 설계팀은 현장의 특성과 성격을 바탕으로 둘레길을 세 가지 영역으로 나누어 구성했다. 무성한 나무숲 사이로 비교적 넓은 길이 형성될 수 있는 곳은 '보는' 산책로, 화단이나 텃밭(먼 훗날 주민들이 마음을 바꾸었을 때 조성)이 조성될 수 있는 곳은 '체험' 산책로, 청명한 소리를 듣기에 제격인 좁은 오솔길은 '듣는' 산책로로 각기 다른 성격을 부여했다. 끊어진 기존 둘레길은 램프나 계단으로 연결하고 여건상 직접 연결할 수 없는 곳은 바닥 포장재를 활용해 방향성을 부여했다.

4개의 어린이 놀이터는 둘레길 사이의 연결점으로 작용한다. 어린이의 사용이 거의 없으면서 어르신들이 많이 모이는 곳은 어르신 놀이터로 바꾸었다. 보는 산책로와 연결되는 어린이 놀이터는 공간의 특성을 살려 정원 놀이터로 재탄생했다. 관리사무소 옆 중앙 놀이터는 단지의 중앙에 위치한 만큼 모두를 위한 공간이며 랜드마크 요소를 도입해 단지의 아이덴티티로 거듭날 수 있도록 했다.

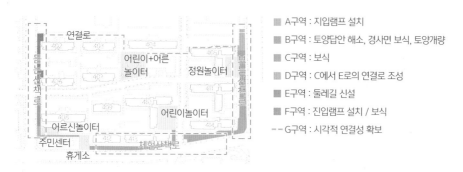

- A구역 : 지입램프 설치
- B구역 : 토양답안 해소, 경사면 보식, 토양개량
- C구역 : 보식
- D구역 : C에서 E로의 연결로 조성
- E구역 : 둘레길 신설
- F구역 : 진입램프 설치 / 보식
- G구역 : 시각적 연결성 확보

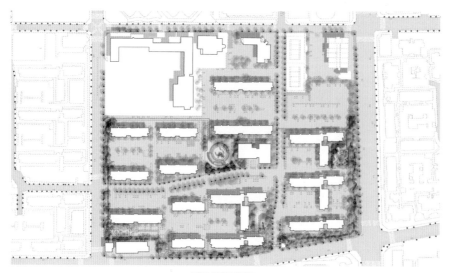

단지 계획 평면도

목화아파트 전체가 숲과 길로 둘러싸인 것을 볼 수 있으며, 그 사이사이 놓여 있는 놀이터는 사람들이 모여드는 장소가 된다.

이제부터는 공간 개선 전과 후가 어떻게 달라지는지 살펴보도록 하자. 먼저, 보는 산책로다.
답압에 의해 흙이 단단하게 뭉쳐 나무의 성장을 저해하던 길은, 개선 후에는 나무와 사람 모
두에게 즐거운 공간이 되었다.

Before	After

풀만 무성하던 단조로운 길은 쉼터, 예술작품, 텃밭이 어우러지는 생기 있는 곳이 되었다.
주민들의 의견을 받아들여 텃밭은 조성하지 않기로 했지만, 렌더링에서는 설계팀의 염원(!)을
담아 보여주기로 했다.

Before	After

듣는 산책로에서는 바람소리, 새소리, 풍경소리를 들을 수 있다. 수풀로 뒤덮여 사람들이 지
나갈 수 없었던 기존의 둘레길은 청명한 자연의 소리를 들을 수 있는 둘레길로 바뀌었다.

Before	After

주차 공간과 차도로 인해 전체 둘레길이 모두 연결될 수는 없었다. 그러나 주차장으로 인해 끊긴 아스팔트 도로 위에 '패턴 포장'이라는 예술적 방법을 적용해 둘레길이 이어진다는 신호를 주었다.

Before	After

낡고 위험해 보이는 놀이터에서 아이들이 뛰노는 모습에 마음이 아팠다. 새롭게 조성될 중앙 놀이터에는 높이 올라가는 것을 좋아하는 아이들 특성을 고려해 '놀이 타워'를 도입했다. 이는 단지 중앙의 랜드마크 역할도 하게 된다. 또한 아이들이 또래끼리 노는 걸 좋아하는 것을 감안해, 연령에 따라 놀이의 종류와 수준을 달리하고 공간 또한 구분했다.

부모님들과 어른들은 아이들이 생기 있게 뛰노는 모습을 보며 주변 파고라와 벤치에서 휴식을 취하거나 체력단련 시설을 이용해 가벼운 운동을 할 수 있다.

Before	After

보는 둘레길이 시작하는 지점에 있는 어린이 놀이터는 종종 담배 피우는 청소년들의 아지트가 되기도 한다. 또한 용도를 알 수 없는 넓은 바닥 포장은 공간을 더욱 휑하게 보이게 만든다. 바닥 포장 뒤로는 빈 땅이 있는데 여기엔 아무렇게나 심어진 비비추만 잔뜩 자라고 있었다. 설계팀은 이곳을 정원 놀이터로 바꾸고자 했다. 아름다운 초화의 향기를 맡으며 어린이들이 뛰노는 공간을 상상해 보라. 그 광경을 보는 것만으로 주민들은 긍정적인 에너지를 얻을 수 있다.

Before	After

이곳은 주출입구 옆에 있는데도 별다른 특색이 없어 이용도가 낮은 놀이터였다. 단지 내 다른 놀이터와 성격을 달리해 친환경적 놀이터를 조성하고자 했다. 체험 산책로와 연계해 놀이의 한 종류로서 생산활동을 시도해 볼 수도 있을 것이다. 물론, 주민들이 텃밭 가꾸기 아이디어를 받아들일 먼 훗날의 얘기다.

Before	After

동사무소 옆 어린이 놀이터는 거의 방치되어 있다. 대신 근처 휴게 공간에 어르신들이 많이 나와 있었다. 사용하지 않는 어린이 놀이터를 어르신 놀이터로 바꾼다면 근처 휴게 공간과 연계해 많은 어르신들이 사용할 수 있을 것이라 판단했다. 가볍게 이용할 수 있는 운동시설도 도입하고 밝은 색상을 사용해 어르신들이 심신의 활력을 찾을 수 있도록 배려했다.

목화마을 보고 듣는 체험 둘레길

단지 주변 맥락

단지 현황

입주자 현황

기초 조사 종합

단지 외부로의 거리감	단지 노후화	노인인구 다수	50년 공공임대

단지 내 환경 개선

종합 진단

노후시설 개선	통일된 디자인 도입	이용대상별 공간 조성
통합적 시설관리	아이덴티티 부여	접근성 / 편의성

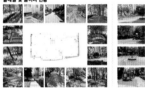

우선 사업	중기 제안 사업	장기 제안 사업

둘레길 및 놀이터 현황

디자인 컨셉 및 방향

어린이+어르신 놀이터: 종합놀이대, 모래사장, 마운드, 어른 놀이대

보는 산책로: 화목정원, 화분전시, 겨울 나무 옷입히기 등

정원 놀이터: 마운드, 미끄럼틀, 암벽, 정원

체험 산책로: 덧밭, 자갈자갈, 그네 정원 등

어린이 놀이터: 통나무 모험놀이대, 모래사장 (중기 제안 사업)

듣는 산책로: 감각새참, 바람개비 등

어르신 놀이터 (중기 제안 사업)

연결로 목공패턴 페인트

소회(所懷)

최혜영 교수_ 여름의 문턱에서 만난 중계4단지의 첫 인상은 향수를 불러 일으키는 따스함
이었다. 그러나 곧 여러 문제들이 눈에 들어왔다. 강박적으로 심어 놓은 같은 수종의 초화
류, 산책길 아래서 고개를 내민 건설 폐기물, 낡다 못해 위험해 보이는 놀이시설물과 바닥
포장, 차량으로 점령된 보행로 등 무질서하고 낙후된 환경은 개선이 시급해 보였다. 음주나
흡연으로 공간을 어지럽히는 일부 주민들의 몰지각한 이용 행태도 문제였다. 환경을 개선
한다고 하여 그것이 과연 주민 복지로 이어질까? 설계팀은 여러 번의 주민 면담을 통해 이
에 대한 해답을 찾고자 하였다. 낙후된 기존 공간에 새 숨결을 불어 넣어 궁극적으로 그 안
에 몸담고 있는 사람들의 삶의 질을 향상시킨다면, 그리하여 주민들이 이 곳에 대한 애착을
증진시킬 수 있다면, 그것이 바로 복지가 아닐까라는 생각을 조심스럽게 하게 되었다. 공간
닥터 프로젝트가 일시적 이벤트에서 그치지 않고 매해 지속되어 더 많은 사람들의 일상에
긍정적인 영향을 줄 수 있으면 좋겠다.

박경의, 이윤주 대표_ 공간닥터 프로젝트는 그 이름에 걸맞게 오랜 시간 설계일을 해 온 우리에게도 참신하고 의미 있는 프로젝트였다. 주거복지를 넘어 공간복지를 실현하기 위해 단지를 여러 번 방문해 실질적 문제점 및 현황을 파악했고, 이를 기반으로 입주민 연령층이 높은 중계4단지만을 위한 맞춤 솔루션을 제공하고자 했다. 이 프로젝트는 단지 전체를 하나로 묶을 수 있고 오감을 자극하는 체험 둘레길 및 연결로, 전 연령대를 아우를 수 있는 놀이터를 통해 입주민들에게 새로운 경험을 제공할 것이다. 더운 날씨에도 중계4단지를 위해 발로 뛴 호영이를 비롯한 모든 직원의 노력이 녹아든 이 솔루션이 입주민들의 일상에 작지만 큰 변화를 가져와 건강한 삶의 시발점이 되길 바란다.

월계청백1

Eco-hillside
Senior Village

김진욱   **서울과학기술대학교, 교수**
· U of Utah, 고려대 졸업
· 한국셉테드학회 부회장
· Architectural Insight 집필위원
· 서울시 건축위원회, 중앙건설심의위원회 위원

정상필   **CITTA, 대표**
· NCS학습모듈개발(실내건축, 실내디자인) 집필위원
· 대한건축학회 정회원
· 신구대학교 실내건축전공 겸임교수

청백의 공간을 방문하다.

따가운 햇볕이 무서울 정도로 내리쬐던 7월의 어느 날, 메모지와 카메라를 챙겨 CITTA(시타디자인)사무소 직원들과 함께 월계동으로 향했다. 내비게이션 안내에 따라 언덕을 넘어 도착한 곳은 월계청백1단지(이하 '청백')의 후문이었다. 후문 출입구는 막혀 있었고 '입주민 외에는 정문으로 오세요'라는 안내판만 있었다. 정문은 후문을 지나 약 255m에 달하는 도보 4분 이상의 거리로, 주차량진입로에서 가장 가까운 곳이 후문이었으므로 내비게이션이 이곳을 우선 알려주었던 모양이다.

청백의 디자인 구상은 입구에서부터 시작되었다. 청백은 서울 강북에 위치하고, 왕복 4차선도로를 중심으로 초안산을 동, 서, 북으로 품으며 자연과 함께하는 산기슭의 아파트 단지 마을이다.

청백의 바람과 나무를 활용하다.

청백의 가장 북쪽 공간에는 정자가 있으며, 할머니, 할아버지들이 모여서 담소를 나누고 계셨다. 정자 앞으로는 넓은 배드민턴 코트와 약간의 운동기구들이 있었는데, 파고라 영역을 잘 활용한다면 배드민턴 코트와 연계해 청백의 주요 포인트 공간이 될 수 있을 것 같았다. 원래 정자는 넓은 면적에 비해 주변으로 사람들이 둘러앉는 형태라 가운데 공간이 활용되지 못한다는 단점이 있다. 이렇듯 파고라 면적 대비 앉을 수 있는 공간은 제한적이다.

해당 공간은 초안산의 울창한 산림에서 불어오는 자연 바람이 굉장히 시원해 벽을 세우기에는 바람이 아쉬웠고, 천장을 올리자니 넉넉한 나무 그늘이 그 몫을 하고 있어 불필요했다. 다행히 정자가 위치한 공간 주변으로 조금의 유휴 공간이 있어 주변 나무와 숲을 훼손하지 않고서도, 충분하게 영역을 확장해 새 공간을 만들 수 있다고 판단했다.

Before	After

　주민들이 모일 수 있는 코트가 앞에 펼쳐져 있고, 그들과 함께 나눔이 될 수 있는 공간, 그러면서 바람을 막아서는 안 되며 주변 경관을 벽으로 가리지도 않으며 자연과 함께 스며들 수 있는 공간이어야 했다. 많은 것을 고려한 끝에, 주재료를 나무 루버(Louver)를 지정해 디자인 계획을 꾸미게 되었다.

청백의 코끼리를 놓아주다.

청백 가장 서쪽에 위치한 놀이터는 입구조차 찾기가 어려웠는데, 처음 마주한 놀이터의 느낌은 거대한 코끼리가 아무도 찾지 못하는 어느 곳에 갇혀 있는 모습이었다. '코끼리를 어디에 옮겨줄 수 있을까?', '타고 노는 코끼리가 너무 깨끗한데?', '이 놀이터는 대체 누가 이용하지?' 등 놀이터를 둘러싼 의문들이 꼬리를 이었다. 알고 보니 해당 공간은 우리가 처음 마주한 느낌 그대로 아파트 주민들이 잘 찾지 않는 공간이며, 가로등과 CCTV 등의 시설물이 부족해 야간에는 청소년들의 탈선 및 우범지대로 변질되고 있다는 의견이 있었다.

　더 이상 방치되면 안 될 것 같았다. 사용하지 않는 공간, 그리고 점점 주민들에게서 멀어지고 잊혀가는 공간… 하지만 이곳을 보다 나은 놀이터로 업그레이드해도 다시 어린이나 주민의 이목을 끌 가능성은 많지 않았기에, 완전히 다른 새로운 공간으로 탈바꿈해야 할 필요가 있었다. '시니어들에겐 소소한 활동의 공간이, 그리고 아이들에겐 도시 속에서 무언가 체험할 수 있는 공간이 될 순 없을까?'

　때마침 이곳 놀이터 주변은 산으로 둘러싸여 있어, 도시 숲속 아파트의 '숲속 농장'으로 표현되기에 적절해 보였다. 또한 도시농업을 기능하기에도 잘 어울려 보였고, 그 지속성도 클 것으로 판단했다. 하지만 어디까지나 아파트 단지와 가까이 있음으로 규모를 키우는 데엔 무리가 있어, 작은 규모의 도시농장을 계획했다. 입주민들이 자연스럽게 해당 공간을 방문할 수 있

Before	After

도록 바닥 데크를 깔고, 그 길을 따라 올라오면 숲과 도시농장이 어우러진 공간에서 휴식할 수 있도록 몇 개의 작은 온실 공간을 구상했다.

청백에서 설렘을 느끼다.

우리는 답사를 통해, 주변 재래시장 및 마트 등이 매우 먼 거리에 있어 주민들이 매주 아파트 단지 내에 열리는 장터를 기다려 활용하고 있다는 것을 알았다. 그래서 '마켓 공간 영역 활성화'를 세 번째 프로젝트로 지정했다.

공간 바닥에 칠을 해 마켓 공간 영역을 구분했는데, 칠로 그려진 바닥을 보는 입주민들은 어쩌면 장터가 열리는 날만을 고대하게 될지도 모르겠다. 먼 길 가서 먹어야 했던 떡볶이며, 무거운 수박을 짊어지고 버스에 올라야 했던 그 여름날의 수고와 땀…. '어쩌면 장터 한쪽에서 도시농장에서 가꾼 농작물을 판매할 수 있지 않을까?', '팔지 않더라도 내가 깨끗이 일궈온 농작물을 소개하고 자랑할 수 있지 않을까?' 같은 설렌 생각이 스쳐 갔다.

Before	After

청백의 쓰레기산을 정복하다.

지정된 분리수거일이 없는 청백에는 모두 동일한 크기의 쓰레기집하장이 있다. 하지만 쓰레기집하장이 비좁아 밖으로 튀어나온 쓰레기 더미들은 또 다른 구조물 혹은 초안산 자락의 또 다른 작은 산처럼 보였다. 하지만 밖으로 비집고 나온 쓰레기산만큼 쓰레기집하장 공간이 커진다면 문제는 해결될 수 있을 것 같았다. 쌓여 있는 쓰레기들은 집하장 구조물을 올려놓은 블록만큼만 놓여져 있어 집하장의 크기가 바닥 블록 크기만큼 디자인한다면 해결될 수 있는 문제였다. 기존 기성품(5,800mm~6,000mm)의 크기를 1/3가량 늘려서 가로 폭(7,800mm)으로 변경해 현장 사진에 올려놓아 보니 딱 맞는 사이즈가 되었다.

Before After

청백은 밝고 안전하다.

안전한 마을의 요건에는, 공간의 어둠을 밝혀주는 조명의 역할이 크다. 단지 내 조명은 모두 24개의 높은 가로등 조명으로 구성돼 있다. 해당 조명 사이사이 추가로 조명을 넣는다면 새어 나온 불빛이 거주자 집안으로 침투해 빛 공해가 발생할 수 있다. 하지만 바닥을 비추는 볼라드 조명을 추가한다면 저층 아파트로 유입되는 빛을 최소화할 수 있을 뿐 아니라 시니어들의 안전한 보행에도 도움이 될 수 있을 것이다. 또한 8개 아파트의 출입구에 LED사인물을 설치해 외부 방문자들은 물론 시니어들도 쉽게 인지할 수 있도록 했다. 볼라드 조명과 아파트 단지의 LED사인물을 통해 청백의 밤은 새로운 빛으로 보다 환하고 활기차질 것이다.

Before After

청백을 상상하다.

외진 곳에 위치했다고 소외되거나, 어쩌다 부모를 찾아온 자식들이 후문에서 발길을 돌려 정문으로 향하는 번거로움은 없어야 한다. 짧아진 해로 금세 어두워진 길을 걷다 작고 낮은 조명들로 인해 넘어지거나 안전이 두려워지는 일도 더 이상 없어야 한다. 새로운 조명으로 밝아진 아파트 단지는 입주민의 어두운 내면 또한 밝혀 줄 것이다.

앞을 자리가 협소하던 숲속의 작고 조용한 공간은, 주민들이 서로 어울리며 함께 이야깃거리를 만들어가는 활기 있는 장소로 바뀌어 갈 것이다. 멀리 떨어진 마트를 버스를 타고 오가느라 땀 흘렸던 수고로움은 채색된 바닥을 보며 마을 장터에 대한 설렘으로 날려버리게 될지도 모르겠다. 그리고, 매일 단지에서 마주했던 쓰레기더미는 이제는 다시 볼 수 없어 가끔씩 그리워질지도 모르겠다. 청백의 아무도 찾지 않던 거대한 코끼리는 새로운 곳으로 옮겨지고, 코끼리가 자리했던 어둡던 동물원은 사람들이 어울리고 소통하며 많은 것을 나누는 밝은 공간으로 변신하는 그날을 고대해 본다.

Eco-hillside Senior Village

소리 (所懷)

김진욱 교수_ 장충동 아랫동네 김원장님의 자택이자 병원이었던 그곳은, 늘 어둡고 깊은 공간에 독특한 약 냄새가 났다. 어려서 열감기에 자주 걸렸던 나는 그 병원의 단골 환자였다. 닥터는 아픈 것을 치료해주는 역할을 한다. 우선 어디가 아픈지 알아야 증상을 완화할지 원인을 찾아 근본을 치료할지 결정할 수 있다. 이번 우리가 맡게 된 월계청백마을은 심한 중병은 아니었지만 몸 전체가 이곳저곳 조금씩 아픈 만성질환자 같은 상태였다. 우선 눈에 보이는 것을 찾아서 처방을 내렸지만, 조금씩 더 속사정을 알게 되니 더 복잡한 통증의 원인이 보이기 시작했다. 고향을 떠나온 노인들의 고독을, 할아버지들은 더 심하게 앓고 있었다. 누구도 고향을 만들어 줄 수는 없다. 그러나 작은 집안 공간에서 나와 젊은 날 그때처럼 찬란한 햇살을 맞으며 외부활동을 다양하게 할 수 있는 몇 가지 숙성된 대안들을 제시했다. 누군가는 만족하며 시설들을 이용하며 닥터의 치유 처방을 받아들일 것이고 누구는 거부할 것이다. 이제 필요한 것은 처방이 역할을 할 수 있도록 손을 이끄는 프로그램들과 활동가들일 것이다. 의사들은 말한다. 바로 낫는 병은 없다고. SH공사와 우리 공간닥터들은 계속 지켜보며 임상 데이터를 축적하고 연구해서 더 나은 처방을 찾을 것이다. 서로 결과를 공유하면서 의사가 아닌 건축가가 되기를 잘했다는 생각을 했다. 방향과 목표는 정해졌다. 부디 이러한 노력이 일회성으로 그치지 않기를 바랄 뿐이다.

02

B GROUP

공간닥터 프로젝트

지속가능한 공간닥터 프로그램을 위한 발전 방안

SH의 공간복지를 위한 공간닥터 프로젝트는 공공임대주택 단지를 근본적으로 개선하고, 사회변화와 삶의 환경변화에 대응해 현재 거주하는 생활공간의 문제점을 진단하며 치유하기 위해 시작했다. 또한 다가올 미래변화에도 대응할 수 있는 융통적 공간으로 승화시키기 위해 지역주민과 함께 시설개선 방안을 모색한 프로그램이었다.

이번 제1기 공간닥터 프로젝트에서는 20년 이상 노후화된 영구공공임대주택 단지를 대상으로 현장에 필요한 사항에 대한 입주자 의견을 수렴하면서 현 단지공간 문제점을 진단하고, 공간개선 방향을 치유하고 처방하는 방식을 통해 시설 운영 측면에서부터 생활복지 차원으로 접근했다.

또한 이번 프로젝트에서는, 주민의 입장인지 정책적 입장인지를 판단해 실질적으로 주민의 소리를 들으며 삶의 질을 바꾸고, 공공임대주택의 공간적 문제와 사회적 문제의 해결을 심리적으로 접근해 처방공간으로 치유하는 기법을 적용했다.

'걷고 싶은 마을, 함께 사는 동네'라는 개념으로 접근한 B그룹의 공간닥터 프로젝트는 건국대 주범 교수, 고려대 원정연 교수, 서울시립대 김충호 교수와 김아연 교수가 공간닥터로서 월계사슴 1단지와 2단지, 신내 10단지와 12단지를 대상으로 공공주택 주거환경 공간개선 사업을 시행했다.

B그룹의 공간닥터 프로젝트에서는 물리적으로 개선해야 할 공간 진단과 함께 현재 거주민의 의견, 단지 이용자들의 각 공간에서의 행위, 공간이용도, 시설 기능에 따른 이용 효율, 초기의 단지 설계의 문제점 등 다양한 분석이 시시각각으로 이루어졌다.

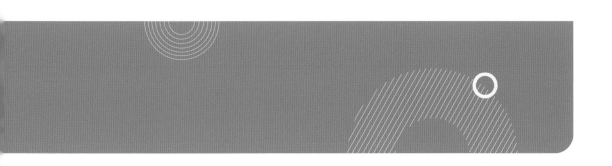

신내10단지와 12단지에서 제안한 단지 분석 및 이슈에서는 주민 간 갈등으로 철거된 쉼터를 재조성하고 활성화하는 방안, 커뮤니티 정원 꾸미기와 단지 내 음지 활용 방안, 옥상공간의 활용, 단지 경계부의 개선 아이디어, 음침한 단지 조경 및 야간 환경 개선 등의 이슈가 주요하게 진단되었고 이를 치유할 수 있는 공간개선 방안이 공간닥터에 의해 제시되었다.

월계사슴1단지와 2단지에서는 '어울리는 공간에 어울릴 수 있는 장소'로의 공간 구현을 위해, 쉼터공간의 부적절한 이용, 외부공간의 슬럼화, 주민이용시설의 단순화 등의 문제들을 주민공용공간의 개선, 외부보행로 및 가로등 조도 개선, 둘레길 및 간이쉼터 개선, 주민센터 및 주동 옥상공간의 활성화, 다양한 쉼터의 디자인, 외부공간 슬럼화 개선, 색채에 의한 옥외공간 개선, 쉼터 및 차양막 설치 등을 통해 처방하고 개선하고자 했다.

놀이터 이용, 편의시설 이용, 오픈스페이스 공간 활용, 조경공간의 운영, 주거동의 활용 등 단지 내 구역별로 이용 현황을 직접 분석·검토하고 현 거주민의 의견과 함께 개선이 필요한 공간을 진단하고 치유하는 접근법은 B그룹 공간닥터 프로젝트 작업 과정의 특이점이라 할 수 있다.

B그룹 공간닥터들과 책임닥터 그리고 디자인사무소의 전문가들이 모여서 문제점을 찾고 진단하면서 이에 대한 처방과 개선 방향의 장단점을 분석하고 단지별 아이디어를 함께 도출했던 작업 과정은 공간닥터들의 결과물에서 볼 수 있다. 아울러, 이 협업과 지식공유의 과정에서 서로에 대한 남다른 이해와 존중을 품어가며 프로젝트에 대한 창의적 해결안을 진지하게 도출하는 작업 모습을 지켜볼 수 있었다.

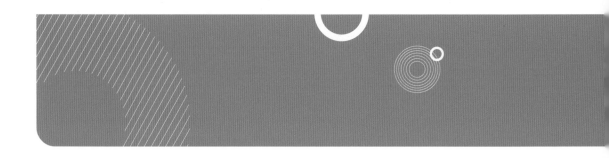

또한 일련의 작업에서 느낄 수 있었던 이 프로젝트의 특징은, 개인적 창의성에 기반을 둔 공간디자인 작업 과정을 넘어 전문가들의 협업과 구성원들의 종합적 접근에 의한 창의적 디자인 작업이었다는 것이다. 그리고 공간닥터들의 처방안에 따른 사업 시행과 입주자들의 여가활동에 의한 삶의 질 향상과 같은 치유프로그램을 비롯해 공간닥터 '기승전'에 해당하는 진단 처방과 '결'에 해당하는 시행 치유에 대한 프로젝트 실행 과정에서도 공간닥터의 공간전략 작업의 특이점을 확인할 수 있었다.

이러한 제1기 공간닥터 프로그램 작업 과정을 통해 생각한, 향후 공간닥터프로그램을 위한 몇 가지 발전 방안을 제안하고자 한다.
첫째, 공간닥터들이 개선안으로 제안한 단지별 공간개선 프로그램의 유형화 정립이 요청된다. 프로그램 진행 중 추출되고 여러 방향에서 검토된 유형의 작업 과정과 개선 내용이 가이드라인으로 정리되어 타 단지와 앞으로의 대상 단지 연구에 반영되거나 선택될 수 있도록 조처할 필요가 있다.

둘째, 지금까지 프로그램을 진행하면서 도출된 제1기 공간닥터들이 모은 데이터와 디자인 자료 그리고 디자인 기법과 사례들을 기반으로 향후 추진할 SH 공간복지 프로그램의 디자인 매뉴얼이 작성될 필요가 있다.

셋째, SH공간복지 프로그램과 공간닥터 프로젝트가 발전하고 보다 나은 성과를 갖기 위해, 시설관리 통합서비스(Integrated Facility Management)에 의한 접근이 필요하다. 미국과 유럽 등

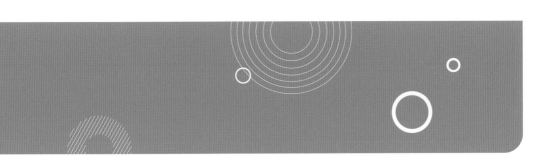

선진국의 공공임대주거 통합시설관리에 착안해, 영국에서 시행하고 있는HQI(Housing Quality Index) 시스템과 같은 공동주거 관리의 도입과 함께 미국의 통합시설관리단체 IFMA 단체에서 제시하는 도시건축공간 통합관리 마스터 전략의 활용이 요청된다. 시설관리 통합서비스를 통해 기본적으로 얻을 수 있는 효과는 1) 시설관리 비용의 절감 2) 공간닥터 프로젝트의 효율 증대 3) 입주자 시설관리 전문가 등 관계자들과 협업 등이 있다.

이번 제1기 공간닥터 프로그램에서는 단지별 특성에 따라 다양한 처방안을 제안한 공간닥터들의 작품을 판단할 기회이자, 어떤 철학을 가지고 시행하는가, 무엇을 하는가, 왜 해야 하는가를 등을 작업 과정 전반에서 살펴볼 수 있을 것이다.

또한, 공간닥터, 공공기관, 지역주민이 함께하는 진단과 치유와 처방으로 시행된 SH 공간닥터 프로젝트는 현대생활의 다양한 변화에 대응하는 새로운 공간복지의 한 축이라고 생각할 수 있으며 이에 관련한 프로그램이 여러 방향에서 지속적이고 다양하게 진행될 필요가 있다는 것을 강조하고자 한다.

이 명 식
동국대학교 건축공학부, 교수

신내10

걷고 싶은 마을,
함께 사는 동네

김아연   **서울시립대학교, 교수**
· 서울대학교 조경학과 및 동대학원 졸업
· 버지니아대학 건축대학원 조경학과 졸업
· 서울시립대학교 도시과학대학 조경학과 교수
· 제주 중문대포해안 주상절리대 경관설계 디자인 감독
· 대우푸르지오 조경디자인 가이드라인 연구책임
· 유니세프 아동친화도시 맘껏광장, 맘껏놀이터,
  맘껏숲 총괄 디자이너
· 녹사평역 공공미술 프로젝트 초청작가
· 국회 공간문화개선위원회 전문가 지원단 자문위원

송민원,
김현근   **MW'D.lab x 시·대·조·경, 소장**
· 서울시립대학교 대학원 졸업
· 제주 중문대포해안 주상절리대 경관설계 국제공모 당선
· 창동·상계 세대공유형 창업센터 및 50플러스
  캠퍼스 설계공모 당선

체계적으로 관리되는 자연환경, 편안하고 쾌적한 보행 환경과 안전하고 아늑한 야간 환경이 펼쳐지는 주거단지. 천천히 걸어서 즐기는 삶의 여유와 건강, 복지관과 함께 하는 프로그램, 연령대 맞춤형 공간과 세대 간 화합이 펼쳐지는 주거단지. 걷고 싶은 마을, 함께 사는 동네 신내10단지

변화를 꿈꾸는 주민들과 복지관

갈등이 많았던 신내10단지는 2019년 5월 경로당 마을봉사대를 만들어 지역을 위한 정기적인 봉사활동을 진행하고 있다. 마을봉사대 참여자들은 그저 나이 많은 노인임에 머무르지 않고 지역에서 존경받는 어른이 되기 위해 스스로 이미지를 개선하고, 부정적 의견이 만연한 열악한 마을환경과 문화를 개선하기 위해 노력하고 있다. 공간의 변화는 이러한 주민 스스로의 쇄신 노력에 힘입어 단순한 물리적 공간의 변화가 아닌 삶의 조건을 바꾸는 보다 근본적인 변화를 이끌어낼 수 있다.

마을봉사대의 자장면DAY 활동 및 고독사 예방 활동

변화가 필요한 신내10단지의 공간들

휴게 공간, 쓰레기 투기, 복지관어린이집 이전 등의 문제로 주민들 사이 갈등이 많은 상황이다. 특히 기존 쉼터가 2019년 초 강제 철거되면서 마을 중심의 휴게 공간이 사라졌고, 그후 주민들은 단지 내 노상에서 이야기를 나누며 소일하는 형편이다. 그나마 주민들로부터 호응이 좋은 '아름다운 자연환경 가꾸기'는 쓰레기 무단투기와 노상 방뇨 방지에 긍정적 효과가 있지만, 한편으론 우거진 수목으로 인해 하부식생이 자라지 못해 영구 음지가 확장되고, 조명시설이 열악한 탓에 야간에는 매우 어둡고 위험한 공간이 된다. 좁은 보도폭과 포장 불량으로 인해 사고 위험이 높고, 보행 동선은 체계적으로 연결되지 못해 넓은 단지의 장점을 살리고 있지 못하다.

갈등으로 철거된 쉼터,
재조성 필요

배봉어린이집 이전 및 신축부지
외부공간 활용 이슈

대단지 음지에 대한
활용 방안

쉼터와 단지 경계부
아이디어 필요

음침한 단지
야간 환경

활용도가 떨어지는
야외운동장과 어린이공원

공실이 되어버린
각 동 경비실과 활용방안

활용도가 떨어지는
상가 건물의 지하층과 램프

단기, 중기, 장기에 걸친 단지의 변화

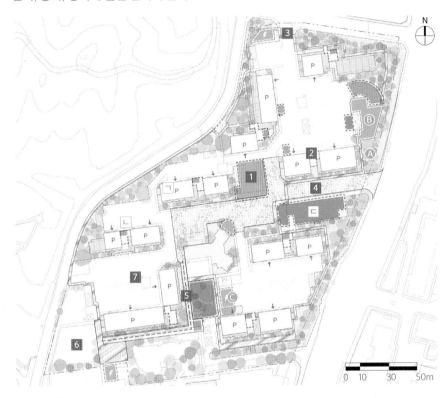

단기
1 주민쉼터 조성
3 안내/해설판 및 색채 개선
5 꽃길 재조성
7 야간경관 개선

2 주동 진출입로 재조성 시니어 놀이터/둘레길 조성
4 중앙로 노면 및 보행환경개선
6 야외 운동장 환경 개선

중기
Ⓐ 단지 내 수목 전정/제거/보식
Ⓒ 전동휠체어 충전소 설치

Ⓑ 시니어 놀이터/둘레길 조성

장기
ㄱ 1층 세대 철거 및 주차면 확보
ㄷ 근린생활시설 건축물 개선

ㄴ 동별 구 경비실 레노베이션

변화될 공간들 : 마을 어귀 주민 쉼터

전통적으로 마을 어귀에는 큰 나무가 있고, 그 나무를 중심으로 마을 사람들이 모여 커뮤니티를 형성해왔다. 신내10단지는 쉼터의 위치를 두고 오랫동안 갈등이 지속되고 있다. 현재 단지 내 주차장 일부를 정자나무와 넉넉한 그늘, 이야기가 있는 주민 쉼터로 조성하면 어떨까? 주민 쉼터는 단지 전체를 걷고 싶게 만드는 중앙 보행로와 둘레길의 중심 공간이자 주민들을 맞아주는 입구 공간으로서, 현재 쉼터를 잃고 길거리에 앉은 주민들을 위해 새로운 커뮤니티 공간을 제공해 줄 것이다.

환경개선을 위한 정원조성

그늘을 제공하는 캐노피

휴식을 위한 앉음벽

보행중심의 도로 패턴디자인

인지성이 확보된 야간경관

변화될 공간들 : 복지관 주민 쉼터

단지 내 위치한 서울시립대학교 종합복지관은 주민들 삶에 큰 영향을 주고 있다. 그러나 불합리한 공간 구조와 협소한 내·외부공간 등, 주민들과 소통하는 공간으로 활용되기에 현 복지관은 여러 한계점이 보인다. 단지의 주진입로에 맞닿아 있어 사람들이 많이 모이는 곳이지만, 커뮤니티 공간으로서 기능하기엔 역부족이다. 전동휠체어 이용자들은 주차장과 차도에 모여 있고 주민들은 좁은 보도에 앉아 쉬어 가는 상황이다. 그러기에, 주민이용공간인 복지관 1층의 측벽을 바깥으로 개방해 야외 쉼터를 조성, 실내·외공간을 연결하는 것을 제안한다. 주민들이 참여하는 화분 정원 혹은 화분 텃밭을 조성해 열린 복지관과 주민들의 생활공간으로 기능하는 새로운 주민 쉼터로 개선하는 것이다.

실내외 연계된 복지공간

주민들이 모여 만드는 화분 텃밭

변화될 공간들 : 그늘 정원

아파트 단지 조성 당시 작은 나무들을 밀식해 배식한 탓에 수십 년이 흐른 지금은 빽빽하게 우거진 나무들로 인해 빛이 전혀 들지 않는 영구 음지가 생겨났다. 웃자란 수목들의 하부공간은 하층식생이 자랄 수 없는 환경이 되어버렸고, 흙이 드러난 삭막한 조경 공간에는 쉽게 쓰레기가 버려지고 있다. 일부 수목의 가지치기와 간벌 작업을 통해 하부식생이 자랄 수 있는 광량을 확보하는 등 서식 환경을 개선하고, 숲 그늘에서 자랄 수 있는 다양한 하층식생을 도입해 정원의 미관뿐 아니라 계절감도 느낄 수 있게 했다.

변화될 공간들 : 둘레길과 꽃길

현재 단지에는 소극적인 방식으로 꽃길이 만들어지고 있다. 하지만, 이동식 화분만으로는 풍성한 꽃과 녹음을 기대하기 어렵다. 사계절 볼거리가 있는 둘레길과 중앙 보행로와 연결된 꽃길을 조성하기 위해선 옹벽과 자투리 녹지의 식재 기반과 인프라를 종합적으로 개선하고, 무성해진 관목과 교목의 밀도를 조절해 꽃과 열매가 풍부한 걷고 싶은 길을 조성해야 한다. '걷기'는 육체적, 정신적 건강에 중요한 활동이고, 걸으면서 마주치는 주민들은 삶의 여유와 이야기를 공유할 수 있다. 걷고 싶은 단지는 마을의 건강과 행복에 중요한 계기를 마련한다.

걷고 싶은 마을, 함께 사는 동네

소회(所懷)

김아연 교수_ 학창 시절 '집'을 주제로 정원을 설계하는 과제를 받은 적 있다. 객지 생활이 길고 고달팠던지, 죽기 전에 돌아가고 싶은 곳, 삶의 마지막을 맞이하고 싶은 장소로 집을 정의했었다. 올해 신내10단지에서 목격한 사람과 풍경을 그때도 알았더라면, 함부로 그런 개념을 잡지 못했을 것이다. 집에 대해 가지고 있던 낭만적인 생각은 지난 몇 달의 작업을 거치면서 궤도를 수정 중이다. 공간환경 전문가로 활동하다 보면 집에 대해 다른 생각을 가진 수많은 사람들을 만나게 된다. 집을 작품으로 생각하는 건축가, 비즈니스로 생각하는 개발업자, 상품으로 생각하는 건설사, 재산으로 생각하는 대다수 이웃, 자기 집 마련을 인생의 목표로 생각하는 가장, 벗어나고 싶은 지긋지긋한 곳으로 생각하는 청소년 등. 그 생각들이 뿜어내는 부정적 힘에도 집에 대한 내 생각은 그럭저럭 낭만을 잃지 않고 버텨온 셈이다. 이제는 긴 시간 내 안에 생각으로만 머물러있던 집에 대한 몇 가지 가치를 현실로 만드는 지난한 여정을 시작해야 한다고 느낀다. 집에서 누려야 할 수많은 것을 잃어버린 그들에게, 집이 집다울 수 있는 조건들을 하나씩 만들어가는 그 과정 말이다.

송민원, 김현근 소장_ 5월의 신내10단지 외부공간은 20여 년 세월을 주민 곁에서 지낸 탓인지, 봄의 싱그러움이 느껴지는 공간이기보다는 사람들을 익숙하게 반겨주는 공간에 가까웠다. 주민들이 반복되는 하루를 보내는 이 공간에 새로운 변화가 절실해 보였다. 생활 여건상 활동이 어려운 분들이 많은 임대단지는 마을을 활동적으로 변모시킬 수 있는 작은 씨앗 같은 공간이 필요하다. 우리는 걷고 쉬는 단순한 일상의 활동이 아파트 단지 전체의 분위기를 변화시키고 사람들 사이에 새로운 관계를 싹 틔우게 한다고 생각하며 프로젝트를 진행했다. 부디 이러한 생각이 실현돼, 활력이 사라진 임대아파트 단지에 다시금 변화를 위해 활동하는 주민들이 많아지길 기대한다. 그러한 의미에서 공간닥터가 이곳에 생기를 불어넣는 프로젝트로 기억되길 바란다.

신내12

좋은 것은
모두 밖에 있다.
– Healing Space for ALL

김충호

서울시립대학교, 교수
· 미국 워싱턴대학교 도시설계 및 계획학 박사
· 서울대학교 건축학과 및 동대학원 졸업
· 건축도시공간연구소(AURI) 부연구위원
· 삼우설계 및 해안건축 프로젝트 디자이너
· 세종시 국무총리 공관 국제현상설계 3등
· 인천어린이과학관 현상설계 당선 및 한국건축문화대상 본상

안형주

STUDIOS terra, 소장
· 서울시립대학교 조경학과 졸업
· 제주 중문대포해안 주상절리대 경관설계 국제공모 당선
· 서울시립대 100주년 기념 시민문화교육관 실시설계
· 서울대공원입구숲 기본계획 및 실시설계

신내12단지는 1995년 준공 이후 20여 년 이상 경과한 영구임대아파트이다. 거주민의 60% 이상이 60세 이상 노인이고 이들 대부분이 20년 이상 이곳에 함께 거주했지만, 여러 갈등 요소가 내재하고 있었다. 이젠 갈등을 멈추고, 모두를 위한 치유 공간으로 변화하길 제안하면서, 그 새로운 해결책을 외부공간에서 찾았다. 외부공간 개선을 통해 신내12단지의 구성원들이 분절(Separate)에서 통합(United)으로, 단절(Disconnected)에서 연계(Connected)로, 내부 지향(Introvert)에서 외부 지향(Extrovert)으로의 변모를 기대하는 것이다.

계획 개념

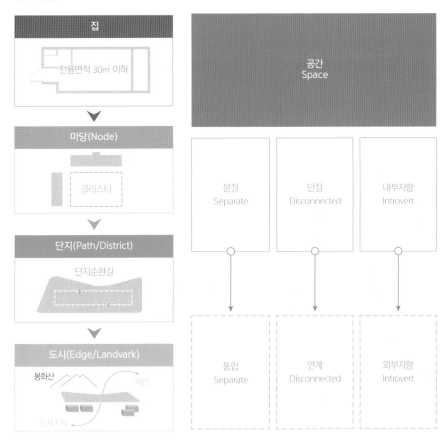

계획 전/후 비교

Before

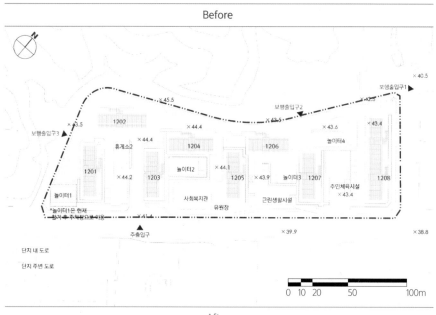

보행출입구1 ▶
× 40.5

× 45.5

보행출입구2 ◀
× 42.5

1202

× 44.4

× 43.5

× 43.4

놀이터4

보행출입구3 ▶
× 43.5

휴게소2

× 44.4

1204

1206

× 43.6

1201

× 44.2

1203

놀이터2

× 44.1

1205

× 43.9

놀이터3

1207

주민체육시설
× 43.4

1208

놀이터1

사회복지관

유원장

근린생활시설

*놀이터1은 현재
청년 → 주차장으로 이용

× 41.1

주출입구

× 39.9

× 38.8

단지 내 도로

단지 주변 도로

0 10 20   50   100m

After

0 10 20   50   100m

보행 동선 : 보차 혼용에서 보행 전용으로

지금의 신내12단지는 단지 내부를 관통하는 불필요한 차량 교통으로 인해 편안하고 안전한 보행이 위협받고 있다. 일반인을 위한 보행 전용 동선뿐 아니라 노인 및 장애인을 위한 보행 보조기 전용 동선을 개설하고자 한다.

Before : 보행 동선	After : 보행 동선

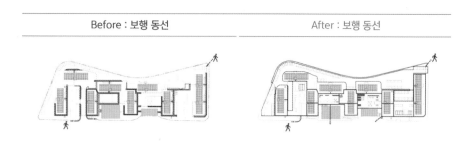

차량 동선 : 지하주차장 접근성 획기적 개선

단지 둘레를 따라 설치된 옹벽을 부분적으로 제거해, 지하주차장에 직접 진입하는 진입로를 개설하고자 한다. 지하주차장 접근성의 획기적 개선으로 상부 마당은 보행 전용 공간으로 조성한다.

Before : 차량 동선	After : 차량 동선

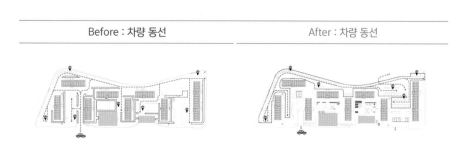

건물과 마당 : 음주 공간에서 치유 공간으로

현재 단지의 중심 공간과 여러 쉼터는 음주가 빈번하고 오물이 무단 투기 되고 있다. 이제 이곳을 치유 공간인 Mix Cluster(통합 마당)와 Rest Cluster(휴게 마당)로 전환할 것을 제안한다.

Before : 마당	After : 마당
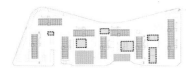	

단기 계획 및 중장기 계획

A 버스정류장 접근 ELEV+계단신설표면	**①** 옹벽 하부 및 이면도로를 통한 지하주차장 진입
B 굴곡 및 침하 없는 보도 포장재	(보차 분리 실현)
C 안전하고 편리한 전동휠체어 전용 도로 신설	**②** 복지관과 대지 밖 보도 연결
D 보행 주 진입구 경사로 개선 및 스노우 멜팅 시공	**③** 둘레길을 통한 봉수대공원 연결
E 수목 및 펜스 철거 - 단지 중앙부 마당 재조성	**④** 지상1층 세대 공실 활용 또는 철거 등으로 통경축 확보
F 단지 내 공간별 컬러(조명) 코딩, 특화 소재 적용	

개선안 투시도

Rest Cluster-1(단지 주출입구)

Mix Cluster-1(사회복지관 전면)

Mix Cluster-2(구매 생활시설 전면)

Rest Cluster-2(1207동, 1208동 사이)

개선방안 1. 단지 내 공간의 인지성 개선

어린이집과 경로당의 공유 공간 조성으로 노약자 커뮤니티를 실현하고, 공간별 특화 소재(시설물 · 포장) 및 컬러 코드 사용으로 단지 내 인지성을 높인다.

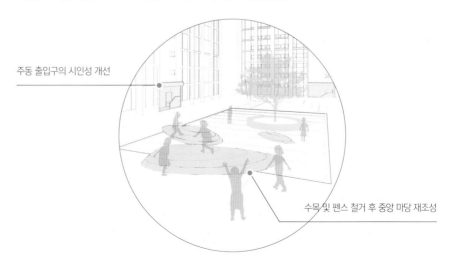

주동 출입구의 시인성 개선

수목 및 펜스 철거 후 중앙 마당 재조성

공간별 컬러(조명) 코딩과 특화 소재(시설물, 포장) 적용
휴게시설, 놀이터, 운동시설 등 단일 공간 기능 위주의 조닝과 지상 펜스로 인한 공간 분절이
심화된 상황으로, 이를 완화하기 위해 공간 기능을 복합화하고 이용 위주의 공간에서 연령과
세대를 아우르는 커뮤니티 중심의 공간으로 변화시킨다.

아파트 주동 출입구 현황

출입구 컬러 코딩 예시

복합 커뮤니티 공간 예시

개선방안 2. 단지 보행 개선 및 단지 외부 자연 연결성 향상
단지 보행로를 주변 도시로 적극 확장하는 둘레길을 제안하고, 구간별 테마와 프로그램을 마
련해 주민들을 단지의 외부공간으로 유도한다.

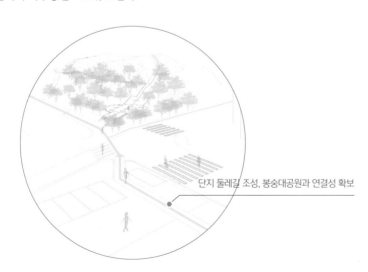
단지 둘레길 조성, 봉숭대공원과 연결성 확보

안전하고 편리한 전동휠체어 전용도로 신설
단지 거주 세대의 노령화로 인해 전동휠체어 및 보행보조기를 사용하는 주민이 증가하는

추세로, 이를 고려한 단지 개선안이 필요하다. 현재 보도폭원(1.5m)에서는 전동휠체어와 보행자의 교행이 불가능해, 전동휠체어 사용자는 주로 차도를 이용하면서 안전 문제가 발생하고 있다. 개선을 위해선 차도 및 주차구역을 재조정하고, 전동휠체어 전용도로를 신설해야 한다.

단지 내 전동휠체어 이용 주민   포장재 색상을 통한 보차 분리 예시   전동휠체어 도로 분리 예시

개선방안 3. 단지와 단지 외부 도시의 접근성 강화

동떨어진 출입구와 옹벽으로 가로막힌 버스정류장에 접근 가능한 전용보행 동선을 개설하고, 폐쇄적인 옹벽을 되려 기회로 활용해 지하주차장 진·출입 차량 동선을 획기적으로 개선한다.

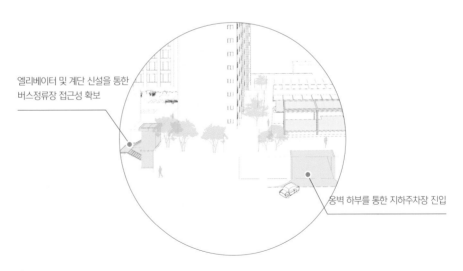

엘리베이터 및 계단 신설을 통한 버스정류장 접근성 확보

옹벽 하부를 통한 지하주차장 진입

버스정류장 접근 엘리베이터와 계단 신설

단지의 중요한 교통 인프라인 버스정류장은 단지 중앙부에 인접해 있지만, 불합리한 동선 계

획으로 인해 이용하기가 불편한 환경이다(단지 주 출입구 동·서쪽 편향). 동선의 편의성 확보
와 더불어 단지 전면부 핵심 랜드마크 시설로 작용한다.

단지 남서쪽 인접 옹벽

단지 남서쪽 인접 옹벽

버스정류장 접근 엘리베이터 개선 예시

좋은 것은 모두 밖에 있다. – Healing Space for ALL

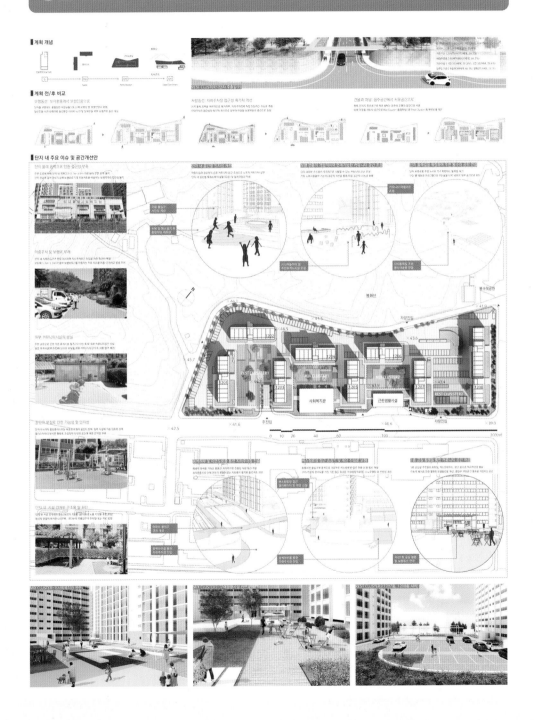

소리(所懷)

김충호 교수_ 나에게 신내12단지는 야누스처럼 두 얼굴을 가진 존재로 다가왔다. 처음 방문했을 때, 단지가 깨끗하고 정리정돈이 잘 되어 있어 상당히 놀랐었다. 하지만, 방문을 계속할수록 점점 다른 것들이 눈에 들어오기 시작했다. 그러면서 나의 디자인 키워드는 어느새 음주, 노상방뇨, 조현병, 주민 갈등, 주차지옥 등에서 헤매고 있었다. 더욱이, 실제 물리적 공간 역시 마찬가지였다. 신내12단지는 인상적이게도 단 하나의 단위 평면에 전체 1,000세대가 들어서 있었고, 외부공간에는 수목을 비롯한 펜스와 담장으로 수많은 경계와 단절이 만들어져 있었다. 이와 같은 내부공간의 획일성과 외부공간의 폐쇄성을 직면하면서, 나는 '모두를 위한 치유 공간'을 프로젝트 주제로 정하고, 이를 위한 사실상 유일한 해결책으로서 '좋은 것은 모두 밖에 있다'는 디자인 전략을 제시했다. 나아가, 신내12단지가 놓인 대지의 특징, 도시적 맥락, 입주민의 구성 등을 고려하면서 오늘날 영구임대아파트를 위한 공간복지의 일반해(一般解)가 아닌, 신내12단지만의 특수해(特殊解)를 도출하고자 했다. 우리가 현재 서울에서 직면한 공간복지 문제는 어쩌면 일반해로는 해결할 수 없는 난제일지도 모른다. 더구나 신내12단지의 여러 문제를 10억 내외의 예산과 단기적 처방으로 해결하려는 시도는, 처음부터 그 성과가 요원한 일이었을 수도 있다. 그럼에도 불구하고, 우리의 공간적 시도가 새로운 변화를 위한 의미 있는 출발점이 되기를 소망한다.

안형주 소장_ 같은 집에서 오래 산다는 것. 비교적 적은 이사횟수로 살아온 나는 그 같은 방식에 어느 정도 공감할 수 있다. 공감할 수 있는 이유 중 하나는, 내가 만들어온 삶의 공간을 누군가가 변형시키는 것에 대한 무의식적 반발이다. 우리 같은 사람들에게 단지 내 외부 공간은 그저 공유의 공간이 아니라, 집과 내 생활의 일부인 것이다. 그러므로, 집에 맞춰 익숙하게 변한 주민들의 주거공간을 낯설게 변화시키는 작업은 내겐 조심스러울 수밖에 없었다. 아주 예민하게 주민들의 삶을 관찰했고 신중하게 개선안을 제안했다. 변하지 않는 듯 변화하면 좋겠다고 생각했고, 주민의 삶에 친밀하게 안착하길 바랐다. 단숨에 고급 브랜드 아파트처럼 모두가 살고 싶은 집으로 변화하긴 어렵겠지만, 지금 진행하려는 변화를 긍정적으로 받아들이고 지금까지 삶의 모습을 지켜간다면 예전에 없었던 또 다른 작지만 소중한 가치들이 생겨날 수 있을 것이다. 이 같은 작은 시도와 가치들이 주민들의 사고와 삶을 건강하게 하고, 나아가 마을풍경을 아름답게 만들어줄 것을 믿고 또 소망한다.

월계사슴1

월계사슴1단지
환경개선사업

주범

건국대학교, 교수
· 독일 도르트문트대학 졸업
· 청소년 시설환경학회장 역임
· 행복도시 공동주택, 단독주택단지 MA
· 조달청 기술자문위원
· LH공사 설계자문위원

월계사슴1단지는 지하철역에서 가깝고 주변에 대학과 녹지, 그리고 산책로가 이어진 좋은 지역적 배경을 가지고 있다. 외국인 관점에서 본다면 젊은이들이 주거하기에 최적의 지리적 배경을 가지고 있다.

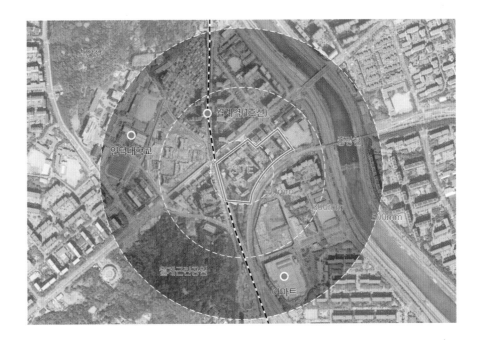

첫 번째 방문

단지를 향해 걸어가며 멀리서 바라보는 월계사슴1단지는 여느 아파트 단지와 크게 다를 게 없었다. 30년 가까운 세월이 느껴지는 건물 형태지만 외관은 깔끔했다. 단지 입구 주변에 위치한 상가들은 월계사슴1단지뿐만 아니라 주변 거주민들에게도 편의를 제공하고 있었다. 단지로 들어서니 여러모로 잘 정돈되어 있고 보행자도로, 차로, 가로수 등도 잘 어우러져 있다. 그냥 오래된 형식의 깨끗한 아파트 단지 같았다. 하지만, 연구진과 함께 관리소장의 안내를 받으며 주변 녹지와 시설 설명을 들으며 돌아다니다 보니 문제점이 눈에 보이며 점차 이상한 상황들도 발견되기 시작했다.

　1980~90년대 지어진 여느 아파트 단지들처럼 주차공간이 부족하고 보차분리가 되어 있지 않았다. 단지 내 돌아다니는 거주자들 대부분이 고령이고 전동휠체어 이용자도 많았다. 건물

과 건물 사이 주차공간에는 쓰레기를 모아두는 곳이 위치했는데 무질서해 보였다. 단지 내 가로수들과 외곽의 나무들은 잘 심겨 있고 산책로도 마련되어 있었지만, 왠지 불편해 보였다. 네댓 명으로 이뤄진 몇 그룹이 인도와 차도의 단차에 옹기종기 모여 앉아 담소를 나누고 있었다. 외곽에 어린이놀이터가 있지만, 사용한 지 오래된 듯했다. 쉼터로 쓰이는 정자는 녹지 중간마다 마련되어 있었지만, 철망에 둘려지고 자물쇠로 채워져 있고 밤 8시 이후엔 아예 사용이 금지되어 있었다. 막걸릿병이 정자 근처 숲에 버려져 있으며 근처 알림판에 써진 '대소변금지'라는 글귀는 인상적이었다.

건물 안으로 들어가 보니 편복도식 건물에 전동휠체어가 중간중간 놓여 있어 보행에 장애물이 되고 있었다. 그나마 엘리베이터와 가까운 곳에 사는 거주민은 문제가 없겠지만, 먼 곳에 있는 거주민은 전동휠체어를 타고 엘리베이터에서 집 현관까지 오가는 건 쉽지 않아 보였다. 누구나 전동휠체어 충전을 위해서는 자기 집 현관 앞까지 당도해야 한다.

마침 빈집이 있어 들어가 보니 침실은 겨우 한 사람이 누울 수 있는 정도의 크기에 옷장이 들어서면 그나마 누울 자리도 마땅치 않았다. 대부분 이 방은 침실 대신 창고나 옷방으로 사용할 것 같다. 거실은 침실보다 조금 크지만, 거실이라고 말하기 힘들다. 거실과 침실 사이에 화장실 겸 욕실이 있고 복도와 같은 공간엔 길게 조리대가 있다. 이곳에서 식사 준비를 하고 침실 겸 식당 겸 거실에서 대부분의 시간을 혼자 보낼 것 같다. 발코니는 집 평수에 비해 큰 편이지만 잡동사니를 쌓아 놓는 수납공간으로 더 적절해 보였다.

두 번째 방문

1차 방문에서 파악한 사안을 바탕으로 연구원들이 현장확인을 수 차례 더 다녀와 사진과 치수를 보완한 후, 정리된 자료를 지니고 공식적으로 한 번 더 단지를 찾았다. 두 번째 방문에서는 첫 방문에서 멀쩡해 보였던 것들에서 크고 작은 문제점들을 발견했다.

　　날씨가 좋아서인지 지난 방문 때보다 더 많은 사람이 야외에 모여 앉아 있는데 무언가를 기다리는 듯했다. 대부분이 어르신이었다. 관리실에서 진행하는 환경미화사업에 거동이 가능한 남녀 어르신들이 참여해 함께 일할 준비를 하고 있었다. 첫 방문 때 보지 못했던 많은 어르신이 날도 좋고 일거리도 있어서인지 바깥에 나와 있었다. 현재 이곳에 사는 사람들 70% 이상은 60대 이상 고령자에 20년 이상 거주 중이고, 신체적 장애를 가지고 있는 비율 또한 높은 편이다. 거주자들이 좁고 냄새나는 공간에서 벗어나 햇빛이 있고 녹음이 우거진 확 트인 바깥 공간으로 자주 나올 수 있게 유도해야겠다는 생각이 들었다. 결국, '음지에서 양지로 사람들을 나오게 하자'가 설계의 주목표로 설정되었다. 좁게 만들어진 보도를 실질적인 폭으로 확대 조정해 단지 산책을 용이하게 하고, 굳게 잠겨 있었던 정자 같은 쉼터를 거주자들이 자주 모이는 보차혼용 도로변 근처 여러 곳에 마련해, 주민들이 편히 앉아 담소를 나눌 수 있도록 했다.

방치된 어린이놀이터는 시니어놀이터로 바꾸고, 현관 앞 휠체어를 위한 램프 옆에는 비를 피할 수 있고 충전도 가능한 전동휠체어 주차공간을 마련했다. 그리고 쓰레기집합소는 인지성을 높일 수 있도록 그림과 색으로 표현했으며, 현관 부분은 멀리서도 쉽게 인지할 수 있게 밝은색으로 처리했다.

단지 내 방치되어 있던 가장 큰 공간이었던 운동공간에는 '펫 파크(Pet Park)'를 조성해 거주자들이 반려견, 반려묘와 함께 산책하며 휴식을 취할 수 있도록 했고, 작은 모임 공간을 마련해 거주자들이 쉽게 모이고 편하게 들릴 수 있게 했다. 집안에서 소일하던 거주자들이 바깥으로 나올 일을 더 많이 만들고 커뮤니티가 자연스럽게 형성될 수 있도록, 예전 골목길 평상 같은 공간을 마련했으며, 조용히 산책하거나 밤에도 무섭지 않도록 가로등을 설치해 단지 외부 공간의 편안함을 더했다. 집안에서 혼자 있지 않고 집 밖으로 나와 단지 사람들과 어울릴 수 있는 자연스럽고 편안한 장(場)을 마련하는 것이 본 설계의 주목표라고 할 수 있다.

장기 제안사업으로는 지하주차장을 더 마련하는 것이다. 부족한 주차공간을 지상이 아닌 지하에 설치해, 1층 외부공간이 차량에 덜 방해 받으면서 많은 거주자가 공유할 수 있는 공간으로 만들고, 그럼으로써 많은 사람에게 내부에서 외부로 나오는 것이 더 낫다는 것을 인식시키는 것이다.

Before : 방치된 어린이놀이터

After : 시니어놀이터

Before : 부족한 외부공간

After : 커뮤니티 공간 생성

Before : 식별하기 힘든 아파트 외관

After : 색채 변경으로 식별성 개선

Before : 기피시설로 인식되는 분리수거 시설

After : 색채감을 주어 인지성을 높임

Before : 방치된 자전거 주차공간	After : 노인들을 위한 전동휠체어 주차장 계획

Before : 방치된 운동공간	After : 반려동물 산책할 수 있는 펫 파크조성

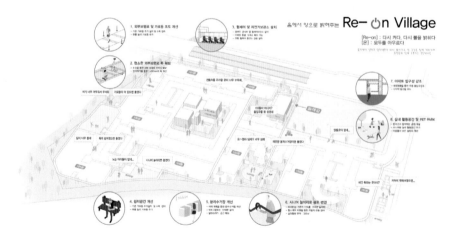

단지별 통합 디자인 Macroscale	다양한 보행로를 통한 접근 Mixed Approach	음에서 양으로 변화된 단지 컨셉 Theme & Concept	거주자를 위한 특화된 시설 제안 Special Item
단지전체 다양한 활동을 제공 [PLAY ON!] • 단지전체의 문제점을 토탈케어를 통해 [VALUE UP!]	단지내부를 엮는 둘레길 조성 [WALK ON!] • 녹지 및 조경공간을 재구성하여 [HEALTH UP!]	사용하지 않는 공간을 탈바꿈하여 [CHANGE ON!] • 각 동별 입면 및 입구 색체계획으로 [LIGHT UP!]	주민쉼터의 개선으로 담소공간 제공 [TALK ON!] • 반려동물과 함께하는 새로운 공간 제공 [LIFE UP!]

사업의 방향성	우선사업	제안사업
	· 도로변 방문자 주차 구획추가(평행주차) · 휠체어 보관소 설치(휠체어 충전소 겸용) · 아파트 주동 입구 강조(동별 색체계획) · 분리수거장 개선(종류별 색상개선) · 쉼터공간 개선(택배 수납함 포함) · 외부보행로 및 가로등 조도 개선 · 시니어용 실내활동공간 추가 신설 · 반려동물과 함께하는 PET PARK 신설 · 어린이놀이터 ➡ 시니어놀이터로 변경 · 분리수거장 개선(종류별 색상개선) · 쉼터공간 개선(택배 수납함 포함) · 외부보행로 및 가로등 조도 개선	· 지하주차장 설치(129대 추가확보)

월계사슴1단지 환경개선사업

단지개요 및 주변현황

사업개요

사업명: 월계사슴 1단지 환경개선

위치: 서울특별시 노원구 월계동 31-1번지

대지면적: 28,834.1㎡(약 5,022평)

건축면적: 5,130.74㎡(약 1,552평)

연면적: 59,050.63㎡(약 1,165평)

건폐율: 17.78%(법정 : 50%)

용적률: 17.91%(법정 : 250%)

최고층수: 14층   세대수 : 1,372세대

준공년도: 1986년 06월

현황 및 문제점

1. 낙후된 주거 및 공공시설

2. 거주자를 배려한 시설미흡

3. 외부공간의 슬럼화

환경분석

1인가구 거주자 51.64%
60세이상 연령 : 72.51%

20년 이상을 거주하거나 이곳에서 노인인구 밀집

연면적 25㎡ 이하 : 70.70%
20년 이상 거주자 : 59.88%

주민 요구사항

단지개선방향

Re - on Village

[Re-on] : 다시 켜다, 다시 불을 밝히다
[온] : 모두를 아우르다

사업의 방향

STEP.1
Re - 나지환경의 재구성

STEP.2
Re - 여기의 재구성

STEP.3
Re - 시간의 재구성

STEP.4
Re - 동선의 재구성

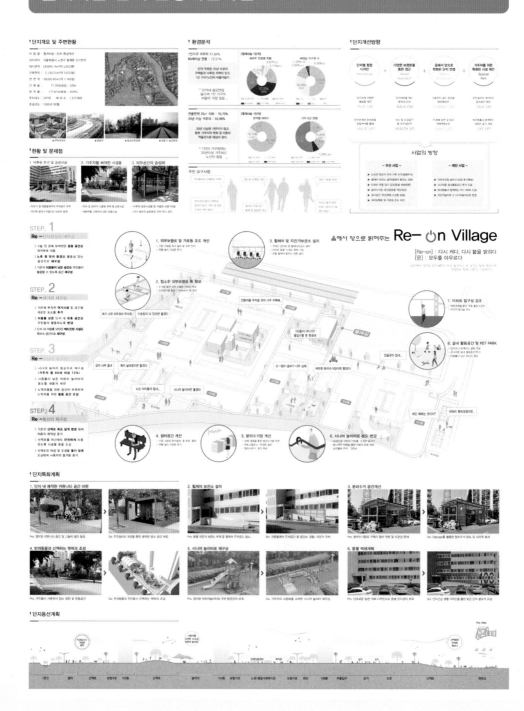

1. 외부보행로 및 가로등 조도 개선
2. 협소한 외부보행로 폭 확보
3. 힐링 및 자전거보관소 설치
4. 쉼터공간 개선
5. 분리수거함 개선
6. 시니어 놀이터로 폭도 변경
7. 아파트 입구성 강조
8. 실내 활동공간 및 PET PARK

단지특화계획

1. 단지 내 쾌적한 커뮤니티 공간 마련

2. 힐링 보관소 설치

3. 분리수거 공간개선

4. 반려동물과 산책하는 펫파크 조성

5. 시니어 놀이터로 재구성

6. 동별 색채계획

단지동선계획

소회(所懷)

주범 교수_ 이번 프로젝트는 임대주택의 의미와 문제점 그리고 개선방안에 대하여 깊이 고민하는 시간이었다. 거주자의 유형을 파악하고 요구사항을 예측하며, 쉽게 지나칠 수 있는 내용을 작은 개선을 통해 큰 효과를 거둘 수 있게 모색하는 좋은 기회였다. 좁은 방안에서 바깥으로 나왔을 때 더 좋은 공간과 커뮤니티가 있고 즐길 거리가 있다는 생각이 들 때, 그 단지는 살아있는 단지이자 건강한 단지가 될 수 있을 것이다. 이를 위한 과정에 일조할 수 있음을 연구진 모두와 함께 기쁘게 생각한다.

어울리는 '공간'에
어울릴 수 있는 '장소'

원정연

고려대학교, 교수
· 고려대학교, UPENN 졸업
· 미국 뉴욕주 건축사, LEED 친환경 전문가
· 한국생태환경건축학회 이사
· 청라시티타워 자문위원
· 중구 디자인위원회 위원

최영희

아인그룹건축사사무소, 소장
· 영남대학교, 연세대학교 졸업
· 인천광역시 경제자유구역청 경관위원
· 강동구/광진구 건축위원
· 군산대학교 겸임교수

프로젝트 관련자들과 약속 없이 배치도 한 장을 출력해 들고 무작정 찾아간 월계 사슴2단지는 마치 방문객을 기다리고 있었다는 듯 정돈되고 깨끗한 모습이었다. 아무 문제가 없어 보였다. 월계역에서 5분 정도 걸어서 접근이 가능했고 동부간선도로를 건너야 하는 불편함은 있으나 중랑천과 인접해 있으며 경춘선 숲길공원도 도보로 15분이면 갈 수 있다. 공간닥터가 진행되고 있는 타 단지에 비해 작은 규모임에도 불구하고 주민센터, 둘레길, 쉼터와 테니스장 등 웬만한 시설들이 충분히 구비되고 관리도 매우 잘되고 있는 듯했다. 공공임대주택이기 때문에 일반아파트들과 다르고 낙후되었을 것이라는 편견이 깨지는 데 그리 오랜 시간이 걸리지 않았다. 눈에 보이는 누추한 곳들의 환경개선 정도로 생각했던 프로젝트에 대한 취지부터 다시 생각해 보기로 했다.

입주자 현황

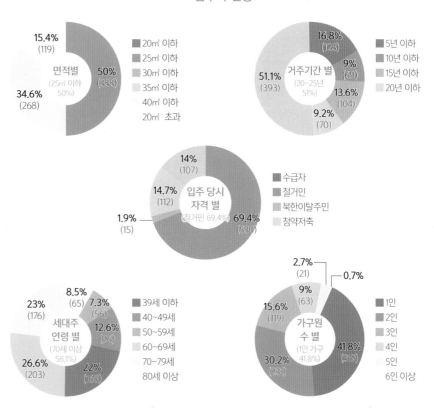

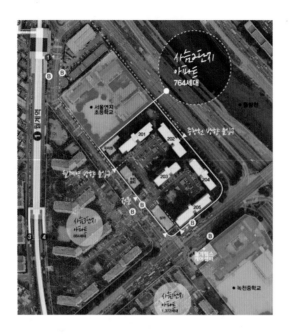

입주자의 구성 자체가 일반주거 단지와 매우 다른 공공, 영구임대주택 단지들이 비슷한 시기에 지어진 일반아파트들과 같은 모습이라는 것 자체가 모순인 듯하다. 면적 25㎡ 이하 세대가 50% 이상을 차지한다는 사실을 고려하면 더욱 여유 있고 다양한 공유공간을 확보했어야 하며, 5%도 되지 않는 아동 인구를 고려하면 놀이터의 규모와 수는 상대적으로 축소되어야 한다. 70세 이상 노인 인구가 60% 가까이 되는 단지의 외부시설 중 가장 큰 공간을 차지하는 시설이 테니스장이라니! 입주민의 특성을 고려하지 않은 천편일률적인 계획은 사슴2단지만의 장소성을 만들어내지 못했고 유연성 없는 공간들은 다수의 저이용 유휴공간을 만들어 낼 수밖에 없었던 듯하다.

여기저기 쉼터들은 많지만, 주변을 고려한 맥락적 계획 없이 낡은 정자들만 놓여있어 거의 사용되지 않고 있었다. 보행자가 드문 둘레길을 걷다 보면 아이들 없는 놀이터가 나오고 그나마도 건널목 없는 차도에 의해 끊기고 만다. 우거져 보이지만 관리되지 않은 수목들은 곳곳에 위험할 수 있는 음지들을 만들고 있었고, 쉼터보다는 단지 입구 주변 노상이나 화단에 삼삼오오 모여 담소를 나누는 주민들의 모습은 일상인 듯했다. 첫 방문 때 주민센터를 둘러보다가 우연히 마주쳤던 자치회 회장님은 어디라도 좋으니 함께할 수 있는 공간만 만들어 달라고 부탁했다. 다양한 물리적인 문제점들은 결국 커뮤니티의 부재와 은둔형 독거 거주자의 증가 등의 비물리적인 사회 문제들을 생산한다. 공공임대주택이라는 유형에 국한된 물리적 문제점들을 찾기보다는, 소통과 교류가 지속가능한 공동체를 만드는 데 필요한 요소들이 무엇일까를 고민하기로 했다.

월계 사슴 2단지 문제점 진단

☑ **주동출입구 문제점**
- 출입구 램프 앞 방치된 유휴공간
- 주거동 출입구 장소성 가시성 결여
- 일정치 않은 램프 마감 및 경사도

☑ **주민편의시설 문제점**
- 규모에 비해 넓은 면적의 주민센터 옥상 저이용
- 공간을 고려하지 않은 노인정 인테리어
- 주민실내 공동체 프로그램 부족 및 실내담소 공간 부족
- 악취 및 미관상 좋지 않은 부리수거장

☑ **외부공공 공간 문제점**
- 방수가 잘 안되고, 관리상태가 미흡한 정자
- 이용자의 행위를 고려하지 않은 벤치 위치
- 이용률이 매우 낮은 배드민턴장(운동장) 공간
- 연속성이 끊긴 둘레길, 보행자를 고려하지 않은 동선계획

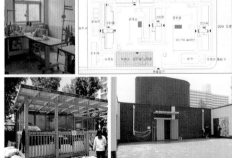
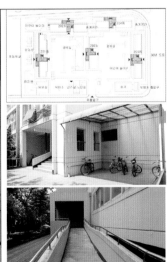

어울리는 공간, 어울리는 공동체

어울리는 '공간'에 어울릴 수 있는 '장소'…

어울리다;
[←어우르-+-이-]
1. 여럿이 서로 잘 조화되어 자연스럽게 보이다.
2. 함께 사귀어 잘 지내거나 일정한 분위기에 끼어 들어 같이 휩싸이다.

생활과 어울리다

다양한 주민들이 함께 어울릴 수 있도록 사슴단지만의 공간을 만듭니다.

지원과 어울리다

따로 또 같이 어울리다

사업의 방향성

우선 사업 (단기)	제안 사업 (중장기)
☑ 정장 수선 및 디자인 개선	☑ 단지 둘레길 거리 개선 및 조명설치
☑ 아파트 동별 출입구	☑ 주차장 램프 조명 개선
☑ 위치에 따른 쉼터 디자인 변화	☑ 단지 남서측 코너 출입구 화단 개선
☑ 주민센터 옥상 활성화	☑ 공간 활용을 고려한 경로당 인테리어

　제한적인 주거 환경에서 살아가는 개인들과 공동체로서 필요한 것들을 고민했다. 부족한 공간을 해소할 수 있는 다양한 공유공간과 사슴2단지만의 정체성을 부여하고 개인 또는 여러 명이 '따로 또 같이' 공유할 수 있는 무엇인가가 필요했다. 다소 사치라는 생각도 들지만, 사용되지 않는 낡은 정자들로 점유된 쉼터들, 연속성 없는 둘레길, 단지 곳곳의 유휴공간들을 연결하고 각 공간의 맥락에 맞게 다양하게 배치될 수 있는 거리 가구를 디자인하기로 했다. 이는 각각을 하나로 연결해주는 시스템이자 '어울리는 공간, 어울리는 공동체'의 시작점이다. 이를 매개로 기존의 쉼터들을 둘레길의 노드들로 재구성하여 연속적 보행이 가능한 단지를 만들고 다양한 유휴공간들에 활력을 불어넣어 공유가 일상으로 구현되는 공동체를 만들고자 했다.

마스터플랜

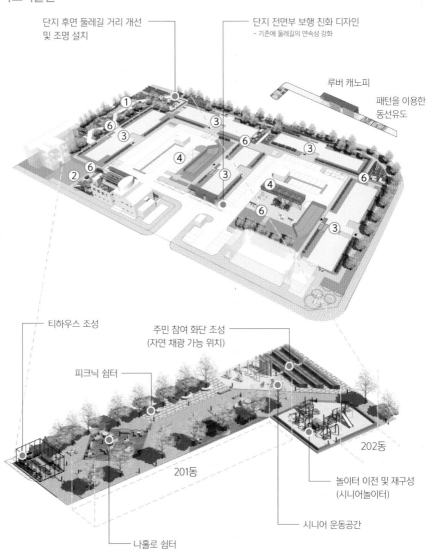

단지 후면 둘레길 거리 개선
및 조명 설치

단지 전면부 보행 친화 디자인
- 기존에 둘레길의 연속성 강화

루버 캐노피

패턴을 이용한
동선유도

티하우스 조성

주민 참여 화단 조성
(자연 채광 가능 위치)

피크닉 쉼터

202동

201동

놀이터 이전 및 재구성
(시니어놀이터)

시니어 운동공간

나홀로 쉼터

① 배드민턴장 및 놀이터 공간 재구성	② 주민센터 옥상 실내화
③ 주거동별 출입구 디자인 개선	④ 쓰레기 분닐수거장 디자인 개선
⑤ 다양한 위치의 쉼터 재구성	

위치와 행위에 따른 거리 가구 디자인

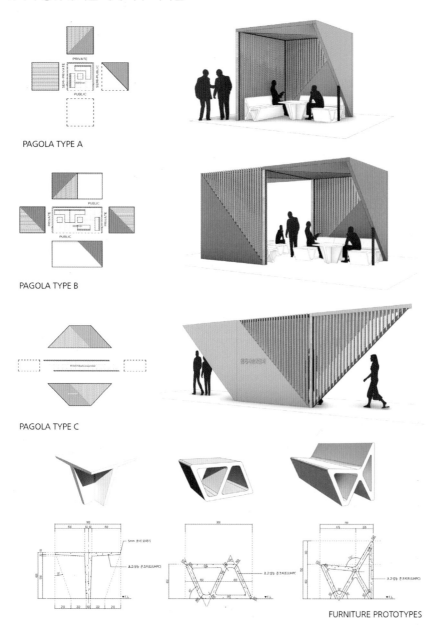

PAGOLA TYPE A

PAGOLA TYPE B

PAGOLA TYPE C

FURNITURE PROTOTYPES

각각의 외부공간에 사슴2단지만의 거리 가구를 디자인하여 단지 전체의 통일성과 정체성을 부여하고자 했다. 공간적 필요와 상황을 고려하여 다양하게 조합될 수 있는 벤치, 테이블, 화단 등의 프로토타입과 공간의 프라이버시와 공공성을 선택적으로 연출할 수 있는 파골라를 디자인하였다. 철재와 목재로 제작되는 일반적인 거리 가구와 차별화되고 장기적인 유지관리가 수월하도록 UHPC(고강도 콘크리트) 소재를 제안하였다.

저이용 테니스장 공간을 공원으로

사용되지 않고 있던 테니스장을 티하우스, 텃밭, 다양한 쉼터와 산책로로 계획하여 다양한 계층이 공유할 수 있는 공공공간으로 재탄생 시켰다.

Before   After

월계역 방향 출입구 쉼터 재구성

월계역 쪽 입구의 쉼터를 입구성과 보행동선을 고려하여 플라자 형태의 외부공간으로 조성하였다. 또한 쉼터에서 주민센터로의 출입을 가능하게 하여 적극적인 공간 활용을 유도했다.

Before   After

놀이터 옆 쉼터 재구성

단지 중앙에 위치한 놀이터와 쉼터를 둘레길의 일부로 통합될 수 있도록 재구성하였다. 보행과 소통이 동시에 일어나는 장소로 장터 등 다양한 행위를 담을 수 있는 공간으로 계획하였다.

Before	After

주민센터 옥상을 활용한 자치공간 확장

사용되지 않고 있는 주민센터 옥상을 증축해 체육시설 및 다목적 용도의 자치공간을 추가로 확보하고 휠체어 리프트를 설치해 주민센터건물을 무장애시설로 개선하였다.

Before	After

아파트 동별 출입구 개선

가시성이 결여되었던 주거동 출입구들을 색채와 아트워크를 활용해 인지성을 높이고 각 동마다 그래픽을 달리 디자인해 아이덴티티를 부여했다.

Before   After

분리수거 공간 개선

단지 중앙, 놀이터 옆에 위치해 쾌적한 환경 조성에 큰 장애물이었던 분리수거공간을 인지성
을 높일 수 있는 색과 그래픽을 활용하여 새롭게 디자인하였다.

Before   After

어울리는 '공간'에 어울릴 수 있는 '장소' – 어울림

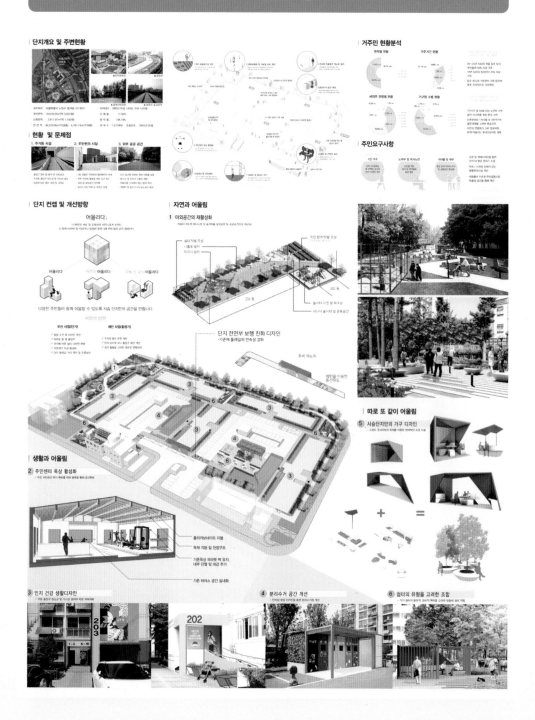

소회 (所懷)

원정연 교수_ 4차 산업혁명, 스마트시티와 인공지능을 논하지 않고는 우리 사회의 미래를 이야기할 수 없을 것 같은 분위기 속에서, 공동체, 사회 양극화 해소, 공유 경제, 장소성 등의 가치를 고민하는 기회는 반갑지 않을 수 없었다. OECD 평균에도 못 미치는 국내 공공임대주택 보급률을 고려할 때 양적 공급에 대한 정책적 논의가 우선시되는 건 불가피하겠지만, 그와 더불어 그 공간에서 살아가는 한 사람, 한 사람 거주민의 삶과 다양한 계층의 사회 통합에 대한 질적 고민 역시 병행되어야 한다. 건축가는 거시적 문제들을 물리적 공간이라는 매개를 통해 해결한다는 면에서 실질적일 수 있지만, 또한 근본적인 대안을 제시하는데 한계가 있을 수밖에 없다. 제한적이지만 국내 공공임대주택들의 질적 향상을 위한 지속적 노력의 과정에 공간닥터 프로젝트가 좋은 선례로 남았으면 좋겠다. 또한, 월계 사슴2단지 주민들의 일상과 함께하는 공동체 생활에 조금이나마 변화가 있기를 바란다.

최영희 소장_ 국내에서 공공임대주택이라는 주거 유형은 디자인적 다양성과 거주민의 공간적 필요보다는 대량 생산되는 정책적 생산물로 인식되고 있다. 노인 등 비경제활동 인구, 1인 가구 비율이 비정상적으로 높은 공공임대주택들은, 일반 주거단지와는 다른 공간적 고려와 사회참여를 유도할 수 있는 공유공간의 역할이 무엇보다 중요하다. 갈수록 심화하는 계층 간 격차로 어느 때보다 소외 계층 삶의 질과 사회 통합에 대한 고민이 필요한 시기에, 공간닥터 프로젝트는 매우 시의적절한 시도였다고 생각한다. 입주민들의 생활 실태와 문제점들을 실질적으로 파악하고 주민과의 직접 논의를 통해 다양한 해결안을 고민할 수 있었던 의미 있는 시간이었다.

03

C 공간닥터 프로젝트
GROUP

공공임대주택단지 거주민의
생활복지와 공간복지

가양단지 임대아파트의 공간닥터 프로젝트는 4, 5, 8, 9단지를 대상으로 진행되었다. 홍경구 교수, 정욱주 교수, 박진아 교수, 백진 교수는 각각 도시설계, 조경, 건축 분야의 전문가로서 서로 다른 영역의 전문성을 통해 각자 맡은 단지의 공간을 살피고, 가양단지 전체 팀 단위 미팅에서는 영역을 넘나들며 서로 소통하고 협력하며 임대아파트 공간을 통한 복지 구현 아이디어를 제안했다.

4단지의 공간닥터인 홍경구 교수(단국대 건축학과)는 가양 공동체 마당 조성, 단지별 커뮤니티 공간 조성, 무장애 공동체 가로, 무장애 건강공원, 공동체 그린박스, 공동체 강화 프로그램 운영, 그린 주차타워 조성, 공동체 상생협력 상가 조성 등의 흥미로운 내용을 제안했다. 특히 공간닥터가 임대아파트 단지의 물리적 공간을 살피는 작업은 주민 스스로 거주공간에 직접 참여하는 프로그램이 연계되어야 그 실효성과 지속성이 확보될 수 있다는 제언은, SH공사가 향후 공간닥터 사업을 이어가는 데 참고할 만하다. 향후 임대아파트 주민 스스로 거주지의 생활닥터로 성장해 공간 운영의 주체로 직접 참여하게 하는 정책 방안이 마련될 필요가 있다.

5단지를 맡은 정욱주 교수(서울대 조경학과)는 영구임대아파트 단지의 생애주기를 고려한 오픈 스페이스 조성 및 거주자 환경의 특성을 고려해 공간별 이용에 적합한 수종을 선택·조경하는 임대주택형 플랜팅이라는 흥미로운 설계안을 제시했다. 이는 고령과 장애를 안고 있는 거주자들의 생활 편의와 안전을 생각한 보행로 조성, 차량으로 단절되는 외부공간의 최소화, 주민 특성을 고려한 오픈 스페이스 조성, 공간별 이용에 적합한 수종 선택, 저비용 관리 효용이 높은 저관리형 플랜팅 팔레트 조성 등의 구체적 제안을 담고 있다.

8단지를 맡은 박진아 교수(한양대 도시공학과)는 단지 특성에 따라 주보행로 연결성 강화와 공간환경 개선을 우선 사업으로 삼고 주보행로 바닥 재료 교체, 각 동의 진입구 시인성 강화, 주보행로 출입구 인지 강화, 놀이터 용도 변경으로 휴게공간 조성, 운동공간 조성, 단지 주변 지역과 연결을 통한 거주민의 공간복지 증진 등의 세부 아이디어를 제안했다. 특히 8단지는 공간닥터 사업 이전에 단지공간 개선과 관련한 생활 민원이 제기되어 있던 터라, 공간닥터의 외부공간 개선 사업에 대해 민감한 반응을 보여 주민 의견 청취와 수렴 과정에서 어려움을 겪기도 했다.

9단지를 맡은 백진 교수(서울대 건축학과)는 단지의 공간환경 개선을 위해 운동시설 및 텃밭 조성, 장터 환경 개선, 쉼터 확충, 외부공간에 조명 설치, 보행로턱 제거 및 노면 교체, 주차장 환경 개선 등에 초점을 맞췄다. 특히 임대아파트 단지에서 운영하는 장터가 주민생활에 도움을 주는 점에 착안, 장터공간을 좀 더 적극적으로 발굴하고 관련 환경을 개선해 단지의 외부공간이 주민들의 일상생활과 좀 더 적극적으로 연계될 수 있도록 했다. 그리고 이 제안은 공간닥터를 통해 임대아파트 단지 전체에 적용할 수 있다는 생각이 들었다.

공간닥터 사업이 처음으로 진행되다 보니, 단지 내 공간작업의 범위 설정, 주민참여의 다양성과 의견 수렴을 통한 참여형 디자인, 외부공간의 기능 전환 여부와 거주공간의 개선 가능성 여부 등에 대한 의사결정 등이 제때 이뤄지지 못하고 공간닥터의 아이디어 제안에 강하게 결합되지 못한 점 등이 향후 개선할 부분이라고 본다. 또한 공간닥터 사업에서 다루는 전체 임대아파트 단지의 공동 이슈, 예를 들면 노령화를 비롯해 장애자의 무장애 공간에 대한 고려, 이주노동자 등 마이너리티 그룹에 대한 고려, 디자인 외적인 영역(특정 외부공간에서의 음주, 흡연, 방뇨 등)을 어떻게

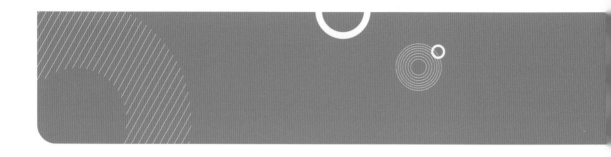

공간디자인 과정에서 다룰 것인가의 문제, 물리적인 영역과 일상생활 영역의 생활복지를 포괄하는 통합적 공간복지의 실현과 이와 연관된 근본 가치를 어떻게 일관되게 유지하느냐 같은 과제는, 다음 번 공간닥터 사업의 큰 틀을 짤 때 고민할 필요가 있다.

임대아파트 단지의 공간을 살피는 공간닥터 사업은, 궁극적으로 임대아파트 단지에 거주민의 생활복지를 공간을 통해 실현하는 공간복지를 지향한다. 우리가 거주 단위 공동체의 공간복지를 강조하는 근본적인 이유는, 거주 가치의 향상을 통해 삶의 정주성을 강화하고 이웃과의 관계망을 넓히는 데 있다. 생활 속 공간복지는 단순한 시설복지를 넘어 거주자 특성, 거주공간 환경을 고려한 공간을 통해 복지 인프라를 제공하거나 조성해 생활 속에서 복지를 누릴 수 있게 하는 개념이다. 생활복지를 담는 공간복지를 위해 공간을 어떻게 잘 활용하느냐, 혹은 임대아파트 거주민의 생활 속 복지 요구를 어떻게 공간에 담을 수 있느냐 등의 과제는 결국, 그 공간에 거주하는 주민들의 거주 특성과 그 안에 담긴 사회적 이슈, 말하자면 노인, 자활, 장애, 복지, 주거, 에너지, 건강. 다문화, 무장애 등의 현안을 생활 단위 공간을 통해 통합하고 조정하는 것을 의미한다. 공간복지의 다양한 테마가 임대아파트 단지의 거주공동체를 통해 실현되는 과정에서 중요한 건, 주민 스스로 주도성을 확보하고 공간복지의 지속성을 획득하는 것이다.

임대아파트 단지 거주 공동체가 생활 속 공간복지를 실현하는 자체 동력을 확보하는 첫 걸음마를 공간닥터 사업을 통해 딛은 셈이다. 앞으로 중요한 건, 거주공간 단위의 생활복지와 공간복지를 어떻게 연계하고, 그리고 이 연계 구조를 통해 주민의 정주성과 공간환경의 건강성, 마을공동체의 사회적 관계망을 어떻게 확립하고 공간 단위에서 구현하느냐 일 것이다.

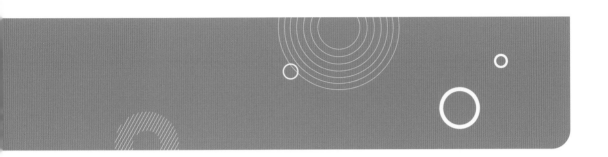

이 영 범
경기대학교 건축학과, 교수

가양4

가양4단지 공간복지
환경개선 사업제안

홍경구

단국대학교, 교수
· 서울대학교 도시설계 및 도시계획 전공 공학박사졸업
· 한국주거학회 부회장
· 한국경관학회 이사
· 한국지역경제학회 경기지회장
· 대한국토도시계획학회 이사
· 한국도시설계학회 이사
· 한국지역개발학회 상임이사
· 대한건축학회 정회원

고성석

CLOpen Architects, 소장
· 하버드대학교 건축대학원 MAUD
· 서울대학교 도시설계전공 공학석사
· 홍익대학교 건축학과 겸임교수

가양4단지 아파트 개요

가양4단지 아파트는 서울시 강서구 양천로 57길 37에 위치하고 있으며 25년이상 된 노후 건축물이다. 건축 면적은 7,603㎡, 주차면수는 총 418면(지상 340면, 지하 78면), 총 41명이 관리하고 있다. 1,958세대가 거주하고 있고, 거주자의 90% 이상이 50세 이상, 63.3%가 기초생활수급자이다.

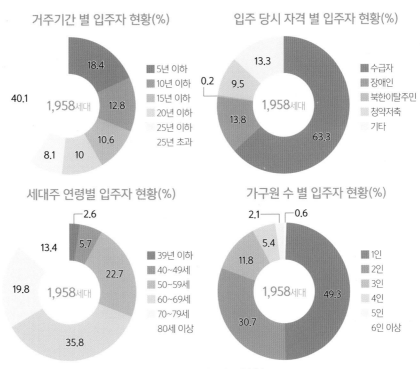

가양4단지 아파트 입주자 현황

가양4단지 아파트 현황 조사

현장 조사 15회, 75명과의 인터뷰를 통해 7가지 원칙에 따라 18가지 현황을 검토하였다. 공간복지 환경개선을 위하여 달성해야 하는 7가지 원칙을 규정하고, 가양4단지 공공임대주택의 현황과 문제점을 검토하기 위해 5가지 요소를 선정했다. 마지막으로 5가지 요소 내에서 각 요소별로 조사해야 하는 18개의 현황 항목을 선정했다.

가양4단지 아파트 현황 조사 방향

현장조사(총15회)	인터뷰	팀 미팅
가양4단지 아파트를 방문하여 18개의 항목조사	가양4단지 아파트를 주민 대상으로 인터뷰 실시	연구진 및 설계사와 수시 미팅을 통한 솔루션 모색

· 2019.05.12 · 2019.05.15 · 2019.06.19
· 2019.05.18 · 2019.05.23 · 2019.06.30
· 2019.05.23 · 2019.05.23 · 2019.07.05
· 2019.05.26 · 2019.05.30 · 2019.07.10
· 2019.06.01 · 2019.06.06 · 2019.07.18

· 2019.05.12 · 2019.07.05
· 2019.05.23 · 2019.07.18   총 75명
· 2019.05.27   인터뷰 실시
· 2019.05.30
· 2019.06.30

· 2019.05.30 · 2019.06.30
· 2019.06.03 · 2019.07.05   총 10회 이상
· 2019.06.10 · 2019.07.10   팀 미팅
· 2019.06.13 · 2019.07.18
· 2019.06.16 · 2019.07.20

가양4단지 아파트 현황조사 진행과정

공간복지 환경 개선을 위한 7가지 원칙(안전, 보안, 무장애 공간, 건강, 위생, 공동체, 매니지먼트)을 설정해 현황을 검토하였다.

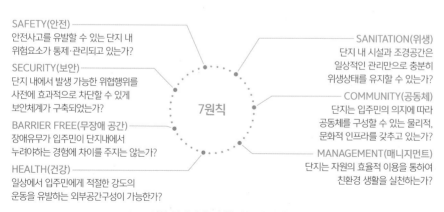

SAFETY(안전)
안전사고를 유발할 수 있는 단지 내
위험요소가 통제·관리되고 있는가?

SECURITY(보안)
단지 내에서 발생 가능한 위협행위를
사전에 효과적으로 차단할 수 있게
보안체계가 구축되었는가?

BARRIER FREE(무장애 공간)
장애유무가 입주민이 단지내에서
누려야하는 경험에 차이를 주지는 않는가?

HEALTH(건강)
일상에서 입주민에게 적절한 강도의
운동을 유발하는 외부공간구성이 가능한가?

7원칙

SANITATION(위생)
단지 내 시설과 조경공간은
일상적인 관리만으로 충분히
위생상태를 유지할 수 있는가?

COMMUNITY(공동체)
단지는 입주민의 의지에 따라
공동체를 구성할 수 있는 물리적,
문화적 인프라를 갖추고 있는가?

MANAGEMENT(매니지먼트)
단지는 자원의 효율적 이용을 통하여
친환경 생활을 실천하는가?

가양4단지 아파트 현황 검토 진단 방향

5가지 요소별 18개 세부 항목을 작성하고 이에 따른 현황 조사 실시했다.

가양4단지 아파트 공간 개선 핵심 전략

공간복지 환경개선을 위한 7가지 원칙과 이에 대한 공간 해법을 제시하였다.

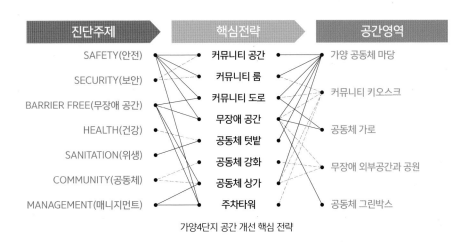

가양4단지 공간 개선 핵심 전략

1. 가양 공동체 마당(Community Place)

어린이공원과 운동시설 부지를 다양한 프로그램을 담는 커뮤니티 중심 공간으로 활용하였다. 기존 가양4단지는 운동시설이 낙후되어 주민들의 이용률이 낮고 방치되어 있었다. 일부 주민의 음주, 흡연, 고성방가로 인해 주민 간 갈등이 발생했다. 이에 대한 해결책으로 다양한 레크리에이션 활동을 담을 수 있는 다목적 공원으로 개발하는 방법을 제안하였다. 봄, 여름에는 바닥분수와 미스트파크, 사계절에는 쉐이딩 테이블, 플리마켓을 설치하고, 강서구청 관할 어린이공원과 연계하였다.

핵심 전략 1 : 가양 공동체 마당

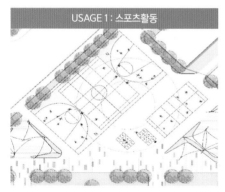

가양 공동체 마당 배치도

2. 커뮤니티 키오스크(Community Koisk)

사용되지 않는 통합 경비실을 커뮤니티 공간으로 적극 활용하였다. 기존 가양4단지는 주민이 모여 쉬고 공동체 활동을 할 수 있는 공간이 부재하였다. 단차로 되어 있어 배리어 프리 시설이 부족했고 밤에는 불이 꺼져 있어 안전, 보안문제가 심각했다. 이에 대한 솔루션으로, 사용하지 않거나, 이용이 저조한 기존 경비실을 커뮤니티를 위한 시설로 변경하여 재사용하는 아이디어를 제안하였다. 작은 도서관, 커뮤니티 하우징, 커뮤니티 티하우스, 미니공부방, 유아 실내놀이터 등으로 제시하였다.

커뮤니티 티하우스

주민모임공간

작은도서관

유아실내 놀이터

미니 공부방

핵심 전략 2 : 커뮤니티 키오스크

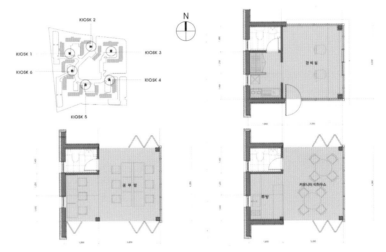
커뮤니티 키오스크 도면

커뮤니티 키오스크 조감도

3. 공동체 가로(Vibrant Corridor Community)

중심 가로의 차도폭을 축소하고 인접 공간을 커뮤니티 공간으로 활용하는 계획이다. 현재 가양4단지 아파트는 단지 내 도로시스템이 양방향에서 일방향으로 전환되었다. 도로폭이 10m로 넓어 단지 내 차량 통행량이 많고 차량속도가 높았다. 이에 대한 해결책으로, 첫 번째 로드 초커(Road Chocker)를 도입하는 방안이 있다. 내부 차량 속도 저감을 유도하고, 장애인과 노약자에게 안전한 단지 환경을 제공한다. 로드 초커 내 측에 선형 주차장을 설치한다. 두 번째 드랍 오프 존(Drop-Off Zone)을 설치하는 방안이 있다. 장애인주차장의 기능을 보완하는 드랍 오프 존을 설치하고, 휠체어 이용자의 차량 탑승과 임시 상하차 행위를 지원하는 공간이다. 세 번째로 파크렛(Parklet)을 설치하는 방안이다. 중심 도로를 따라 다양한 활동을 할 수 있는 파클렛을 설치한다. 사교모임, 벼룩시장 등 다양한 용도에 맞게 가변적으로 사용하기를 기대한다.

핵심 전략 3 : 공동체 가로

공동체 가로 배치도　　　　공동체 가로 예상 조감도

4. 무장애 외부공간과 공원(Barrier Free Outdoor Space and Park)

보행로 확장 및 가양4단지 서측(소리길 공원)과 연계한 무장애 건강공원을 조성하는 계획이다. 기존 가양4단지는 보도폭이 2m 내외로 좁아서 휠체어 이용자와 보행자의 교차보행이 불가하였다. 이동약자 보행을 배려하는 베리어 프리 시설이 부족하여 일부 단차 부분에서 사고가 우려되었다. 또한 아파트 단지 내 화단 면적이 넓었는데, 화단이 관리가 되지 않아 보행로를 침범하고 있었다. 이에 대한 해결책으로 휠체어 이용자와 교차보행을 위한 보행로 확 폭을 제안하였다. 안전한 산책로, 휠체어-공원 충돌 방지턱, 장애인 눈높이 맞춤 공원, 낮은 경사로 설치 등 장애인과 노약자도 쉽게 이용할 수 있는 무장애 공원을 조성한다. 장애인의 운동할 수 있는 권리, 자연을 즐기며 사색할 수 있는 권리를 보장할 수 있다.

핵심 전략 4 : 무장애 외부공간과 공원

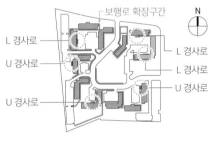
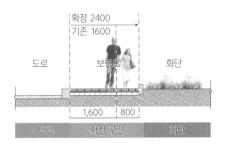
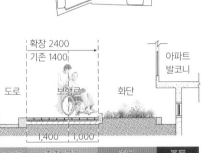
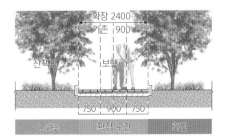

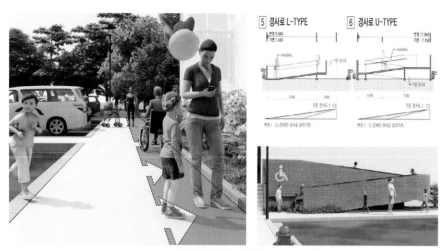

무장애 외부공간 설계도면

5. 공동체 그린박스(Community Green Box)

공동체 그린박스는 기존 텃밭이나 채소를 친환경적으로 재배할 수 있는 플랜트 박스를 제공하는 것이다. 가양4단지는 일부 주민들만 한정적인 공간에서 독점적으로 정원을 가꾸고 있었다. 관리가 부실하여 단지 내 미관을 저해하고, 화단 안쪽은 식물이 방치되어 있어 위생상태가 좋지 않았다. 따라서 주민들의 협동 경작을 통해 이웃과의 교류 기회를 제공하고, 자발적 커뮤니티 구성을 장려하는 방안을 제시한다. 구역별 텃밭 경작 수요에 유연하게 대응하기 위한 이동식 플랜트 박스 시스템을 도입하고, 계절별로 다른 식물을 경작하여 재배의 효율성을 강화한다.

공동체 그린박스

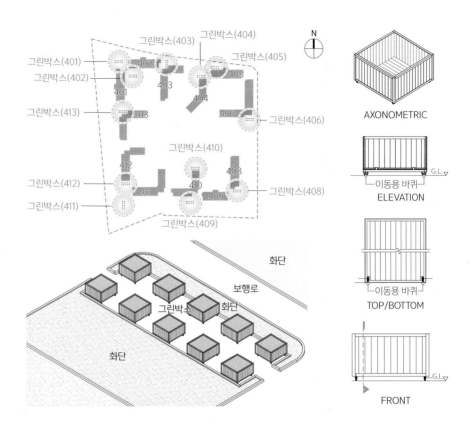

그린박스(403)　그린박스(404)

그린박스(401)
그린박스(402)
그린박스(413)
그린박스(412)
그린박스(411)

그린박스(405)
그린박스(406)
그린박스(410)
그린박스(408)
그린박스(409)

N

AXONOMETRIC

ELEVATION
이동용 바퀴
G.L.

TOP/BOTTOM
이동용 바퀴

FRONT
G.L.

화단
보행로
그린박스
화단
화단

그린박스 설계도면, 예상 조감도

가양4단지 공간복지 환경개선 사업제안

소회 (所懷)

홍경구 교수_ 처음 가양4단지를 배정받고 답사를 갔을 때, 이곳이 적극적인 수선이 필요한 공공임대주택이라고 여겨지지는 않았다.

오래된 공동주택 단지에 있을 법한 주민공동체 의식, 단지 내 비교적 쾌적한 녹지환경, 풍부한 놀이공간과 보행공간 등은, 주차문제를 제외하고는 제공된 현황 자료에서 지적된 문제점을 그다지 느끼기 어렵게 만들었다.

그러나, 주민들과 대화를 나누면서 단지환경 개선의 필요성을 느끼게 되었다. 먼저 공간복지를 위한 7개의 원칙을 정하고 18개의 세부 물리적 항목에 대한 개선 아이디어를 냈다. 최소의 비용으로 가급적이면 주민들의 의견을 받아 그들만의 생활 생태계를 건강하게 유지하며 개선하고자 했다.

이런 과정을 통해 보다 많은 주민들이 서로 소통하고 개방된 마음에서, 그들의 주거 단지를 사랑하고 가꾸어 갈 수 있기를 희망한다.

고성석 소장_ 가양4단지 프로젝트를 통해 대상지와 이용자에 대한 충실한 조사와 분석이 공간 개선사업의 해답을 찾는 데 얼마나 중요한 과정인지 새삼 깨달았다. 무엇을 제안하더라도 영구임대주택주민들은 결국 불평할 것이라는 회의적 담론은 우리가 그들의 여러 가지 사는 모습을 정확히 이해하지 못함에서 기인한 서투른 핑계에 불과했다. 본 프로젝트에 대한 우리의 조사와 분석이 정확했고 이에 대한 제안과 해법이 의도한 대로 작동하여 단지 주민들의 생활이 조금이나마 윤택해지길 진심으로 바래본다.

가양5

가양5단지
환경개선 사업제안

정욱주   **서울대학교, 교수**
· University of Pennsylvania, School of Design 졸업
· LH 공공택지지구 총괄 조경가
· 서울특별시 건축정책위원

이현승   **JWL, 과장**
· 서울시립대학교 조경학과 졸업
· 제주 상예동 정원 설계 참여
· 바롬항공 사옥 조경 설계 참여

따뜻한 봄날, 가양5단지를 처음 방문했다. 방문 전 들었던 가양5단지에 대한 수많은 소문들(주폭(酒暴)이 많고 외부인에 대한 경계가 심하다는 등)은 우리를 긴장하게 했고, 불안감에 연구원이라는 명확한 신분을 밝힌 명찰까지 만들어 챙겨야 했다. 그러나 가양5단지는 소문과 달리 평화로웠고 적대적일 것 같던 주민들은 막상 우리를 따뜻하게 맞이해 주었다. 그렇게 무사히 시작한 첫 답사는 단지 분위기와 대략적인 현황을 파악하는 선에서 마무리됐다.

첫 답사(2019.5.11.)

  답사 후 첫 번째 공간닥터 회의를 위한 발표 자료를 준비하면서 여러 현황에 대한 그래픽 작업을 시작했다(가양5단지는 준공된 지 27년 된 단지였지만 캐드 도면이 남아있어 대상지 전반을 이해하는데 큰 도움을 얻었다). 첫 답사에서 느꼈던 대상지의 분위기와 현황들, 도면 상의 정보를 종합해 그림을 그려갔고, 연구진들은 단지 개선을 위한 아이디어를 내놓기 시작했다. 이때의 아이디어들은 프로젝트 전반을 견인하는 콘셉트가 되었고, 프로젝트의 마무리 단계까지 유효하게 유지되었다. 단지를 순환하는 산책로 구성과 보행 환경 개선, 건강을 주제로 한 외부공간 개선을 골자로 한 콘셉트가 바로 그것이다.

> **종합분석**
> 단지 외부공간의 개선의 주안점을 크게 4가지로 나누어 종합한다. 우선 사회임대주택에 적합한 조경 수목 선정 및 관리 방식의 제안이 필요하다. 또한 차량동선과 주차문제에 대한 해결이 필요하며, 동시에 보행환경 개선이 필요하다. 공원, 놀이터 등 이용이 저하된 외부공간의 기능을 변화시킬 필요가 있으며, 노인과 장애인의 비율이 높은 주민 특성을 고려하여 '건강'을 주제로 한 외부공간의 개선 방안이 요구된다.

ISSUE 4가지

1. 사회임대주택형 플랜팅 제안
- 수형과 생육을 고려하지 않은
  수목 전정·관리

2. 차량 동선과 주차문제, 보행환경 개선
- 중심 차도의 횡단시 보행 단절 발생
- 전동휠체어, 보행기구 이용자 등
  고령자와 장애인의 보행안전성 취약
- 기본적으로 부족한 주차면적

3. 수요 변화에 따른 외부공간의
   기능 변화 요구
- 주민 고령화로 인해 이용이 저하된
  어린이 놀이공간
- 휴게공간에 대한 높은 수요

4. 건강을 주제로 한 외부공간 개선방안 모색
- 주민의 걷기 공간으로 활용되고 있는 경계 산책로
- 운동공간에 대한 수요가 있으며 잘 활용되고 있음

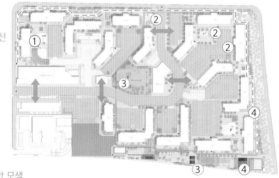

첫 회의의 결론(2019.5.14.)

  이후 6월 중간 보고를 준비하면서 콘셉트를 구체화시켜 나갔다. 두 번째 답사에선 첫 번째 보다더 많은 디테일을 관찰하면서 개선점을 발견할 수 있었다. 우리 팀은 보행 환경과 외부공간 개선이라는 큰 틀 아래 안전한 주거단지 조성, 주민 특성을 고려한 오픈 스페이스 조성, 사회임대주택형 플랜팅이라는 3가지 개선 방향을 정했다.

첫 번째로 교통 약자인 노인을 고려한 안전한 주거단지 조성을 위해 단차 없는 길과 보차혼용 구간을 확립하고 아울러 차량으로 단절되는 구간을 최소화할 것을 제안했다.

두 번째로 고령의 주민을 배려한 오픈 스페이스와 웰빙을 테마로 한 단지 산책로 조성을 제안했다.

마지막으로 단지 내 일조량을 고려하여 공간별로 적합한 수종을 선택할 것과, 저관리형 플랜팅을 제안했다.

> 공간개선계획의 방향
> 가양5단지 외부공간 개선계획의 방향은 안전한 주거단지 조성, 주민 특성을 고려한 오픈스페이스 조성, 사회임대주택형 플랜팅 제안으로 크게 세 가지로 설정한다.

안전한 주거단지 조성

1. 보행기구 이용자를 배려한 보행로
   전동휠체어보행기구 등을 이용하여 보행하는 주민을 배려하여 단차 없는 보차혼용구간을 조성한다.
2. 차량으로 단절되는 구간 최소화
   단지 내 차량통행으로 단절되는 구간을 최소화하여 안전한 보행환경을 조성한다.

주민 특성을 고려한 오픈스페이스 조성

1. 고령의 주민을 배려한 오픈스페이스
   영구사회임대주택에서 시간에 따른 오픈스페이스의 역할을 제안하고 현재에 적합한 오픈스페이스를 제안한다.
2. 웰빙을 테마로 한 단지산책로
   주민 간 교류와 건강 증진을 위해 현재 조성된 단지산책로의 웰빙의 테마를 부여하여 단지외부공간을 조성한다.

사회임대주택형 플랜팅 제안

1. 공간별 이용에 적합한 수종 선택
   주택 내 일조를 고려하여 교목, 소교목, 관목 등 단지 내 공간별 이용에 적합한 수종을 선택한다.
2. 저관리형 플랜팅 팔레트
   사회임대주택에 적합한 현실적인 저관리형 플랜팅 팔레트를 제안한다.

중간보고의 논의 방향(2019.6.15.)

영구임대주택의 생애를 고려한 공간 계획

1992년
(준공)

2019년
(현재)

현 주민 구성을 고려한 프로그램 계획

운동   걷기   정원

건물 내부 채광고 외부 환경 개선을 위한 식재계획

높은 교목과 밀도 높은 관목   소교목·관목과 초화 식재

계획의 태도

우리 계획의 의도는 세 가지로 요약된다. 영구임대주택이라는 특성에 맞춰 생애를 고려한 공간 계획이 수행되어야 하고, 현 주민 구성을 고려한 야외공간 프로그램 계획이 이루어져야 하며, 아파트 내부 채광과 외부환경 개선을 위한 식재 계획이 필요하다는 것이다.

이에 따라 우리는 크게 '힐링(Healing)'이라는 개념 아래 단지에 세 개의 힐링 레이어 (Garden, Community & Meditate, Exercise X Healing)를 도입했다.

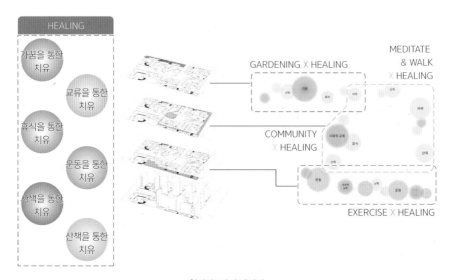

힐링의 3가지 레이어

그리고 단지 내 순환로, 정원 조성 가능 구역, 시설 개선이 필요한 어린이공원과 운동시설을 선별해 공간별 개선 방안을 도출했다.

건강을 위한 순환 산책로

정원활동을 통한 치유의 공간

운동과 사회적 교류를 위한 외부활동공간

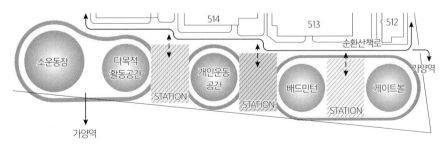

공간 구성 다이어그램

가벼운 운동과 사회적 교류, 산책을 통한 힐링 및 정원 활동과 돌봄을 통한 힐링을 통해 가양5단지 입주민들은 예전보다 개선된 단지의 외부공간을 향유하며 정신적, 신체적 회복을 경험할 수 있을 것이다.

가양5단지는 입주민의 고령화와 전동휠체어와 보행보조기구의 높은 이용률, 일조 문제로 인한 교목의 과도한 전정(剪定), 순환 산책로의 보행 단절 등 복합적인 이슈를 갖고 있는 임대 아파트 단지였다.

이번 프로젝트를 진행하면서 팀원들은 임대주택이라는 제도와 시행, 장기적인 관리와 환경 개선에 대해 새롭게 알게 되었고, 한 번 더 생각해 볼 수 있었다. 가장 재미있었던 점은, 아파트 주민들의 이용 행태에 대한 관찰과 그에 따른 대안 도출의 과정이었고, 힘들었던 점은 주민들의 인터뷰였다.

다음에 또 다시 임대아파트에 대한 공간닥터 프로젝트가 진행된다면, 주민의 수요 조사나 인터뷰 등의 기초 조사가 먼저 수행된 후 프로젝트가 실행된다면 조금 더 수월한 진행이 될 수 있을 것 같다. 이번 기회를 통해 임대주택에 대해 공부하고 연구하며 프로젝트를 진행할 수 있어 즐거웠고, 기회를 준 SH에 감사하다.

가양5단지 환경개선 사업제안

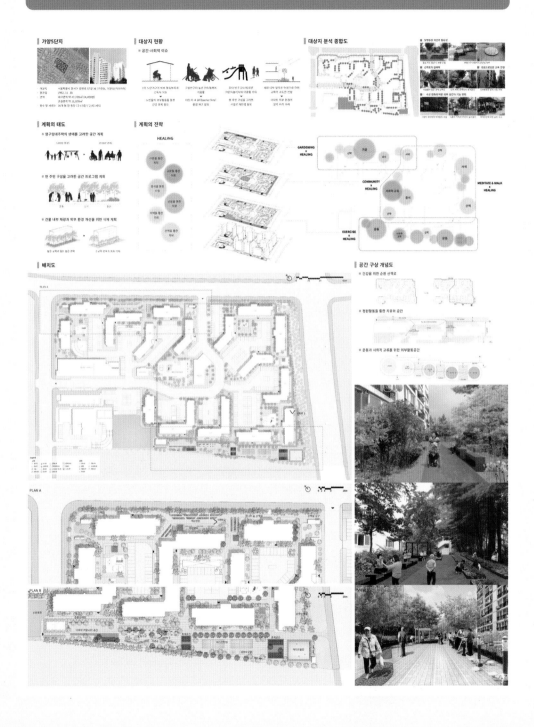

소리(所懷)

정욱주 교수_ 영구임대주택은 저소득층 주거 안정을 위해서 고안된 제도로 오래 전부터 제공되었지만, 이를 원만하게 운영하는 건 여전히 고민거리인 듯하다. 공간닥터를 계기로 영구임대주택의 공간환경에 대해서 이해해 볼 기회가 있었지만, 물리적 공간의 개선만으로는 해결될 수 없는 설계자 역량 너머의 난제를 느꼈다. 주거 이론에서는 여전히 소셜 믹싱(Social Mixing)의 건강함을 논하고 있지만, 막상 현실은 그 반대로 사회적 구별의 경향에 가깝다. 특히 영구임대주택의 경우에는, 조금 과장하자면 사회적 격리에 가까운 인식이 드리워져 있다. 그 인식은 가양5단지 답사를 앞두고 우리에게 부담으로 다가왔다. 서울시에 위치하지만 전혀 낯선 풍경을 가진 곳이 아닐까 하는 걱정이 앞섰던 것 같다.

기우였을까? 처음 방문한 가양5단지는 여느 오래된 아파트 단지와 별 차이가 없었다. 걱정했던 험악한 광경은 없었고, 아파트 경계부는 오래된 단지임을 드러내려는 듯 풍성한 녹지가 자리잡고 있었다. 30년 가까이 된 단지이므로 숲이 되는게 당연할지도 모르겠다. 첫 인상은 나쁘지 않았지만, 꼼꼼히 살펴보니 불안과 피해의식이 구석구석 배어 있었다. 위쪽이 반쯤 잘려 나간 나무들, 쌓여 있는 자전거더미, 외부 이용시설들마다 둘러쳐진 펜스 등이 그 부정적 정서와 사고를 방증하는 증거들이다. 격리되었다는 인식에 마음의 여유는 없어지고 약간의 피해라도 받기 싫은 방어기제가 작동하면서, 햇볕을 가리는 큰 나무를 동강내고, 고장 난 자전거도 절대로 치우거나 건드리지 못하게 하며, 외부 시설이 괜한 불편을 초래할 수 있다고 과도하게 염려하며 제한하는 것이다.

공간닥터 프로젝트는 영구임대주택의 전반적인 문제와 해결 방안을 짧은 시간에 정리한 유의미한 기획이라고 생각한다. 하지만 단발적 효과의 공간환경 개선안만으로 프로젝트의 성과와 결론을 내린다면, 피상적인 해결책이 될 수밖에 없을 것이다. 공간닥터의 출발은 공간환경을 제공하는 건축가, 조경가, 도시계획가 위주로 구성되었지만, 다음 번 기획에서는 사회복지 전문가나 주민참여와 관련한 인물이 함께 협업하며 보다 심층적인 해결안을 모색했으면 한다. 사람과 공간을 동시에 치유하는 공간닥터의 새로운 방향을 기대해본다.

길 위에 담겨진
삶과 기억

– 단지 내 마을 길 만들기

박진아   **한양대학교, 교수**

· 프랑스 Pantheon-Sorbonne 파리 1대학 도시지리학 박사
· 프랑스 건축가
· 서울시 공공건축가
· 한강시민위원회위원

김종수   **건축사사무소 아킴, 대표**

· 프랑스 벨빌건축대학(ENSAPB) 졸업
· 프랑스 건축가
· 경희대학교 겸임교수
· 서울시 마을건축가

노후화된 임대아파트의 환경 개선 사업 용역 제안을 받았을 때, 우리는 고민할 필요도 없이
참여의사를 밝혔다. 쉽사리 접할 수 있는 프로젝트가 아니었기 때문이다. 우리는 학교에서 도
시나 주거에 대한 이론을 학생들과 탐구하고 있었고, 실무적으로도 주거와 단지에 대한 관심
이 많았던 터였다. 이 사업의 목적은 단순한 물리적인 공간이나 시설의 보수에 국한된 것이
아니었다. SH공사에서 처음 시도하는 이 프로젝트는 궁극적으로 주변지역 및 도시로 확장된
공간복지 개념의 사업이라고 할 수 있다. 이 사업을 크게 세 가지 목표로 구분하면 첫째, 시대
에 맞게 노후화된 시설을 개선하여 주민 삶의 질을 높인다. 둘째, 모든 세대 및 계층에 필요한
복지시설을 확충하고 공동체를 형성한다. 셋째, 복지서비스를 넘어서 지역적, 도시적 차원의
주변생활서비스를 공급한다. 이 프로젝트를 단순 시설 개선이 아닌 보다 색다른 시선으로 접
근해야만 하는 이유는, 도심 속 단지형 아파트가 가지는 단점인 '고립된 섬'에서 벗어나기 위
해서이다.

단지형 아파트

전쟁 후 경제성장과 함께 대도시에는 주거난 해결을 위해 대규모 아파트들이 공급되었다.
특히 1962년에 세워진 마포아파트는 최초의 단지형 아파트로 주변 지역과 대비되는 큰 규모
로 시선을 끌었다. 단지형 아파트가 1929년 페리(C.A.Perry)의 근린주구이론을 바탕으로 자
리 잡게 된 배경은 안전과 사용자 중심의 편의에 대한 욕구 때문일 것이다. 하지만 가구(街
區)를 단위로 한 슈퍼 블록 단지들은 자동차가 주체가 된 도심을 만들어갔다. 사람들은 신도
시 등 주변으로 밀려 나갔고 점점 생활가로의 역할은 줄어들었다. 단지 내 편의를 얻었지만

마포아파트

근린주구이론

휴먼 스케일에 맞는 인간 중심의 공간 및 장소를 상실했고, 계층의 구분을 만드는 등 사회적인 문제들도 생겨났다. 1970년대 이후 도시들은 수많은 아파트 단지에 의해 점령되었다. 도시적 관점에서 아파트 단지의 가장 큰 문제점은 경계부의 처리와 내부 동선의 기능적 단순화에 있다고 생각한다. 담장과 수목은 중세의 성과 해자(垓字) 같은 모습으로 배타적이고 공공의 접근을 막고 있다. 현재까지도 민간아파트는 타인의 진입을 불허하고 있는데, 공공아파트의 경우엔 지역 연계에 중점을 두고 단절의 최소화를 도모하고 있어 그나마 다행이라고 생각한다.

가양8단지

공간닥터 프로젝트의 대상지는 강서구에 위치한 가양8단지 공공임대아파트다. 1992년에 준공된 약 1,000세대 규모의 단지로 평균 15층 아파트 9개 동으로 구성돼 있다. 한 변의 길이가 200m인 이 정방형 단지는 차폐 녹지 및 담장으로 주변 지역과 경계를 세우며 단지형 아파트가 가지는 장단점을 고스란히 가지고 있다. 단지의 중심에는 관리사무실과 노인정이 위치하고 주진·출입구 주변엔 상가건물이 있다. 가양대교 남단에 자리 잡아 한강으로의 접근이 용이하고 9호선 가양역이 단지에 접하고 있어 대중교통의 이용도 편리하다.

입주민의 거주기간은 25년 이상이 80%를 차지하며, 대부분의 주민이 준공 때부터 현재까지 살고 있는 것으로 추정된다. 현재에는 노년층이 대다수를 이루며, 1~2인 소인 가구가 많다. 입주 당시 사회 계층은 다양하게 분포하였고 탈북민도 14%로 적지 않은 비율을 차지한다.

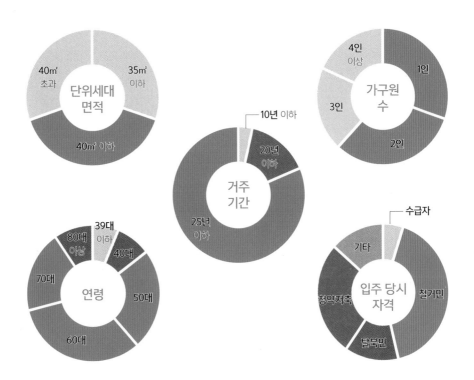

단지 현황

차량은 유일하게 북동측을 통해 진·출입 할 수 있다. 지하철 가양역이 생기기 전에 준공된 단지로 단지 진입 및 각 동의 진입은 모두 북측을 기준으로 설계되었다. 2009년 가양역이 개통되면서 대중교통을 이용하는 주민들은 북측 주진·출입구보다는 가양역 4번 출구에 가까운 부출입구를 주로 이용하게 되었다. 따라서 현재 단지의 주보행체계는 대부분 주민이 이용하는 방향과 반대로 되어 있는 셈이다. 차량 동선은 쿨데삭 형태로 단지 주변부로 형성되어 있고, 단지 내부는 안전한 보행로가 조성되어 있다. 보행로는 폭이 좁고 마감의 노후화로 이용하기 불편한 상태다. 단지 주변은 고가도로나 기반시설로 단절되어 있으나, 남측에 위치한 도로는 12m 폭의 2차선으로 주변 아파트들과 그나마 가까운 거리를 유지한다. 현재 남측 도로는 보행로로 많이 이용되나 인도가 설치되어 있지 않아 아이들이나 노약자의 안전에는 취약하다. 주요 부대시설로 단지의 중앙에 3층 규모의 관리실 및 경로당이 있다. 하지만 이용률은 저조하고, 건물 내부에 엘리베이터나 시설 개선이 필요해 보인다. 외부공간은 어린이공원이 가장 많이 이용되는 시설이지만, 이외 놀이터는 다른 시설로 이용되거나 사용이 저조하다. 어린이공원 외에는 활기찬 공간을 찾기가 어렵다.

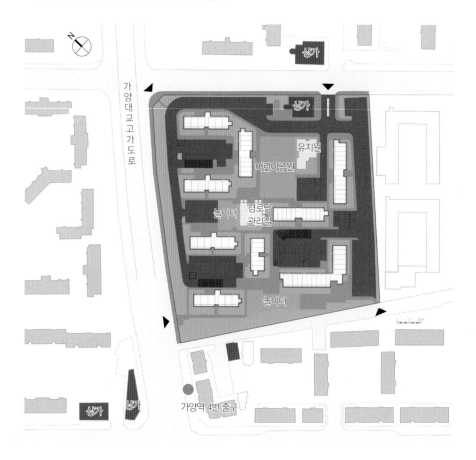

주민들의 요구 사항

주민들이 토로한 가장 불편한 점은 주차공간이 부족하다는 것이다. 총 주차대수는 지상·지하 통합 447대로 1,000세대 가구의 주차대수로는 턱없이 부족하다. 따라서 주차로 주변은 항상 이중주차로 복잡하게 얽혀 있다. 보행로는 차도와 분리되어 있어 안전하지만, 폭이 좁고 주변의 지장물들로 인해 통행하기에 불편한 편이다. 주민들이 지목하는 가장 좋아하는 장소는 어린이공원이고, 그 외 부대시설의 이용률은 상당히 저조하다. 단지 내 커뮤니티 소모임으로 노인회가 있지만, 참여율이 적고 그 외에 모일 수 있는 마땅한 공간도 없다. 주민들은 공동체를 형성하고 싶은 의지는 있으나 사람들을 이어주는 매개체가 없는 것에 그 열의가 약해진 듯하다. 다행히 주민들은 안전에 대해서는 단지의 장점으로 지목하고 있다.

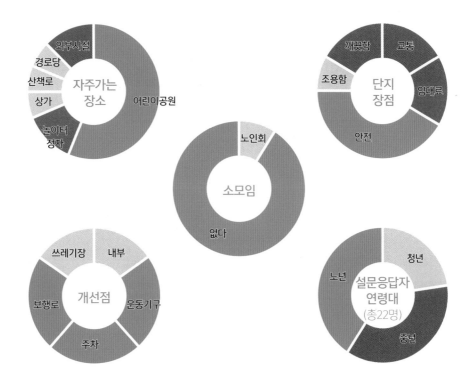

종합 분석

단지의 장점은 명확한 보차 분리가 이루어져 있다는 것이다. 중앙의 어린이공원과 관리실을 중심으로 십자형 보행로가 조성되어 있다. 하지만 보행로 폭이 좁고, 가지처럼 분포되어 위계가 없다. 즉 보행로는 목적지를 가기 위한 기본적인 용도에만 그쳐 다양한 활동을 담을 수가 없다. 그리고 보행로 주변으로 광장이나 쉼터가 존재하지 않는다. 쉼터는 수목이나 차로 주변에 독립적으로 숨겨져 있어 관리의 사각지대에 있다. 옥외공간은 어린이공원 외에는 잘 사용되지 않으며 폐기물이 무단투기 되는 잉여공간으로 황폐해지고 있다. 공동체를 이루기 위한 공간이나 장소가 거의 없다는 점은 문제점으로 볼 수 있다. 주민 연령대는 대다수 노년층으로 이동의 편의성과 가시성을 위한 계획이 필요하다. 단지의 경계는 대부분 차폐 녹지로 차단되어 있다. 하지만 남측은 주변의 주거단지와 소규모 상가가 위치하고 있어 도로의 개선과 휴게시설을 통한 경계의 개방으로 주변 단지와 연결할 수 있는 가능성을 가지고 있다. 단지 중앙에 위치한 관리실을 중심으로 남북 축의 보행로를 개선하면 단지를 관통하는 연결점을 찾을 수 있을 것이다.

도심 속 사라진 길과 공동체

도심 속 공간은 다양한 활동을 수용할 수 있어야 한다. 하지만 현재의 아파트 단지 내 도로는 목적지를 가기 위한 역할에만 머무르고 다른 활동은 전혀 담지 못하는 상황이다. 아파트 개발로 동네 길이 사라지고, 이웃 사이 교류도 끊어지고 있다. 거대 건물과 관조적 조경 공간만이 남은 길에는 사람들이 대화하고 모일 수 있는 공간이 부재하다. 기댈 수 있는 담, 쉽게 앉을 수 있는 장소, 식물과 꽃에 의한 편안함 등, 이러한 요소들을 통해 주민들은 쉽게 만나고 얼굴을 마주하며 대화할 수 있다. 과거 우리나라의 주거 및 도시 형태를 보더라도 담장과 골목길의 역할은 중요했다. 그 공간에선 좁지만 앉을 수 있는 여지가 있었고, 다양한 활동을 품을 수 있었다. 그리고 인접한 다른 공간, 다른 길과의 연결에 따라 이웃과 사회와의 교류가 이루어졌다. 지금은 이를 위해, 아파트 단지를 섹터별로 구분한 경계에서 탈피해야 한다. 기능을 혼합하고 길 주변으로 다양한 활동을 담을 수 있는 공간을 만들어 휴먼 스케일의 차별화된 저층을 조성해야 할 것이다.

가로 공간에 담아야 하는 주요활동

아파트 단지는 주변의 컨텍스트와 연결성이 없으며, 경계부의 단절을 담장으로 심화 시킨다. 획일화된 도로와 휴먼 스케일을 벗어난 건물의 크기로 기존 도시가 가지고 있던 길 주변의 휴식과 활동의 기능을 하지 못하고 있다. 이와 함께 만남의 기회도 줄어든다. 전통적인 마을은 매스의 분절과 도로의 적절한 높이와 폭으로 다양성을 가지고 있다. 특히 인간적인 단위로 보행의 편안함을 확보하고 있다. 1층 가로에는 다양한 기능과 상점이 있어 도로의 기능과 활동을 충분히 담아내고 있다. 기존 아파트의 문제점은 획일화되어 있다는 것도 있지만, 넓은 면적에도 불구하고 시설을 연결하는 도로가 극히 단조롭다는 것이다. 주민공동체마을 만들기의 핵심은 도로의 복원이며, 길 위에 다양한 활동을 담을 수 있어야 한다.

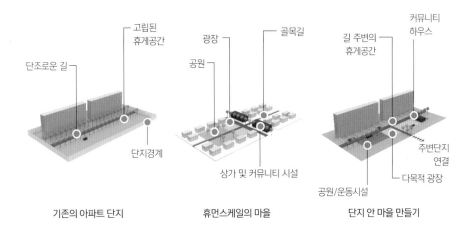

기존의 아파트 단지   휴먼스케일의 마을   단지 안 마을 만들기

종합 배치도

기본적인 구상은 단지 내 보행로 활용성의 극대화이다. 삶이 있는 도시를 위해 덴마크 건축가 얀겔(Jan Gehl)이 주장한 것은 필수적 활동(목적지를 가기 위한 통로의 역할), 선택적 활동(산책하거나 야외 활동을 즐기는 행위) 및 사회적 활동(공공장소에 사람들이 모이면서 행해지는 공동체 생활)을 도시공간에 담을 수 있어야만 하는 것이다. 아파트 단지는 작은 규모의 도시와 같다. 단지 내 도로는 각자의 집에 가기 위한 이동의 용도로만 사용되어서는 안 된다. 아파트 단지를 베드타운과 같은 죽은 공간이 아닌, 친인간적인 활동 공간으로 활기차게 조성하는 것이 진정한 공동체를 위한 첫 발걸음이라 생각한다. 이를 위해 보행로 주변으로 다양한 활동을 담을 수 있는 공간을 조성하는 것이다. 이러한 공간들은 섹터별로 구분하거나 보이지 않는 구석에 만드는 것이 아니라, 적극적으로 양성화시켜 보다 많은 사람의 눈에 띄게 노출하는 것이다.

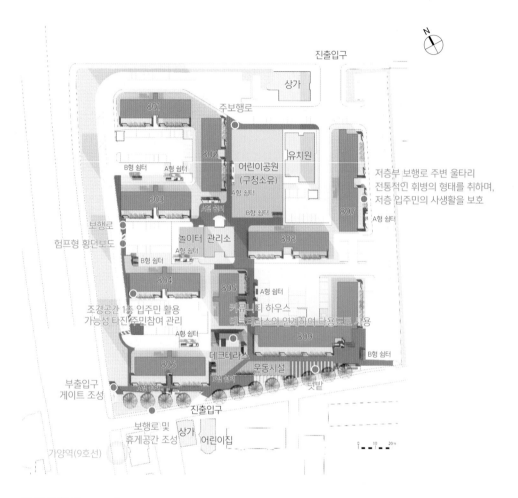

진출입구

상가

801

주보행로

802

어린이공원
(구청소유)

유치원

B형 쉼터   A형 쉼터

A형 쉼터

807

저층부 보행로 주변 울타리
전통적인 휘병의 형태를 취하며,
저층 입주민의 사생활을 보호

803

A형 쉼터

B형 쉼터

A형 쉼터

보행로

험프형 횡단보도

놀이터   관리소

B형 쉼터   A형 쉼터

808

804

805

A형 쉼터

조경공간 1층 입주민 활용
가능성 타진주민참여 관리

커뮤니티 하우스
데크테라스와 연계하여 다용도로 사용

809

B형 쉼터

A형 쉼터

데크테라스

806

운동시설

부출입구
게이트 조성

진출입구

텃밭

0   10   20m

보행로 및
휴게공간 조성   상가   어린이집

가양역(9호선)

개선 방향(Process)

가장 많이 이용하는 가양역으로 가는 길과 어린이공원을 지나 주진입로로 향하는 남북 방향
축의 보행로의 중심성을 강화한다. 좁은 길은 3m 폭으로 일정하게 확보하고 주변에 쉼터 및
다양한 공간을 조성하고 연결한다. 인도가 없는 서측 차도에는 보조 보행 동선을 신설해 안전
한 길을 만든다. 기존 쉼터는 통행로 주변이 아닌 외진 곳에 위치하여 접근하기 어려웠고, 때
론 불건전한 방향으로 이용된 적이 있었다. 보행로 주변으론 크고 작은 활동 공간을 조성한다.
광장을 만들어 사람들을 모이게 하고 주변에 공동체 하우스를 만들어 다양한 실내활동을 가

능하게 한다. 우리나라의 골목길에는 쉽게 앉을 수 있는 공간이 언제나 존재했다는 점에 착안
해 보행길 주변에는 걷다가 휴식을 취할 수 있고, 의자에 마주 앉아 담소를 나눌 수 있는 장소
를 만든다. 공동체는 자주 마주치고 작은 대화를 나누면서부터 비롯된다.

1단계 : 주 보행로 개선
· 휠체어 이동 및 교차 통행이 가능한
  3m 보행폭을 확보한다.
· 바닥 마감재의 패턴을 다양화하고,
  인지성을 강화한다.
· 보행로 주변 조경 식재로 환경을 개선한다.
· 다양한 쉼터를 계획하여 만남의 장소 및
  휴식공간을 제공한다.

3단계 : 인지 및 편의성 강화
· 단지 출입구 조성으로 아이덴티티 부여
· 여각 동 출입구 통일성 및 인지성 강화
· 화자전거보관 및 편의시설 개선

2단계 : 보행로와 외부공간 결합
· 휴게공간을 보행동선에 노출시켜 양성화 한다.
· 운동시설 및 텃밭 조성(주민참여)
· 커뮤니티 하우스 : 식당, 갤러리, 휴게공간,
  작업실 등 다양한 활용
· 데크테라스 광장 : 커뮤니티 하우스와 연계하여
  마켓, 야외식당. 행사마당 등으로 활용

4단계 : 주변지역 연결
· 남측 경계에 안전한 보행로 조성
· 휴게공간 확보/주변과 소통하는
  단지로 조성

주보행로 개선
(골목길)

주요 외부공간 연결
(공동체)

입구 개선
(인지성 및 편의성 강화)

산책로 조성
(주변지역과 연결)

주민공동체 및 주변지역과의 상생

단지에서 가장 많이 이용되는 장소는 어린이공원이다. 하지만 비가 오거나 이곳에 행사가 있을 때 달리 이용할 마땅한 공간이 없다. 다행히 남측에 버려진 공간들이 있다. 이 공간들을 모아 커뮤니티 광장과 실내 공용공간을 만든다면 계절이나 이슈에 상관없이 누구나 언제든 이용할 수 있다. 장날이나 행사 시에도 사용할 수 있는 주민공동체의 새로운 구심점이 될 것이다.

또한, 텃밭을 조성해 주민들이 참여하게 하고, 이러한 먹거리를 공동주방을 통해 서로 나누게 한다. 나아가 이런 참여와 나눔의 방식을 주변지역으로 확대시킨다. 차폐 녹지를 시각적으로 개방해 주변 단지와 연결하고 소통을 도모한다. 외국에서는 주거단지 시설 공유에 관한 코하우징 개념의 사례들이 많다. 가구별 주거공간은 따로 갖지만, 영화관, 작업실, 공동식당 등 부대시설은 공유하면서 이를 통해 각 지역 주민들이 서로 소통하고 교류하는 것이다.

 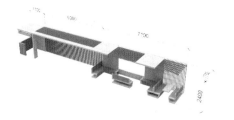

현재 우리는 세대별 양극화가 심한 사회에 살고 있다. 젊은 세대와 노년 세대의 가치관 차이는 쉽게 좁혀지지 않는다. 이는 서로 대화할 기회나 여건조차 없는 탓에 심화된다. 하지만 부대시설을 공유하면 대화할 기회가 많아지고 이를 통해 서로 이해하고 도울 수 있는 일을 찾을 수 있다. 외출할 때 공동으로 아이를 봐줄 수도 있고 고장 난 것이 있으면 고쳐줄 수도 있다. 특히 경험이 많은 노인 세대가 젊은 세대에게 지혜와 기술을 가르쳐주고 도움도 줄 수도 있을 것이다. 작은 것에서 시작하는 대화는 큰 공동체를 형성할 수 있다. 앞으로 가양8단지도 젊은 세대가 많아질 것이다. 소통하고 공유하는 공동체 장소를 통해 세대별, 계층별 통합을 기대해 본다.

길 위에 담겨진 삶과 기억 – 단지 내 마을 길 만들기

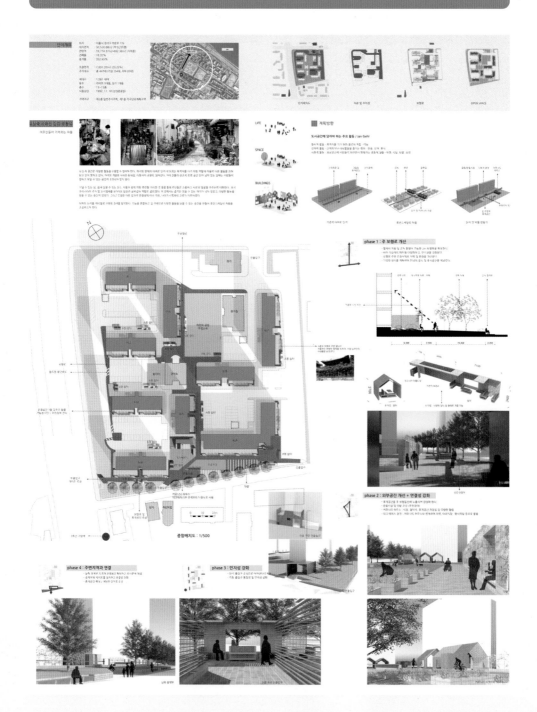

소회 (所懷)

박진아 교수_ 약 30,000㎡ 면적의 주거지환경 개선 계획을 위해 주어진 4개월이라는 기간은 상당히 부족했다. 현장 분석 및 보고서 제작을 위한 기간을 제하고 순수 계획에 사용된 시간은 2개월 정도였다. 학계의 이론을 실제적인 현장에 적용하기 위해서는 단지에 대한 심층적인 분석 및 피드백이 필요하다. 주거는 단순 시설이 아니라 사회적 현상이기 때문에 거시적인 관점에서 접근해야 한다. SH공사에서 많은 학자 및 전문가들의 지혜를 요하는 이유는, 단순히 자전거 거치대나 쓰레기장을 개선하기 위함은 아닐 것이다. 공간닥터 프로젝트는 지속가능한 단지의 모습은 물론 도시적 차원에서 주변 맥락에 대한 낙수효과까지 고려하게 만들어야 그 가치가 있다. 현재 서울 면적에서 오래된 아파트 단지가 차지하는 비율은 높다. 이 모든 단지들이 재건축이나 재개발 등 물리적 개선을 통해서만 환경 개선을 이루는 건 더 이상 올바른 해결 방안이라고 할 수 없다. 상생하는 공동체로서 주변 지역과도 소통하는 열린 마을이 필요하다. 아직 낯설지만, 지속적인 시도와 관심을 통해 상생하는 지혜를 찾을 수 있을 것이다.

김종수 소장_ 준공 후 25년이 지난 가양8단지는 생각보다 관리가 잘 되어 있었다. 민간아파트의 재건축 연한은 30년이다. 서울에서 심하게 낡은 단지는 어디든 많다. 안전진단 통과를 위해서 일부러 관리를 안 하는 것인지도 모르지만. 어쨌든 관리에 있어서 '깨진 유리창의 법칙'은 언제나 진리에 가깝다. 한 사람 한 사람의 자그마한 관심은 쾌적한 환경을 이루는데 필수적인 요소다. 주거는 물리적인 해법도 있지만 사회와 문화 등 보이지 않는 요소에서도 해법을 도출할 수 있다. 최근엔 사회학적인 접근과 그 안에서의 해법을 더욱 중요시한다. 한 사람 혹은 소수의 천재적인 건축가에 의해 유토피아가 건설되지 않는다. 궁극적인 해법은 주민들의 자발적 참여에 의한 지속가능한 개선이다. 새것은 언젠가는 낡고, 시대의 변화에 따라 필요한 건 언젠가 바뀐다. 좋은 디자인은 미학적 아름다움, 즉 시각적인 것을 추구하는 것이 아니라 사용자에게 여지를 주는 것이라고 생각한다. 결국 닥터공간 프로젝트는, 주민의 능동적인 참여를 도모하는 계획이고자 했다.

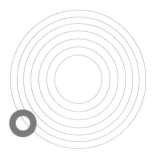

○ 가양9

가양9-1단지
생생마당 프로젝트

백진   **서울대학교, 교수**
· University of Pennsylvania 졸업
· 법무부 건축협의회 위원
· 대법원 사법행정자문회 재정시설분과 위원
· (前)서울시 도시건축공동위원회 위원

김효은   **에이치에이, 소장**
· University of Pennsylvania 졸업
· 서울대학교 건축학과 박사과정
· 이화여자대학교 겸임교수
· 서울도시건축비엔날레 협력 큐레이터

메가 메트로폴리스로 성장한 서울의 미래는 무엇이 견인할까? 모빌리티의 불균형 해소 및 확충이 먼저 떠오르는 답이다. 하지만 이에 못지않게 중요한 것이 있다. 그것은 서울이라는 도시가 제대로 된 플랫폼으로 기능하는 '시설(Institution)'을 어느 정도까지 제공하느냐 하는 것이다. 사실 건축 및 도시 분야는 일상을 지탱하는 '시설(Institution)'에 대한 전반적인 혁신을 이루어 내고, 동시에 현대의 일상을 포착하는 새로운 시설을 기획하고 발굴해야 하는 도전에 직면해 있다. 이런 각도에서 공유 기반 일상생활지원형 시설을 발굴 및 기획하고, 이를 주거 혁신의 계기로 삼는 건 큰 의의가 있다. 아파트로 대변되는 고밀도 주거 양식을 받아들이면서도 압축성장기를 거치며 무분별하게 파괴된 단위 공동체를 재구축하는 데에 커다란 역할을 할 것으로 기대되기 때문이다. 폐쇄적 단지가 야기하는 주변부에 대한 부정적 영향을 극복하기 위해 단지 간 공유형 기반시설을 발굴하고, 생활형 기반시설의 종류와 질을 혁신하는 동시에, 쓰레기처리시설, 주차장, 놀이터 등 기초시설에 대한 재평가도 필요하다. 이 과정에서 생활양식의 변화, 가구 구조의 변화, 고령화 및 취학인구 감소, 청년 세대 주거복지 요구 증대, 소비를 넘어서는 생산 풍경 창출, 놀이 및 여가문화 변화 등 여러 각도에서 현 상황을 이해할 필요가 있는 건 자명하다. 이 결과를 바탕으로 새로운 프로그램을 발굴하거나, 아니면 기존 프로그램을 재구조화해 서로 접목하거나 혼성하는 방향으로 시설 혁신 요구에 대응할 수 있을 것이다. 프로그램과 모빌리티의 적극적 연계를 만들어 내는 것 또한 중요하다. 마지막으로, 세밀한 디자인을 통해 질적 개선을 도모하는 것 역시 시설 혁신을 이루는 데 중요한 방편이라고 생각한다.

　　주거 혁신을 놓고 보면, 이곳 저곳 관심 가질 분야가 많지만, 그 중에서도 가장 중요한 것은 주거약자에 속하는 이들이 거주하는 임대아파트 단지의 정주환경이라고 생각한다. 약자에 대한 합리적인 배려와 차별을 차이로 승화시키려는 노력 없이는 어느 사회도 제대로 굴러가기 어렵고, 이를 실행하는 건 공공의 중요한 역할이다. 많은 것을 가지면 가질수록 - 그것이 주택이든 단지이든-자폐적인 성(城)을 만드는 것이 다반사이다. 홈시어터, 피트니스룸, 수영장까지 넓은 집 안에 모든 것이 다 갖춰져 있다 보니, 역으로 길거리는 죽어간다. 그냥 차를 타고 스치듯 지나쳐 다음 목적지에 도달하기만 하면 된다. 길거리에 있어야 할 사람을 모으는 공유형 시설들-카페이든, 세탁소이든, 슈퍼이든, 수영장이든 -도 존재할 이유가 없어, 적막감이 팽배한 배타적 도시풍경이 등장한다. 최소한 이론적으로 그렇다. 임대아파트 단지는 이와 반대다. 비좁다. 제대로 갖추지 못했다. 그러다 보니 바깥으로 나가 공유형 시설에 의지해야 한다. 이는 불편함이기도 하지만, 사실은 다른 곳에서는 만들어 낼 수 없는 삶의 활기가 가득한 도시풍경이 등장하는 요인이 되기도 한다. 안으로는 풍요롭지만 거리엔 적막감이 팽배한 경우와, 안으로는 다소 결핍이 존재하나 현관문을 열고 나가면 많은 것을 해소할 수 있는 이 둘 사이에서 우리는 단지 선택할 뿐이지, 어느 것이 절대 우위에 있다고 주장할 순 없다.

이런 관점에서 SH공사에서 기획한 공간닥터 사업은 아주 뜻깊은 것이었다. 임대아파트 단지의 거주환경 현황을 공간복지 관점에서 면밀히 파악하고 문제점을 개선하는 사업이었다. 주거약자의 정주환경을 시대 상황에 맞도록 조율하여 다시 사람 사는 냄새가 나는 곳으로 변모시키고, 전반적인 임대아파트 주거문화 혁신의 계기로 삼는 시의적절한 사업이라는 생각이 들었다.

단지 산책로 및 쉼터

우리 팀에 할당된 단지는 가양9-1단지였다. 첫 현장방문에서는 기대했던 것보다 훨씬 잘 정돈된 외부공간을 보고 놀랐다. 특히 보랏빛 맥문동꽃이 바닥에 쫙 깔린 소나무 숲길은 감동적이었다. 놀이터는 다양한 놀이기구를 갖추고 면적도 넓어서 아이들이 마냥 뛰어 놀기에 부족함이 없어 보였다. 마을도서관도 카페처럼 아기자기하게 잘 꾸며져 잠시 일을 잊고 한나절 쉬어 가고 싶은 생각마저 들었다.

그런데 두 번째 방문에서 인상이 바뀌었다. 여전히 외부공간은 매력적이었지만, 한 가지 이상한 점이 있었다. 외부공간에 적막감이 흐른다는 사실이었다. 6개의 주동으로 둘러 쌓인 중정에는 사람들이 넘쳐나야 할 것 같은데, 높은 담벼락으로 둘러친 자폐적인 집들이 늘어선 황량한 가로를 걷는 것 같아 혼란스러웠다.

단지 내 쉼터

마을 도서관

통계를 들여다보다 이유를 알게 되었다. 60세 이상 노인이 60%, 1~2인 가구가 68%, 25년 이상 거주한 분들이 53%이었다. 많은 사람이 종일 주호 안에 머무르고 바깥으로 나올 엄두를 내지 못하고 있던 것이다. 말로만 듣던 '초고령사회' 진입의 한 샘플을 직접 접하는 것 같아 충격적이기도 했다. 인터뷰에서 주민들은 생생한 언어로 '초고령사회'로 들어선 한국의 현실을 여실 없이 확인 시켜 주었다. 1년에 한두 번은 자살사고가 발생하고, 고독사한 노인이 오랜 시간이 지난 후 발견되는 경우도 종종 있다고 했다. 고령자 대부분은 늘 집에 누워 지내니, 해가 지면 사람 보기가 어렵고, 사람을 못 보다 보니 한편으론 우울해지고 또 한편으론 아예 사람 만나기가 부담스러워졌을 것이다. 아이 있는 집이 많지 않다 보니 놀이터에서 뛰노는 아이들을 볼 수 없는 것 또한 당연했다. 1993년 준공 당시와는 사뭇 다른 생애 주기에 도달한 주민들을 배려해 기존 시설을 재평가하고, 프로그램 및 디자인을 변경하는 게 절실하다는 생각이 들었다. '생애 주기를 고려한 시설 혁신'이라는 과제는 비단 임대주택뿐만 아니라 우리나라 공동주택 전반에 걸친 문제일 거라는 생각도 들었다.

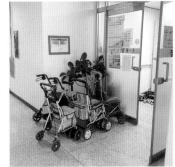

단지 고령 거주자

구체적으로 두 가지 관점에서 정주환경 개선을 시도했다.

첫째는 고령자를 배려해 주호에서 외부공간으로 나오는 길을 점검하고, 적절한 프로그램을 요소요소 배치해 주호 바깥으로 나올 동기를 부여하는 것이었다. 둘째는 주민 인터뷰를 통해 일상생활의 질을 높여 줄 프로그램과 시설을 새롭게 발굴하고 이를 적절한 위치해 설치하는 것이었다. 상가가 주변에 없어서 불편한데, 그나마 매주 목요일마다 단지에서는 간이장터에서 식자재를 살 수 있어 다행이라는 이야기를 기억했다. 또한, 텃밭 운영 계획을 주민협의체에서 열심히 만들었었는데 무슨 이유에서인지 무산돼 아쉽다는 의견도 기억났다.

주동 앞 보행환경

장터

놀이터 시설

우선 버려지다시피 한 어린이 놀이터에 주목하였다. 단지 중앙에 자리 잡아 접근성이 가장 좋은 장소이나 활용도는 지극히 낮았다. 이 놀이터의 규모를 반으로 축소하고 대신 고령자를 위한 운동공간과 주민을 위한 텃밭을 조성했다. 주 가로를 따라 벤치와 캐노피를 배열했다. 이 공간 못지않게 애착을 가졌던 곳은, '동마루'라는 이름의 주민공유 테라스 공간이다. 주 가로에서 각 동으로 진입하는 계단에 올라서면 어김없이 자전거가 난잡하게 쌓인 테라스 공간이 나타났다. 자전거 대부분은 녹이 슬고 타이어는 펑크가 나 있었는데 그냥 버리자니 아까워서 계속 쌓아 두고 있는 것이었다. 주동 측면 가까운 곳에 자전거보관소가 마련되어 있음에도 불구하고 관리와 협의 부재로 아까운 공간이 미관상으로 좋지 않거니와 기능적으로도 허비되었던 것이다. 자전거보관소의 면적을 확대하고 캐노피를 설치한 후, 테라스에 쌓인 자전거 중 쓸 만한 것을 골라 이곳으로 재배치할 것을 제안하였다. 대신 비워진 테라스 공간은 '동마루'로 다시 디자인했다. 주호에서 이곳까지 이르는 길은 무장애 도정인데, 바람과 햇볕을 즐길 수 있고 텃밭과 놀이터도 지긋이 내려다보이며, 오가는 사람들과 자연스레 대화를 나눌 수 있어 고령자가 한나절 재미나게 보내기 안성맞춤이다. 밤길은 걷기에 너무 어두워 야간조명에 대한 제안도 추가하게 되었다. 주민들이 원했던 장터에도 많은 애착이 갔다. 주민협의체와 논의한 끝에 기존 장터를 4개의 점포가 들어설 수 있는 규모로 확대하고, 파고라와 벤치도 추가로 설치해 주민들의 놀이마당이 되도록 계획했다. 이 장터는 대로변에 접하면서도 단지 코너에 자리 잡고 있어, 인근 아파트 단지에서도 쉽게 접근할 수 있다. 단지와 단지 사이의 폐쇄성을 깨는 공유형 일상생활 지원시설로 활용될 수 있을 것으로 보인다.

'시설(Institution)'이란 본래 사람과 사람을 이어주는 플랫폼으로서, 계층, 성별, 세대, 직능 사이에 존재하며 차별을 차이로 승화시키는 공적인 장(場)이어야 한다. 사람 사이 만남이 낳는 생동감과 창조성의 폭발력은 좀처럼 예상하기 어려운 것이며, 도시가 정체되지 않고 갱신되는 동력이라고 생각한다. 동마루, 간이장터, 텃밭, 벤치 등은 주호 안에 갇혀 살던 가양9-1단지 주민들을 바깥으로 끌어내는 장치로서, 생동감 넘치고 창조성이 배양되는 단지로 탈바꿈하는 계기를 만들 것이다. 이미 들어서 있는 마을도서관도 활기를 더할 것이고, 활용되지 않던 도서관 옆 강의실도 새로운 강좌를 개설해 사람이 차고 넘치기를 기대해 본다. 새로운 공유 기반 일상생활 지원형 시설의 성공적인 고안과 운영은 현장에 답이 있다고 생각한다. 주민과의 인터뷰, 회의, 워크숍 등을 실행해 주기적으로 정주환경 현황을 파악하는 것이 중요할 것이다. 주민들의 고통점(Pain Point)을 포착하고 이를 단초로 시설기획에 이르는 것이, 제대로 작동하면서도 지속가능한 주거시설을 만드는 길이라 재차 확신한다. 마지막으로, 텃밭이나 간이장터처럼 임대아파트 정주환경 개선 과정에서 자주 언급되는 시설은, 공공이 나서서 실행 및 운영 프로그램을 적극적으로 지원해주면 훨씬 더 빠르고 효과적으로 정착할 수 있을 것이다.

가양동 9-1단지 생생마당 프로젝트 우선사업 마스터플랜

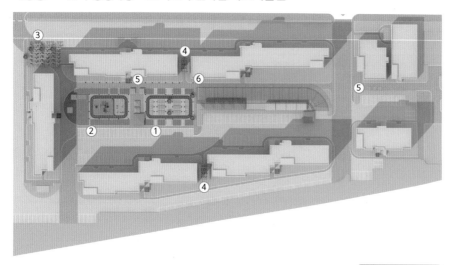

우선사업 프로그램

① 텃밭 및 운동시설 ② 놀이 및 운동시설 ③ 장터시설 ④ 자전거 보관소 ⑤ 쉼터시설 ⑥ 조명시설

우선사업 1. 쉼터시설 조성 (동마루, 벤치 등)

동마루 조성

벤치 조성

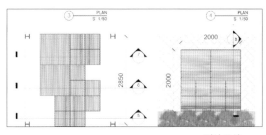

평상 조성

우선사업 2. 텃밭시설 조성

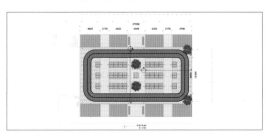

우선사업 3. 운동시설 조성

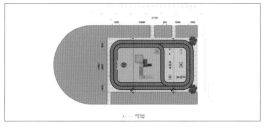

우선사업 4. 장터시설 조성

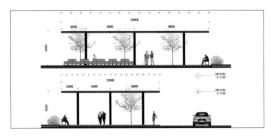

우선사업 5. 자전거 보관시설 조성

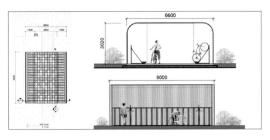

우선사업 6. 야간환경 개선(조명 설치)

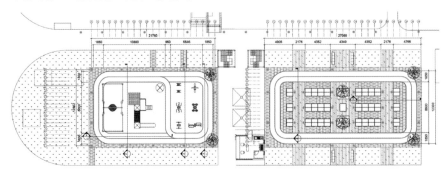

가양동 9-1단지 생생마당 프로젝트

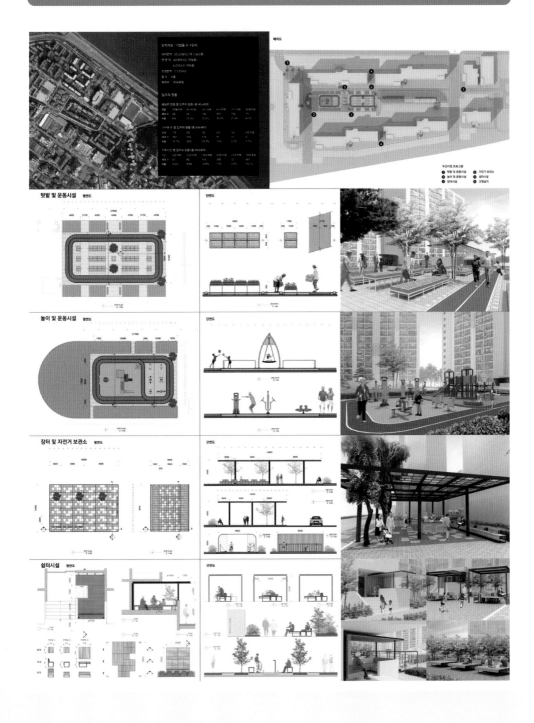

소리(所懷)

백진 교수_ 남 일 같지 않았다. 카페 같은 마을도서관은 텅 비어 있었다. 바람 소리도 들릴 법한 고요한 솔숲엔 걷는 이가 아무도 없었다. 독거 고령자가 다수인 주민들이 바깥으로 나오지 않기 때문이었다. 아직은 마음먹은 대로 걷고 뛰어다닐 수 있다지만 '나도 곧 거동이 불편한 노인이 되어 집안에 틀어박혀 살겠구나' 하는 생각이 들어 정말이지 남 일 같지 않았던 것이다. 꽤 잘 정돈된 외부공간과 인적이 드문 직막감 사이의 괴리는, 공급에 치중하느라 과거 양신했던 주거시설을 30여 년가까이 방치하면서 벌어진 일이었다. 생애 주기를 반영해 갱신되지 않은 시설과 너무 빨리 늙어버린 삶 사이의 불협화음이 또렷하게 느껴졌다.

그럼에도 불구하고, 이곳에서 긍정적인 변화도 포착할 수 있었다. 단지 코너에 매주 목요일에 들어서는 자그마한 장터는 나름 감동이었다. 거동이 불편한 노인들이 식자재를 편하게 구입할 수 있게 한 효과적인 솔루션이었기 때문이다. 얼마 전까지 논의하다가 갑자기 중단되었다는 텃밭 조성에 대한 아쉬움을 표명하는 주민들의 목소리 또한 인상 깊었다. 여전히 자발적으로 생산적인 활동을 하면서 이웃 주민과 상호의존형 네트워크를 만들고자 하는 의지를 엿볼 수 있었다. 김효은 소장과 함께 주로 고민했던 것은, 고령의 주민들이 외부공간을 잘 활용할 수 있도록 주호에서 외부로 나다니는 길을 세심하게 살피고 재디자인하는 것, 그리고 이에 필요한 프로그램을 적재적소에 배치해 바깥으로 나올 만한 동기를 부여하는 것이었다. 이 과정에서 봄 햇살을 즐기거나 한여름 열대야를 식힐 만한 장소인 '동마루'가 탄생했고, 고령화 시대의 먹거리 쇼핑 솔루션인 간이장터 확장이 계획될 수 있었다. 또한, 힘들게 쭈그려 앉지 않아도 관리 가능한 텃밭에 대한 아이디어도 만들어졌다.

이 프로젝트를 진행하면서, 임대주택 단지 주민들의 연령, 건강, 그리고 생활 행태를 반영하는 생애주기적 점검이 시급하고, 공간 및 관련 프로그램의 재조정이 필요하다고 생각했다. 김효은 소장, 이영범 책임닥터, 그리고 여러 공간닥터들과 교류하며 많은 것을 배울 수 있었다. 우리 사회가 풀어나가야 할 주거 문제의 민낯을 접하고 실질적 개선을 도모하는 뜻깊은 기회를 만들어 준, SH공사의 공간닥터 프로그램 관계자에게 감사의 말을 전한다. 이 프로그램에서 나온 많은 아이디어가 주거약자의 공간복지 개선을 위해 활용되고 정책상 변화를 이끌어내는 계기가 되길 기대한다.

김효은 소장_ 가양9단지를 처음 방문했을 때는 오전 9시경이었다. 보통 아파트들이 그렇듯 이 시간대는 한참 등교와 출근 등으로 아파트 단지가 번잡할 것이라고 예상했지만 이곳은 그렇지 않았다. 기대와 달리 인적이 드물고 굉장히 조용했던 것이다. 단지를 혼자 둘러보았는데 깨끗할뿐더러, 곳곳에 스미는 햇볕도 따뜻하고 평화롭게 느껴져 함부로 이 단지를 건드려도 될까 라는 생각도 들었다.

그 이후로 몇 번의 방문 후 비로소 '906세대가 사는 이 단지에 왜 주민들은 단지 내에 잘 보이지 않을까'라는 궁금증이 생겼다. 다른 시간대에 몇 번 더 단지를 방문해 보았지만 약간의 변화일 뿐 크게 다르지 않았다. 관리소장, 장터 상인, 주민들과 인터뷰를 하면서 이 단지에서 무엇이 가장 필요한지를 알 수 있었다. 조용하고 평화로워 보였던 단지 이면에는 아파트 밖을 나오지 않는, 혹은 나오지 못하는 고령 거주자들이 많았다. 거주자의 높은 비율을 차지하는 고령자들의 신체적, 정신적 건강 및 사회참여 활성화를 위해 그들의 외출 빈도수를 높이는 게 무엇보다 중요하다고 판단했다. 고령 거주자를 집 밖으로 나오게 하는 환경개선이 시급했던 것이다.

집 밖을 내 집 앞마당 나오듯 편안하고 즐겁게 이용할 수 있도록 환경을 바꾸어, 건조한 삶에 생기를 불어넣고 활기찬 일상을 제공하기 위해 '생생마당'이라는 프로젝트를 제안했다. 고령 거주자들의 건강 증진을 돕는 노인운동시설 확충, 장 보러 멀리 못 가시는 분들을 위한 장터환경 개선, 신체와 정서 활동 증진을 위한 텃밭 시설 확대, 아파트 주동 출입구에 편하게 나와 쉴 수 있는 '동마루' 등 쉼터 확충, 야간 보행환경을 위한 조명 설치 등의 구체적인 안들이 잇따랐다. 이 제안으로 이곳 거주자의 편의와 삶의 질이 조금이나마 나아지기를 염원해 본다.

공간닥터 프로젝트는 임대주택 단지들의 현황과 개선 방향을 함께 바라볼 수 있는 기회였다. 임대주택 단지의 환경개선 시 거주민들의 생애 주기가 함께 연구되어 적용되어야 할 필요성을 느꼈다. 함께 고민하고 또 이끌어 준 이영범 책임닥터와 백진 공간닥터, 그리고 이 의미 있는 프로젝트를 계획한 SH공사 관계자에게 깊은 감사를 전한다.

D GROUP

공간닥터 프로젝트

공간복지 실현을 위한
공간닥터 프로젝트

공간복지를 위한 공간닥터 프로젝트는, 책임닥터 간담회로부터 시작돼 사업 단지별 개별 회의로 이어졌다. SH공사의 공간복지 전략실과 책임닥터 및 공간닥터 사이의 심층 회의를 진행하면서, 현장지원팀과 주민설명회를 통해 현실적인 개선 방향을 모색했다.

향후 공간닥터 프로젝트 운영 계획으로, 우선사업 대상지(5개 단지)에 대한 실시 설계가 시행되고 있으며 여기서의 성과물을 바탕으로 학술대회, 세미나를 진행해 일부 공간복지 아이디어들을 학계와 공유할 예정이다.

방화11단지

방화11단지는 타 임대아파트 단지와 마찬가지로 준공 후 25년 이상이 경과해 단지 내외적으로 노후화되었다. 방화11단지 개선 계획의 특징은 단순히 보여주기 위함이 아닌, 철저하게 사용자 중심의 외부공간 디자인에 중심을 두고 있다는 점이다. 특히 다양한 사용자층에 대한 섬세한 배려가 돋보이는 제안이라 할 수 있다. 주민들에게 외부 창고 공간 제공, 관리인들을 위한 휴게시설 마련, 시간대와 이벤트에 따른 주차공간의 유연성, 동별 모임터 계획 등을 통해 외부공간을 주민들의 성향과 필요에 따라 다양하게 이용할 수 있도록 디자인한 점들이 그러한 예들이다.

방화11단지는 크게 세 가지의 '방' 개념에서 계획을 진행했다.

첫째, '공유공간'으로 단순히 열려 있는 공간이 아닌 물리적으로 다채로운 프로그램을 담을 수 있는 장소와 공간으로의 역할을 할 수 있도록 제안하고 있다. 단차 제거와 일부 주차공간 바닥 재료

의 변경으로 다목적 이용이 가능하도록 한 계획을 비롯해 분리된 공공의 경계를 자연스럽게 열어 주는 디자인이 돋보인다.

둘째, '놀이공간'으로, 유기적 패턴을 제안해 단지 내 경직됨을 풀어주고자 했다. 어린이와 어른들을 위한 공간은 각기 분리하면서도 무장애 설계를 바탕으로 서로 보호하고 보호받을 수 있도록 경계 없는 경계를 만들어 다양성과 복합성을 지닌 장소로 디자인했다.

셋째, '담소공간'은 각 주동의 개성과 상징성을 부여함과 동시에 소통의 공간을 제공한다. 주동의 자투리 공간을 활용한 쉼터를 만들어, 주민들이 지속해서 교류하며 유대감을 형성할 수 있도록 하는 제안은 매우 돋보인다. 각 동에 대한 명칭이 1002동, 1003동과 같이 친밀도가 떨어지는 단순한 숫자로 불리기보다, 색채와 담소공간의 애칭 등을 통해 좀 더 친근하게 소통되기를 기대해 본다.

방화2단지

주민간담회와 3차에 걸친 현장 답사가 있었던 서남물재생센터에 인접한 이 임대주거 단지는, 60세 이상의 기초수급자가 20년 동안 거주하고 있는 임대아파트다. 공간 활용도에서 상가 '선큰 가든'과 놀이터, 배드민턴장의 이용률이 낮은 상태다. 정자는 흡연, 음주, 취사 등으로 주민들 간 마찰이 빈번하다. 가파른 출입구 경사로는 재디자인이 필요하며 야간보행 시 가로등의 조도가 낮아 안전에 취약한 상태다.

주민간담회와 현장답사 등을 청취한 주민 건의 사항은 크게 네 가지이다.
첫째, 공용공간의 용도 변경이다. 어린이놀이터와 배드민턴장 등 이용률이 극히 낮아진 시설을,

현 주거층의 연령과 특성에 맞게 변경하는 것이다. 60세 이상의 기초수급자가 많이 거주하는 방화2단지의 주요 주거층을 고려할 필요가 있다.

둘째, 주민 편의 시설 보강이다. 주민들을 외부로 자연스럽게 이끌 수 있는 공용공간을 창출하는 것이 목적이다. 주민들이 공유하고 즐기며 머물 수 있는 새로운 편의 시설이 필요하다. 쓰지 않는 경비실을 철거하고 1층 로비를 확장해 공용공간을 확보하고, 경사로 개선 등을 통해 노인 맞춤형 공간을 조성하는 것을 제안한다.

셋째, 건물 입면의 인지성을 고려한 디자인 조성이다. 단지 내 외부공간과 입구의 인지성을 확립하는 동시에, 미적 환경을 제고할 수 있는 디자인을 지향한다. 노인층이 많은 거주 여건을 고려해, 노인의 인지 기능 강화 디자인 전략이 필요하다.

넷째, 단지 경계부 개선이다. 투박하고 폐쇄적인 구조에 더 이상 방범 역할을 하지 못하는 담장을 철거한 후 완충 녹지를 연계한 단지 경계부를 새롭게 조성한다. 이와 더불어, 무장애 보행 공간 조성을 위한 둘레길 등을 통해 단지 전반의 편의 환경 및 이미지 개선에도 기여한다.

방화6단지

방화6단지는 60세 이상 노령 인구가 60%에 달하고, 단지 환경 또한 노후화되어 있다. 방화2단지와 마찬가지로 거주민의 상당수가 노인이므로, 어린이놀이터나 일부 시설은 현 주거연령을 고려한 용도 변경이 필요하다. 또한 단지 상가 앞 외부공간 확보가 되어있지 못하고, 쓰레기처리장 역시 임시로 조성되어 전반적인 외부환경 개선이 절실한 상황이다.

입주민의 진입 동선 역시 개선의 여지가 많고, 노후화된 다른 단지와 마찬가지로 입구 부분의 인

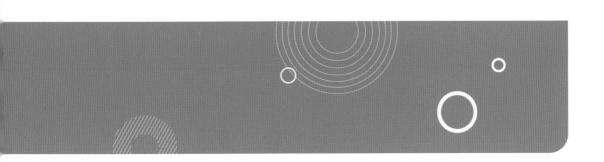

지성이 부족하다. 특히 노인층을 위한 인지 강화는 꼭 필요해 보인다.

이에 대한 개선 방향은, 외부공간과 공용공간을 염두에 두고 제시할 수 있다.

첫째, 단지 순환 산책로와 이용이 저조한 공간을 활용해 텃밭을 조성하는 것이다. 공간 용도 변경과 주민 참여를 함께 꾀할 수 있다.

둘째, 공용 세탁실과 미관을 고려한 재활용쓰레기처리함 설치이다. 공용시설을 확보하고 주민들을 외부공간으로 이끄는 동시에, 임시로 조성된 쓰레기처리공간을 개선한다.

셋째, 야간 안전을 위한 조명 계획과 노약자를 위한 집인 동선을 개선하는 것이다. 단지의 치안을 확립하는 동시에, 노인층의 인지성을 강화하며 낮과 밤을 가리지 않고 걷기 좋은 환경을 조성한다.

김 정 곤
건국대학교, 교수

방화2 ○

다시 채운 방화2 : 업싸이클링 마을 프로젝트

박윤미

이화여자대학교, 교수
· Texas A&M University, Ph.D 졸업
· (전)Auburn Univ., US 조교수
· AICP(American Institute of Certified Planner)
· 서부면허시험장 마스터플랜, 종로세검정로 경관개선사업 MP
· 경기도주택정책심의위원

이재용

㈜싸이트플래닝 건축사사무소, 본부장
· 연세대학교 대학원 도시공학과 졸업
· ㈜아키플랜종합건축사사무소 도시연구소 소장
· 용산전자상가 도시재생활성화계획,
  통영 폐조선소 도시재생 마스터플랜 등

서로 다른 두 개의 시선 : 희망과 기피

2006년 부동산 뱅크에 이러한 문의 글이 올라왔다. "지하철 9호선 호재가 있을 것 같아 방화1단지 장미아파트를 구매하려고 하는데 어떻게 생각하시나요?" 답변은 이랬다. "도시개발2단지에 임대아파트가 많다는 점 빼고는 다 좋습니다. 부동산투자를 많이 해보신 분들은 임대아파트 옆에 투자를 잘 안 합니다."

장미아파트는 길 하나를 사이에 두고 방화영구임대2-1단지(이하 '방화2단지') 서측에 위치한 분양아파트 단지이다. 임대주택을 보는 사람들의 눈이 대체로 이렇다. 이는 1989년 이후 단기간에 대량 공급된 영구임대아파트가 흩어져 있던 극빈층을 한곳에 몰아 대단지화 하면서 생겨난 인식인 '임대단지=빈민층'이 지금까지 지속되고 있음을 방증한다. 정부는 임대주택의 다양화[1] 및 공간의 질 개선에 오랜 시간 노력을 기울였지만, 성과는 그다지 신통치 않은 모양이다. 반면 임대주택 거주자의 70%는 현재 주거에 만족하고 있다. 거주 안정성 및 낮은 임대료 부담이 임대주택의 가장 큰 장점으로 언급된다[2]. 이처럼 임대주택은 누군가에게는 희망이나, 다른 이들에게는 기피하고 싶은 시설이 되어버렸다.

비단 임대주택의 문제가 한국에만 국한되지는 않을 것이다. 예전 미국에서 근무할 때 학생들과 푸르이트 이고에[3](Pruitt-Igoe)에 대한 다큐멘터리를 본 적이 있다. 1954년 세인트루이스의 슬럼가를 말끔하게 밀어버린 자리에 11층 33개 동 무려 2,870세대를 수용하는 대단지의 공공아파트가 세워졌다. 1956년부터 입주가 시작되었는데, 당시엔 입주민 모두가 행복해 보였다. 한 주민은 이곳이 사막의 오아시스와 같은 곳이라고 말하기도 했다. 하지만, 1972년에 이르기까지 이곳에선 범죄, 빈집, 반달리즘(Vandalism), 인종차별 등의 문제가 끊이지 않았고 결국 단지는 완전히 철거되었다. 이 다큐멘터리를 본 후 "섬처럼 고립된, 원래 살던 사람들의 생활 패턴을 전혀 고려하지 않은 단지 설계는 옳지 않다", "사회 계층의 혼합이 일어나지 않는 것은 문제가 있다"는 등의 이야기를 학생들과 나눈 기억이 있다. 우리나라에선 아직 이러한 문제로 철거된 임대주택이 있다는 이야기는 듣지 못했다. 하지만, 진주 공공임대아파트 방화·살인사

---

[1] 공공임대주택은 공공건설임대주택(공공주택사업자가 직접 건설), 공공매입임대주택(공공주택사업자가 매매로 취득)으로 나뉘며, 특히 매입의 경우 아파트와 같이 일률적인 형태가 아니라 단독, 다가구, 다세대 등의 형태로 제공되기도 한다. 또한 영구임대, 30년 임대인 국민임대, 장기전세주택, 분양전환공공임대, 기존주택전세임대주택(기존 주택을 임차해 전대하는 공공임대)등 다양한 형태가 존재한다.
[2] 머니투데이. LH 임대주택 입주자 10명 중 7명 "주거 만족". 2015년 10월 18일 기사
[3] 'The Wendell O. Pruitt Homes and William Igoe Apartments'의 줄임말로 미국 공공주택 그리고 도시 개조 사업(Urban Renewal)에서 실패의 아이콘으로 기억되는 프로젝트이다. 사회학자와 심리학자들과 협업해 디자인되었으며, 모더니즘 건축의 기념비적 작품이라는 점 때문에 미국 건축가 협회상을 받기도 하였다. 아이러니컬하게도 9.11로 무너진 뉴욕의 월드트레이트센터를 디자인한 미노루 야마사키(Minoru Yamasaki)의 작품이기도 하다. 미노루는 다양한 이유로 미국 내 본인의 건축물이 폭파되는 것을 몇 번씩 봐야 했다.

건, 합정 메세나폴리스의 임대와 분양아파트의 입구 분리 설치 등의 기사들이 심심치 않게 등장하는 것을 보면, 임대주택에 대한 이슈와 사회적 갈등은 어느 나라를 막론하고 여전히 풀리지 않은 난제이다.

사회적 계층 분리, 부정적 인식, 사회적 배제, 낙인효과(Stigma)라는 임대주택의 고질적 이슈 이외에도 노후임대주택들의 환경 개선 문제와 주민 삶의 질은 또 다른 고민거리이다. 2019년은 30년 이상 장기임대 기간이 보장된 장기공공임대주택이 1989년 도입된 해로부터 30년이 되는 시점이다. 앞서 언급한 미국에서도 공공주택의 50% 이상이 30년을 경과하면서 노후공공임대주택에 대한 리모델링 및 관리는 큰 이슈로 떠오른 상태다[4]. 방화2단지 역시 27살이 된 임대주택으로 관리와 관심이 필요한 단지이다.

공간닥터로 임명이 되고, 사진도 찍었고, 신문에 기사로도 나왔지만, 막상 환자인 거주지와 거주민에 대한 사전지식이 하나도 없는 상태였다. 일정, 단지 배치도, 연락처 등이 담긴 파란 파일을 하나를 받았다. '방화2단지 박윤미'. 자, 이제 무엇을 해야 할까?

공간을 진찰하다

구글맵에선 '방화2-1단지'로, 네이버맵에선 '방화2-1단지 SH빌'이라 불리는 방화2단지는, 1993년 약 6.8ha의 대지에 1,523세대 12개동으로 지어진 대단지 아파트로 어린이 놀이터, 배드민턴장, 운동장과 복지관, 어린이집, 경로당 등의 부대시설로 구성되어 있다. 2단지 바로 옆, 한때 방화2-2단지였던 분양아파트는 일찌감치 '그린 아파트'로 이름을 바꾸었다. 아마도 방화2-1단지와는 차별화하고 싶었던 것 같다. 그린아파트와 방화2-1단지는 길과 중앙 놀이터를 사이에 두고 양쪽으로 나뉘어있다. 서측의 장미아파트, 방화2단지, 그린아파트는 한 변이 약 250~300m에 이르는 하나의 도시 블록을 이루고 있다.

방화2단지는, 버스정류장인 방화대로나 양천로 근처에서 단지 내부까지 바로 연결되는 길이 없어 고립된 도심의 섬처럼 느껴진다(누군가는 수퍼블럭이 통과 교통에서 안전하다고 할

---

[4] Levy, John M. Contemporary Urban Planning. Taylor & Francis, 2016.

지도!). 장미아파트, 그린아파트, 한숲대림, 청솔아파트, 센트레빌아파트 등, 다양한 아파트 단지들이 주변에 지천인데, 27년 동안 한 번도 이름을 바꾸지 못하고 방화2단지라는 이름을 유지해 온 것도 흥미롭다. 마곡지구 개발과 9호선 개통으로 교통 및 생활 편의시설 등 단지 외부 환경은 더욱 좋아질 거라 생각되는데, 방화2단지는 이러한 인접지의 개발에서 어떠한 수혜를 받을지 기대가 되다가도, 반대로 또 어떤 차별을 견뎌내야 할지 걱정이 되기도 한다.

방화 2단지의 위치와 방화 2단지와 블록 내 인접 단지들

첫 현장 방문은 5월 2일이었다. 날씨가 맑아서였는지 계절이 좋아서였는지, 얼핏 봐서 25년이 지난 이곳은, 내가 사는 아파트보다 외부환경 관리가 더 잘되어 있는 것 같았다. 잘 가꿔진 꽃과 나무, 중앙 운동장, 완충 녹지, 복지관, 어린이집 등 생활에 필요한 시설들이 여러모로 단정하게 짜여져 있었다. 전해 들은 이야기로는 주변 분양단지의 경우, 장기수선충당금의 부담 때문에 외벽 도색을 10년 이상 뒤로 미루는 경우가 많으나, 방화2단지는 7년을 주기로 도색을 하고 있으며, 외부환경 관리도 꼼꼼히 하는 편이라고 한다. 주민들의 단지 관리에 대한 요구도 대단해서 문제가 있으면 빨리빨리 해결해 주지 않으면 안 된다고 한다.

방화2단지는 60세 이상의 1인 가구 기초수급자가 20년 거주하고 있는 전형적인 노후임대 아파트라 할 수 있다. 약 72%의 입주자들은 전용면적 25㎡ 이하에 거주하고 있으며 20년 이하 장기거주자의 비율이 57.5%이다. 기초생활수급가구가 76.6%이며 60세 이상이 세대주인 가구가 71.2%에 이른다. 첫 방문에도 많은 노인들이 복지관 주변, 중앙 운동장을 중심으로 삼삼오오 모여있는 것을 볼 수 있었다. 아무래도 주거공간이 협소하고 혼자 사는 분들이 많아 집안

보다는 밖에서 만나 소소하게 시간을 보내는 듯했다. 특히, 사회복지관에서 점심 무료급식이 있다 보니 점심시간 전후로 어르신들이 더 많이 나오시는 듯했다.

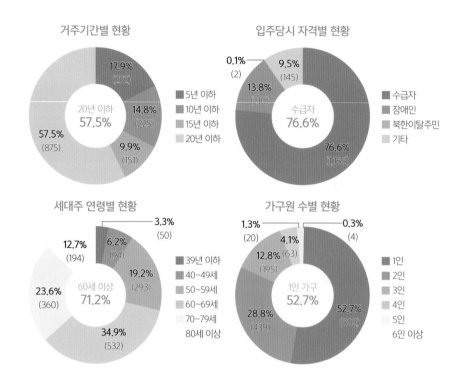

영구임대주택 내 사회복지관의 위치와 역할이 흥미롭다. 일정 규모 이상의 대부분 영구임대주택단지 내에는 사회복지관을 볼 수 있는데, 이는 '주택건설촉진법'의 하위 법령인 '주택건설기준 등에 관한 규정'과 '주택법'에서 건립을 의무화하기 때문이다. 방화2종합사회복지관은 굿네이버스에 무상임대되어 방과 후 학습, 무료급식, 작은 도서관, 생활 보조 등의 활동 공간으로 쓰이고 있다. 하지만 한 주민은 막상 이곳의 장점을 다른 관점에서 말하기도 한다. "사회복지관에서 단지 내 정신질환자들의 약 복용을 정기적으로 챙기고 있는데 이게 제일 마음에 든다." 아마 이러한 두려움은 최근 일어난 진주 임대주택단지 방화사건 때문이라 생각된다.

복지관과 근처의 중앙 운동장에 이르는 공간은 단지의 구심점이다. 단지의 배치도 그렇게 생긴 데다, 여러 사람이 한데 모이는 곳이니 크고 작은 싸움이 나지 않을 수 있을까! 복지관 앞에 정자가 하나 생겼는데, 몇몇 주민들이 그곳에 냉장고를 비롯해 갖은 발전 시설을 가져다 놓고 밥을 먹고 술도 마셨나 보다. 그러면서 그 장소를 둘러싸고 주민들 간 마찰이 커졌다고 한다. 현재 취식 행위는 금지되었다고는 하나, 이 공간을 철거해달라는 일부 주민들의 목소리는 여전히 높다. 서양의 광장이나 우리나라의 골목같은, 사람들이 만나고 마주치며 이야기하는 공간의 질은 매우 중요하다. 단, 지역과 인구 구성에 따라 친목과 만남의 형태는 일반적으로 생각하는 것과 다소 다를 수 있다. 거주민의 생활 패턴을 고려한 휴게공간의 적절한 위치와 형태, 사이즈와 같은 것들에 대한 고민이 필요한 이유다.

단지의 구심점(복지관 중앙공원 주변) : 주민들의 친목 장소이자 싸움의 시발점

　　노인 및 장애인이 대부분을 차지하는 단지 인구 특성상, 보행 환경 개선과 낮은 시공간 인지성을 고려해 안심하고 안전하게 외부활동을 할 수 있는 공간 개선이 시급하다. 특히, 안전한 외출과 산책을 위한 보행로, 복도와 로비를 막고 있는 전동휠체어와 출입구, 전동휠체어에 이용에 적합하지 않은 경사로 등에 개선 작업이 필요하다. 또한 거주자 고령화에 따라 이용률이 현저히 낮은 어린이 놀이터와 배드민턴장, 그리고 다양한 운동을 유도할 수 있는 중앙운동장의 용도를 일부 변경해 어르신들의 인지건강 회복과 향상을 위한 활동 공간으로 조성되었으면 한다. 낮은 야간 조도, 인지성이 떨어지는 건축물의 입면, 우편함 정보와 각 동의 호수 표기, 안내판에 대한 개선도 필요해 보였다. 자전거 보유 세대가 많고 주민들의 자전거 이용도 많으나 현재의 거치대 여건으로는 모든 자전거의 수용과 정리가 어려워 보인다. 주동 입구 배전반 지붕을 이용해 자전거를 보관하고 있는데, 비가 자주 들이치면 자전거가 녹슬고 망가질 것 같다.

　　양천로변에는 아파트 단지를 감싸 안은 아름다운 완충 녹지와 담장이 있다. 그러나, 보기에는 아름다운데 사람들은 불편한가 보다. 담 넘어 버스정류장에 가기 위해 높은 조경석을 통해 넘나들기도 하고, 월담을 하기도 한다. 슬리퍼를 신고 조경석을 오르는 어른을 보고 있자니 나도 모르게 주먹이 꽉 쥐어진다. 이미 멋진 길들은 단지 내 곳곳엔 존재한다. 그래도 단지를 섬처럼 만들고 보행자의 접근성을 저해하는 양천로변 담장을 트고 새 보행로를 만들 필요가 있다. 그렇게 되면, 남측 버스 정류장을 이용하는 주민들의 편의가 확보되고, 단지 밖으로의 개방성도 갖게 돼 다른 단지와 외 동떨어진 느낌을 줄일 수 있게 된다. 단지 주변의 완충 녹지는 구청에서 설치한 것이지만 SH공사가 부담해준다면, 적정한 협의를 통해 보행자 통로가 설치될 수 있을 것이다.

　최근 통합 초소가 생기면서 필요 없어진 주동 1층 출입구의 방치된 경비실 공간이 흥미롭다. 이미 전기도 물도 들어오는 공간이라 9개 경비실 모두를 몇 가지 다른 용도로 사용하면 재미있을 것 같다. 아파트가 건축될 당시, 전동휠체어를 염두에 둔 고민은 없었을 것이다. 몇몇

방화 2단지 여기저기 바뀌었으면 하는 공간들과 소소한 일상

경비실은 휠체어 이동공간 확보를 위해 내력벽을 철거해 로비로 확장될 수 있고, 몇 개는 게스트 룸으로, 몇 개는 휴게공간으로 활용될 수도 있을 것이다. 집밖에서 이웃을 만나기 어려운 궂은 날씨일 때 특히 유용하지 않을까 싶다. 물론 내력벽 철거를 위해선 구조 안전 진단이 선행되어야 하겠다.

주민들의 공간활용 아이디어도 번뜩인다. 비어 있고 방치된 공간에 빨래 널기, 식물 가꾸기, 자전거 주차하기 등은 개선 계획에 반영하고 싶은 반짝이는 장면들이다.

이야기를 듣다

첫 방문 후 일주일이 지나, 주민대표들과 SH공사 담당자, 관리소장과 만나 이야기를 나누었다. 만남 이후에도 주민들은 대표회의에서의 의견을 모아 전달해 주었고, 관리소장과 주민대표도 전화와 문자를 통해 "어떻게 되어가느냐", "우리는 이러한 것들이 꼭 필요하다"등의 문의와 요구를 보내왔다. 도시계획에서 언제나 주민참여와 의사 반영의 중요성에 대해 이야기하곤 하는데, 혹시 계획 과정 중간에 의도가 잘못 전달되거나 할 수 없는 일들까지 약속할까 봐 겁이 나기도 했다.

우리 팀이 1차로 정리한 개선 사항에 대해서는 대체로 비슷한 이야기가 나오는 듯하다. 그 중, 공동 빨래방과 공동 건조 공간 제안에 얽힌 이야기는 재미있다. 개별 세대가 좁아 대형 빨래가 불가능하고 복지관에 빨래방이 있으나 이 또한 사회복지대상자만 이용할 수 있어, 결국엔 빨래를 들고 빨래방을 찾아 멀리 나가야 한다는 경우가 많았다고 한다. 예전에 목격했던, 주차장 환기구 철제 난간에 이불을 널어놓은 것 또한 이곳에선 유별난 일은 아니었던 거다.

아파트 단지 명칭 변경도 필요하다고 한다. 동사무소에 가서 서류를 발급받기 위해 주소지를 '방화2-1단지'라고 하면 사람들의 눈초리가 달라진다 한다. '도란도란마을'같이 정감 있고 따뜻한 이름이면 좋겠다는 게, 입주민들의 소소하지만 간절한 바람이다.

주민대표들은 사진과 함께 꼼꼼하게 기록한 추가 검토 내용을 이메일과 문자로 꾸준하게 보내왔다. 탄탄한 주민 조직 때문인지 아니면 관리소장의 강력한 드라이브 때문인지 어떤 연유인지는 정확히 모르겠지만, 다른 공간닥터 프로젝트와 비교해서도 단연 가장 적극적으로 우리팀을 괴롭혀(?) 주신 분들이 아닌가 싶다. 하지만 그 덕분에 한정된 시간과 예산 범위 안에서 프로젝트가 어떤 방향으로 나아가야 할지 빠르고 명확하게 정할 수 있었던 것 같다. 현장 답사와 주민간담회 및 대표자회의 의견 수렴, 국내외 관련 사례 조사(서울시 인지건강생활

환경 가이드북, 서울시 유니버설디자인 기본 계획, 싱가포르 업그레이딩 프로젝트, 일본도시 르네상스 계획 2) 등을 거친 후, 업무 범위를 임대주거단지 외부공간 및 각 동의 1층 공용공간 까지로 정하고 1인 거주 고령 입주자에 초점을 맞추어 마스터플랜을 꾸렸다.

처방을 내리다

아파트 건물의 노후화와 거주민의 고령화가 동시에 진행되고 있는 노후공공임대아파트임을 고려해, 단지 내 유휴공간을 재발견하고 개선해, 주민들에게 필요한 커뮤니티 시설을 공급하 고 안전하고 건강한 단지를 만드는데 초점을 두었다. 그리고 '활력 UP, 감각 UP, 공간 UP, 안심 UP'이라는 네 가지 업사이클링 전략을 세웠다. '활력 UP'을 위해서는 무장애 보행 공간 조성을 통한 노인의 신체기능 증진을, '감각 UP'을 위해서는 인지건강 디자인을 통한 인지기능 강화 및 보조를, '공간 UP'을 위해서는 저이용 시설의 용도 전환을 통한 노인 여가 활동 공간 제공 을, '안심 UP'을 위해서는 밝고 건강한 주거단지 조성을 통해 노인의 정서적·심리적 안정을 제 공한다는 마스터플랜을 수립했다.

노후 공공임대아파트 공간복지를 위한

Upcycling = Upgrade + Recycling

방화2단지 업싸이클링 마을 프로젝트

아파트의 노후화와 거주민의 고령화가 동시에 진행되고 있는 노후 공공임대아파트 단지 내 유휴공간의 재발견을 통한 주민들에게 필요한 커뮤니티 시설 공급

Design Strategy

활력 Up!
무장애 보행공간 조성을 통한 노인의 신체기능 증진

500m 녹색보행로, 산책로, 1층 로비확장, 경사로 개선 등

감각 Up!
인지건강디자인 적용을 통한 노인의 인지기능 강화

인지디자인 적용·시설물 통합디자인, 입면개선, 아파트 명칭변경 등

공간 Up!
저이용시설 용도전환으로 노인 여가활동을 위한 공간 제공

노인맞춤형 운동공간 조성, 쉼터조성, 공용이용공간 확충, 저이용시설 용도전환 등

안심 Up!
밝고 건강한 주거단지 조성을 통한 노인의 정서·심리 안정화 유도

가로등 추가 및 조도개선, 경비초소 리모델링 등

세부 사업은 총 18가지 아이템으로, 12개 동 전체를 포괄하는 마스터플랜을 먼저 세우고, 주어진 예산(약 10억)과 사업의 우선 순위, 필요성 등을 고려하여 우선 사업과 제안 사업으로 구분해 구상하였다. 우선 사업은 총 8개로 둘레길 조성, 산책로 개선, 보행 환경 장애물 제거, 아파트 네이밍 공모, 전동휠체어 주차 및 충전소 조성, 공동 빨래 및 건조실 조성, 쉼터 조성, 밝은 단지 만들기로 결정했다. 특히, 전동휠체어 주차장과 충전소는 주민들이 시급히 원하는 사업으로 가장 중점을 두어 디자인했다. 임대주택 공간 개선 사업은 하루아침에 끝나는 일이 아닐 것이다. 마스터플랜에서 우선 사업에 포함되지 못한 개선안들은 제안 사업으로 남겨두고, 예산이 허용할 경우 빠르게 진행할 수 있도록 세부 가이드라인을 갖춰 놓았다.

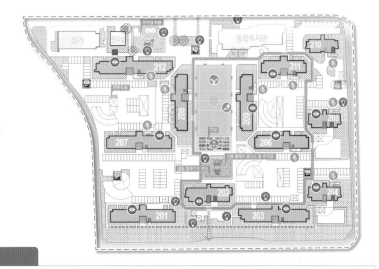

개선사항

1. 활력 UP 프로젝트
　　1-1. 둘레길 조성 : 총500m
　　1-2. 산책로 조성 : 총280m
　　1-3. 장애물 제거 : 4그루
　　1-4. 1층 로비 확장 : 8개 소
　　1-5. 경사로 개선 : 9개 소

2. 감각 UP 프로젝트
　　2-1. 아파트 네이밍 공모
　　2-2. 인지향상 디자인
　　2-3. 시설물 통합디자인
　　2-4. 입면개선 : 12개 동

3. 공간 UP 프로젝트
　　3-1. 전동 휠체어 주차 및 충전소 조성 : 1개 소
　　3-2. 공동 빨래방 조성 : 1개 소
　　3-3. 쉼터조성 : 벤치 10곳
　　3-4. 노인 맞춤형 운동공간 조성 : 1개 소
　　3-5. 연못조성 : 1개 소
　　3-6. 공동체 텃밭 조성 : 1개 소
　　3-7. 주차장 확충 : 1개 소

4. 공간 UP 프로젝트
　　4-1. 밝은 단지 만들기(가로등 추가 및 조도개선)
　　4-2. 안전한 단지 만들기(경비실 리모델링 : 4개 소)

사업		내용	우선사업	제안사업	사업비
활력 UP	1.1 둘레길 조성■	단지내 한바퀴 도는 500m 녹색보행로	○		252.00
	1.2 산책로 조성■	201~203동 남측 담장철거 후 단지내 산책로 조성(휠체어 이용 고려) 완충녹지 내 보행자 통로(경사로) 설치	○		74.50
			○ (강서구청협의)		4.50
	1.3 장애물제거■	식재 이전	○		1.80
	1.4 1층 로비 확장	전동 휠체어 이동편의를 위한 사용하지 않는 경비실 철거		○	
	1.5 경사로 개선	주동출입구 경사로 개선(미끄럼 방지처리, 경사로 손잡이 설치)		○	
감각 UP	2.1 아파트 네이밍 공모■	주민아이디어 반영하여 아파트 명칭 변경	○		5.00
	2.2 인지향상 디자인	주거동 출입구, 동호수 표기 재디자인 (휠체어 이용자의 시야 고려)		○	
	2.3 시설물 통합디자인	자전거 거치대, 보관함 등 시설물 통합 디자인		○	
	2.4 입면개선	주거동 입면개선을 위한 부착물 재배치 가이드라인 마련		○ (장기)	
공간 UP	3.1 전동휠체어 주차 및 충전소 조성■	어린이 놀이터 → 전동휠체어 주차장 및 충전소 확보	○ (주민동의 허가)		326.28
	3.2 공동 빨래방 조성■	공동 대형 빨래방 공간 조성	○ (주민동의 허가)		83.00
	3.3 쉼터조성■	휴식공간 의자 확충(휠체어 이용자들도 함께 쉴 수 있는 벤치 도입)	○		25.00
	3.4 노인 맞춤형 운동공간 조성	기존의 운동장을 활용하여 체조동작 표현, 바닥선따라 균형잡기, 보행연습 등 노인 맞춤형 운동공간 추가하여 조성		○ (주민동의)	
	3.5 연못조성	미이용 정자시설 → 연못조성		○	
	3.6 공동체 텃밭 조성	배드민턴장 → 텃밭조성		○ (주민동의 허가)	
	3.7 주차장 확충	이런이 놀이터 → 주차장 확충		○ (주민동의 허가)	
안심 UP	4.1 밝은 단지 만들기■	보도 및 어린이 놀이터 주변 가로등 추가 설치 및 조도개선	○		
	4.2 안전한 단지 만들기	경비원의 복지를 위한 일부 경비초소 : 리모델링 4개 소		○ (주민동의)	180.40
합계					

■ 우선사업

활력 UP
1.1 둘레길

· 단지 내 한 바퀴를 도는 500m 보행로 조성 및 보행로 인지 유도선 설치

202, 208, 211, 206, 203 순환동선

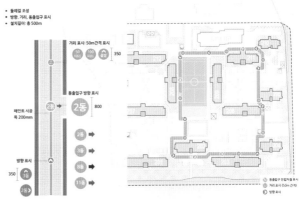

활력 UP
1.2 산책길과 보행통로

· 현재 담장 철거 후 완충 녹지와 연계해 개방적 경관을 만들고 휠체어 이용을 고려한 단지 내 산책로로 조성
· 단지 남측 버스정류장까지 동선을 연결하고, 휠체어 이용자를 고려한 보행자 통로(경사로) 조성

201~203동 단지 남측 완충녹지 및 담장 일원

| 활력 UP 1.3 보행 장애물 제거 | · 보행·통행에 방해 및 일조와 조망을 해치는 총 4그루의 식재 이식 사업
· 복지관 앞 2그루 → 212동 북측 이식, 208동 동측 2그루 → 관리사무소 앞 이식 감각 |

| 감각 UP 2.1 네이밍 공모 | · 임대아파트라는 부정적 인식 개선을 위해 아파트 명칭 개선 필요
· 주민공모사업으로 시행하고 시상 |
| 공간 UP 3.1 전동휠체어 주차 및 충전소 3.2 공동 빨래방 | · 대상지 내 입주민 고령화에 따라 이용되지 않는 어린이 놀이터를 전동휠체어 주차장(38대) 및 충전소(19기)로 용도 변경
· 세대 평형이 작아 이불 등 대형 빨래를 세대 내에서 해결하기 어려운 상황으로 휠체어 충전소와 연계해 공동 빨래방 조성 |

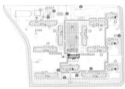

202동 앞 씨름장과 어린이 놀이터 일원

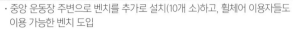
공간 UP
3.3 쉼터

• 중앙 운동장 주변으로 벤치를 추가로 설치(10개 소)하고, 휠체어 이용자들도 이용 가능한 벤치 도입

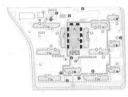

중앙공원 주변

안심 UP
4.1 밝은 단지 만들기

• 보도 및 어린이 놀이터 주변 가로등 추가 설치 및 조도 개선

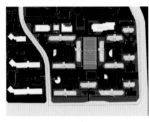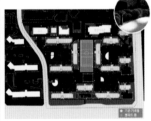

아파트 전체

프로젝트를 마치다

노후임대주택에는 노인비율이 대체로 높다. 아마 젊어 임대주택으로 이사왔다 오랜시간을 보냈거나, 나이들어 소득이 떨어지면서 임대주택으로 입주하였을 수도 있다. 30년전 임대주택은 지금보다는 젊었을 것이다. 이러한 인구 구성의 변화와 라이프사이클에 따라, 이전에 만들어진 운동시설 및 어린이 놀이터에 대한 용도 변경 요구가 크다. 하지만, 청사진으로 만들어진 최초 설계도서상의 면적이 현재 수치지형도상의 면적과 일치하지 않고, 중간중간 용도 변경된 곳들은 디지털 도면으로 정리되어 있지 않아, 제안된 내용들을 제대로 담으려면 정확한 실측과 함께 용도 변경을 했던 히스토리 정리가 선행되어야 할 것이다. 특히, 주민 운동시설은 입주자 2/3의 동의와 신고 혹은 그 사안 종류에 따라 구건축위원회의 심의를 거쳐야 하는 복잡한 과정이 남아있어 앞으로 가야 할 길이 멀 것으로 생각된다.

    방화2단지 공간개선의 큰 그림을 그리는 첫걸음에 본 마스터플랜이 도움이 되었으면 한다. 또한 이후 방화2단지를 맡아 실시 설계를 수행할 팀들에게도 우리 팀의 아이디어와 열정이 잘 전달될 수 있기를 희망한다. 3개월 동안의 급박한 일정이었지만, 열정적으로 프로젝트에 임하는 많은 전문가분들과 함께 할 수 있어 뜻 깊고 보람된 시간이었다. 언제나 그렇듯 시간이 좀 더 있었으면 하는 아쉬움이 있지만, 더 많은 시간이 더 좋은 결과물을 담보하지는 않는다는 경구에 위안을 삼아 본다.

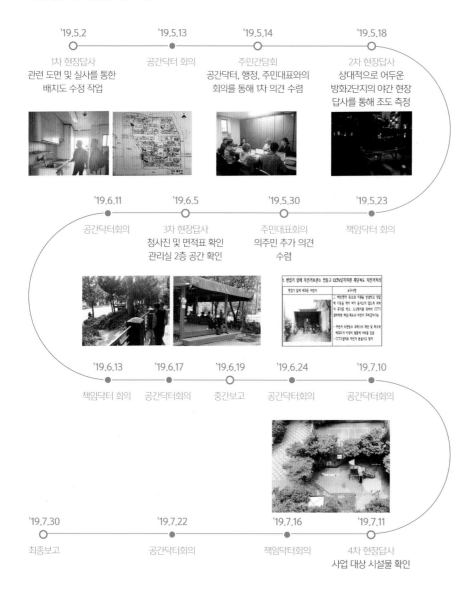

'19.5.2
1차 현장답사
관련 도면 및 실사를 통한
배치도 수정 작업

'19.5.13
공간닥터 회의

'19.5.14
주민간담회
공간닥터, 행정, 주민대표와의
회의를 통해 1차 의견 수렴

'19.5.18
2차 현장답사
상대적으로 어두운
방화2단지의 야간 현장
답사를 통해 조도 측정

'19.6.11
공간닥터회의

'19.6.5
3차 현장답사
청사진 및 면적표 확인
관리실 2층 공간 확인

'19.5.30
주민대표회의
의주민 추가 의견
수렴

'19.5.23
책임닥터 회의

'19.6.13
책임닥터 회의

'19.6.17
공간닥터회의

'19.6.19
중간보고

'19.6.24
공간닥터회의

'19.7.10
공간닥터회의

'19.7.30
최종보고

'19.7.22
공간닥터회의

'19.7.16
책임닥터회의

'19.7.11
4차 현장답사
사업 대상 시설물 확인

다시 채운 방화2 : 업싸이클링 마을 프로젝트

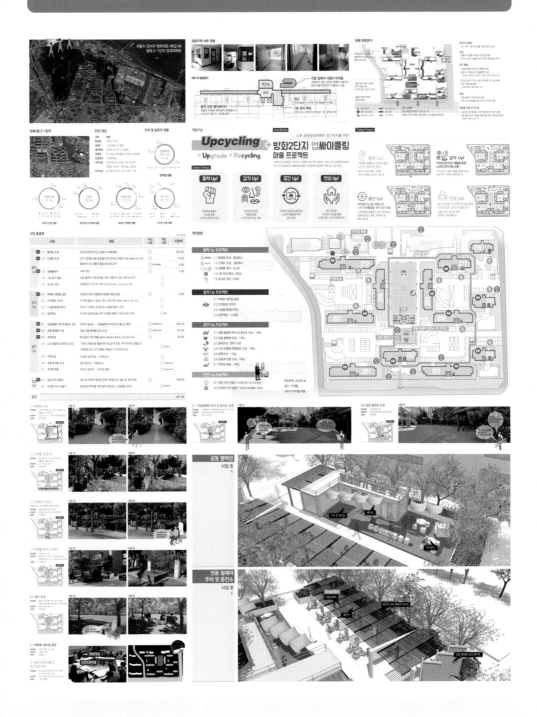

소회 (所懷)

박윤미 교수_ 어릴 때부터 의사가 되고 싶었다. 내가 원했던 것인지, 아니면 성적이 그럭저럭 괜찮으니 의사가 돼 재정적으로 평안하길 원한 부모님의 바람 때문이었는지, 그 이유는 정확히 기억이 나지 않는다. 재수까지 하면서 가려고 했던 의과대학이었는데 끝내는 도시계획 분야로 대학을 졸업하고 20년 가까이 이 일을 하며 밥벌이를 하고 있다. 그동안 여러 활동을 했지만, 이번 공간닥터 프로젝트는 특히 기억할 만한 일이었다. 실무를 그만 두고 학교에서만 10여 년을 보낸 나를 리플레시하게 해준 프로젝트이자 미국에서 돌아와서 한국에서 맡은 첫 프로젝트였으며, 또한 나 혹은 부모님이 그렇게 원하던 '의사'가 되게 해 준 작업이기 때문이다. 도시한다는 사람으로 부끄럽지만, 공공임대주택단지의 안팎을 처음으로 자세히 살펴보는 기회이기도 했다. 방화2-1단지 주민들의 삶이 조금이나마 개선되면 좋겠다는 염원을 품고 프로젝트에 임했다. 하지만, 돌아보니 임대주택이라는 공간에 대한 진단과 처방에만 너무 집중한 게 아닌가 라는 후회가 남는다. 짧은 프로젝트 기간을 핑계로 주민의 마음을 잘 헤아리지 못한 건 아니었는지, 주민의 마음을 얻는 소통과 교감의 시간에 인색한 건 아니었는지 약간의 후회가 남는다. 다음 혹은 미래의 공간닥터가 될 분들은 이러한 시행착오를 겪지 않으셨으면 하는 바람이다.

야간조도측정을 위해 어두운 밤을 함께해준 신지연학생에게 감사드린다.

이재용 본부장_ 과거 SH공사가 공급한 임대주택들은 30년 가까이 경과하며 건물이 노후화되고 그곳에 살던 사람들도 함께 나이를 먹으며 고령화가 되었다. 공간닥터 프로젝트를 진행하면서 공공임대주택에 살고 있는 주민들 생각을 이해하고 공감하게 되었다. 주민들은 그들을 차별적으로 대하는 외부의 시선을 곱게 보지는 않는다. 하지만 이곳 주민들은 각자의 커뮤니티를 형성하며 잘 살아가고 있다. 우리는 이 주민들이 집안에, 단지 내에 갇힌 듯 살아가기보다 집밖에서 서로 만나고, 고령화된 주민들이 더욱더 건강하게 살아갈 수 있는 공간을 제공하고자 했다. 또다른 노후화된 임대주택들도 모쪼록 공간복지가 실현돼 주민들 삶이 윤택해지기를 기대해 본다.

방화6

RÉINVENTER :
방화동 커뮤니티

송하엽   **중앙대학교, 교수**
· 서울대학교 건축학 학사
· University of Michigan 건축학 석사
· University of Pennsylvania 건축학 박사

정순욱   **중앙대학교 대안건축연구실, 실장**
· 조수진/송형창/김은석/윤영록/전용준

정자와 마룻바닥에 앉아 장기를 두고 함께 담소를 나누었던 예전의 정겨웠던 모습 대신, 덩그러니 남겨진 쓸쓸한 정자 풍경과 그 앞을 지나쳐 아파트로 조용히 들어가는 술병 담긴 비닐봉지를 든 한 아저씨의 모습. 조용한 단지 안에는 놀이터에서 놀고 있는 몇몇 아이들 소리만이 창밖의 참새 소리처럼 들릴 뿐이다. 따뜻하고 정감 있었던 사람들의 이야기는 어디로 간 것일까?

　옛날의 주거환경과 비교하면 지금은 주거 밀도가 높아져 서로의 거리가 훨씬 더 가까운 편이다. 그러나 공동체의식은 예전보다 훨씬 줄어들어 이웃 간의 소통은 대게 원활하지 못하다.

　이곳의 아파트 엘리베이터에 붙어 있는 '공공공간에서 볼일을 보는 것을 자제합시다'라는 공지 문구는, 이웃들끼리 얼마나 단절되어 있는지를 적나라하게 드러낸다. 물리적 거리는 가까워졌지만, 심리적 거리는 훨씬 더 멀어진 것이다.

　같은 단지에 사는 이웃뿐만 아니라 방화6단지 와 5단지 사이, 낡고 색이 바랬지만 바닥에 강렬하게 그어져 있는 노란색 선은 그 어떤 선보다 진하고 무겁게 느껴진다. 이 노란 경계선은 방화6단지를 오가는 사람들의 마음에 불쾌함의 무게를 더한다.

비어버린 단지 내 공공공간

정부의 '단지화' 정책은 도시의 주거환경을 삭막하게 만들었고, 단지 거주민들의 삶을 획일화시켰다. 특히 임대아파트라는 사회적 인식이 단지 간 소통을 완전히 단절시키고, 사회적 관계의 형성을 방해하고 있다. 입주민들은 집으로 가는 길이 외길인 탓에 이웃과 마주칠 일이 없고, 낯선 손님은 오로지 경계의 대상이 되며, 이웃과 공유하는 공간은 이기적으로 고려해 자신에게만 넓고 쾌적하면 된다고 생각해 버리는 것이다.

삭막한 아파트 입면 디자인과 주차장 환경

공허하게 넓은 주차장은 오히려 주거와 복지의 개념을 동떨어져 보이게 만든다. 주변을 둘러보아도 주민들이 모여 자유롭게 쉴 수 있는 공간이 거의 없다. 몇 개의 아파트 동 앞 좁은 통로 길가에 놓인 벤치들은 먹고살기 바쁜 사람들이 앉거나 쉴 수 있는 공간이 되지 못해 초라해 보이기만 하다. 또한, 전동휠체어를 타고 울퉁불퉁한 포장길을 지나가는 노인의 뒷모습은 노인 비율이 높은 방화6단지에 노약자들을 위한 환경이 취약하다는 것을 말해 준다.

새로운 주거문화는 개방적 관계망 형성을 통해 커뮤니티 활성화를 이루어야 하고, 친숙함에 기반한 공동체 의식을 배양해 거주공간에 대한 애착감과 소속감을 부여해야 한다. 이러한 주거문화 형성을 위한 구체적 방안은, 주민들에게 다양하면서 필수적인 시설들을 제공하고 특색 있는 디자인을 통해 단지 이미지를 개선하며 거주민의 긍정적인 인식 변화를 이끌어내는 것이다. 이제는 무분별하고 막연한 단지 내 개발이 필요한 것이 아니라, 사람 사는 이야기가 있는 문화가 형성될 수 있는 환경을 조성하는 것이 더더욱 필요하고 중요해졌다.

밝고 안전한 공간

입주민들 삶의 질 향상은 정부에서도 관심 있는 부분이지만, 그 목표를 위해 실제로 환경을 개선하는 건 그리 간단하지가 않다. 여러 입주민들의 수요와 조건이 복잡하게 얽혀 있기 때문이다. 방화6단지에 거주하는 주민들은 높은 연령층이 많이 분포하고 있는데, 이러한 자료를 충분히 검토하고 근거해 주거환경을 계획해야 한다. 최근 독거노인과 노약자를 위한 시설 환경이 늘어나는 추세에 비하면, 방화6단지 내 노약자나 장애인을 위한 시설은 전무하다고 봐도 무방하다. 주차장부터 주도로변까지 대부분 아스팔트로 포장이지만 입구 앞 보행로는 벽돌로 포장되어 있어, 노약자의 보행이 위험해 보인다. 그리고 획일화된 입구 디자인은 인지성이 낮아 노인들이 저녁 시간 이후 집을 찾기가 때론 쉽지 않을 것이다.

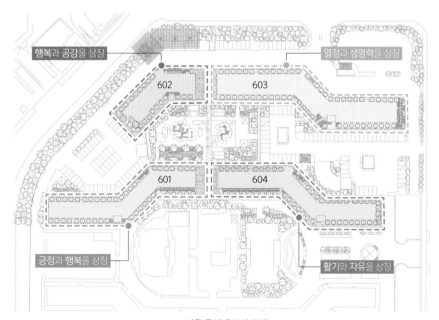

이동 동선 유도성 조성

고르지 않은 바닥 포장 상태는 걷기에 불편하고 휠체어를 이용하는 노약자나 아이들이 쉽게 넘어져 다치는 위험한 환경이 될 가능성이 높다. 보행로를 우레탄으로 개선해 안전하게 보행로를 이용할 수 있도록 하고, 동마다 동별 유도선을 그려 단지 순환 산책길과 동 입구로 찾아가기 위한 지표로 활용할 수 있게 했다. 그리고 조도가 낮은 되지 않는 보행로 근처 가로등들은 밤길을 안전하게 지켜주지 못하므로, 저층부 거주민들에게 피해가 가지 않는 선에서 조도가 확보된 낮은 가로등 설치를 계획했다.

화단 간접 조명 조성

유휴공간을 커뮤니티 공간으로

방화6단지 조경은 비교적 관리가 잘 되어 있다. 관리자들이 특별히 주거환경에 신경을 써준 덕분이다.

흔히 주민들은 아파트 2층께로 올라오는 우거진 조경은 햇빛을 가리기 때문에 싫어한다. 그렇다고 녹지 조성에 인색해지면 주거환경은 더욱 낙후되기 때문에, 1층 녹지 조경 조성은 최소한 필요하다. 이는 외부 보행로의 소음을 막아주고 여러 다른 피해로부터 보호 역할도 할 수 있다.

아파트 앞 조경 개선을 위한 입면 처리와 유도선 조성

　단지 앞 드문드문 보이는 식재들은 서울시에서 등록·관리하는 것인데, 마치 문화재를 보호하는 것처럼 펜스 안에 갇혀 있다. 물론 나무를 보호하려는 의도겠지만, 주거환경과 동떨어진 모양새로 아쉬운 인상을 준다. 나무든 인간이든 더불어 살아가야 하는 존재이기에 박제해 보관하는 조경이 아닌, 시민과 자연과 함께 어울려 살 수 있도록 공간을 모색해야 할 것이다.

　요즘은 단순히 휴식공간이라는 개념을 넘어, 스토리와 상징을 품고 여러 기능을 할 수 있는 새로운 공간이 생겨나고 있다. 한 가지 기능만 가진 공간보다 다양한 기능들이 중첩한 공간이 더욱 가치가 있고 주목받고 있는데, 이는 주민들에게도 훨씬 효율적으로 편의를 제공하기 때문이다.

　조경이 더해져야 할 부분과 개선해야 할 곳으로 구분하고, 이 단지만의 특별한 공간인 커뮤니티 텃밭과 노약자들도 쉽게 와서 힐링할 수 있는 지압 산책로를 조성했다. 오직 산책로의 기능으로 사용되던 보행로가 건강복지 공간을 겸하게 되는 것이다.

커뮤니티 텃밭 조성

단지 순환 산책로 및 지압로 조성

커뮤니티 텃밭과 지압 산책로의 설치로 인해, 장애인이나 노인, 아이 등 입주민 모두가 함께 어울려 텃밭을 가꾸고 건강을 나눌 수 있게 돼, 입주민들의 사회적 관계망을 형성하고 강화하는 데 큰 보탬이 되었다. 또한, 단지의 삭막한 분위기를 더욱 무겁게 하는 현재의 입면 디자인을 개선해, 입면에도 조경 개념을 적용해 나무를 입힘으로써 단지 분위기를 한층 밝아지도록 했다.

환경조형물은 미적 효과를 통해 환경을 개선하고 새로운 장소성을 부여해 주민참여를 유도하며, 나아가 주민의 정서와 인간성을 회복시키는 중요한 역할을 한다. 아파트 경관을 꾸미는 단순한 장식 거리가 아닌 단지만의 특별한 가치가 되는 것이다.

공간 활용 측면에서 방화6단지의 장점 중 하나는 사용되지 않은 벙커 공간이 존재한다는 것이다. 이 공간을 모든 사람이 편리하게 사용하고 쉴 수 있는 공간으로 바꿀 수 있다면, 단지 내 주민들에게 활력을 안겨줄 뿐만 아니라 다른 단지 주민들의 접근성도 높일 수 있다.

공용 세탁실 및 생활체육시설 조성

단지 내에 주변 환경과 조화를 이루는 나무 형상의 파빌리온을 랜드마크로 설치함으로써, 거주민들에게 시각적 아름다움과 정서적 안정을 제공하고 통행에 활기를 불어넣어준다. 이 파빌리온의 브랜드 효과는 단지의 경쟁력을 제고하고, 나아가 방화6단지 주거문화의 질을 높이는 계기도 마련할 것이다. 또한, 생활체육시설과 위생 복지를 위한 시설(공용 세탁소 등) 제공은 주민들 간 소통과 교류를 증대시킬 것이다.

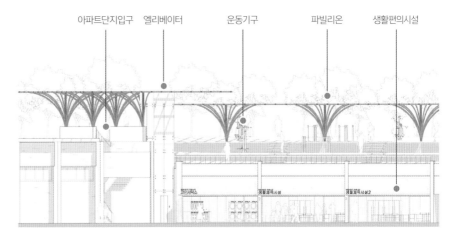

아파트단지입구   엘리베이터   운동기구   파빌리온   생활편의시설

벙커 주차장 상부를 활용한 가로형 포켓 공원 조성

재활용 처리장

방치된 쓰레기들은 지나가는 사람에게 악취와 불쾌감을 준다. 사람들이 기피하는 쓰레기 분류 시설 공간을 친환경적 디자인으로 개선해 보다 쾌적한 환경을 추구한다.

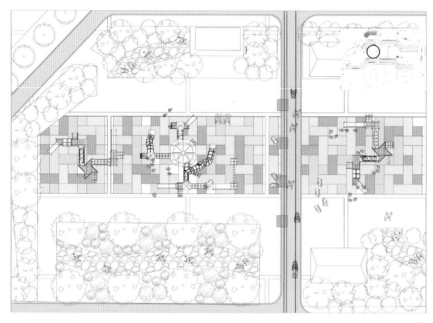

어린이 놀이터

어린이에게 놀이 공간은 단순한 놀이와 오락의 장소가 아니라, 지적·신체적 발육을 위한 공간이다. 놀이 공간은 대인 접촉을 통한 사회화 학습의 장(場)이자 집단생활의 지혜를 키우는 어린이 생활의 중심체이기도 하다. 이 중요한 놀이 공간에서 아이들이 다치지 않도록 형형색색의 고무 칩으로 구성된 탄성 바닥재를 설치해 안전을 확보하고 아이들의 창의력 함양도 추구했다. 또한, 다른 단지 아이들과도 자연스러운 소통이 이루어질 수 있도록 놀이터를 넓게 조성하여 접근성을 높였고, 단지 내 어린이집 전용 버스정류장도 설치해 아이들의 교통 안전도 강화했다.

어린이집 전용 버스정류장

정겨운 마을로

방화6단지 이웃 간의 교류와 커뮤니티 활성화를 위해서는 격리된 동선을 개선해 주민들이 자유롭게 왕래할 수 있는 환경이 마련되어야 한다. 이를 위해 단지 내 존재하는 유휴공간에 커뮤니티 공공시설을 만들고 사회적 활동을 장려해 거주민들의 신체적, 정신적 건강의 증진을 꾀했다. 그리고 사회적 관계망을 자연스럽게 확장해 노년기 증가하는 여가 시간을 즐겁고 가치 있게 쓸 수 있도록 했다. 향후 이러한 공공공간들을 주민 스스로 잘 관리해가며 단지의 가치를 보존하고 이웃과의 정이 있는 문화를 지속하기를 기원하고 응원한다.

방화6단지 북쪽 전경

RÉINVENTER : 방화동 커뮤니티

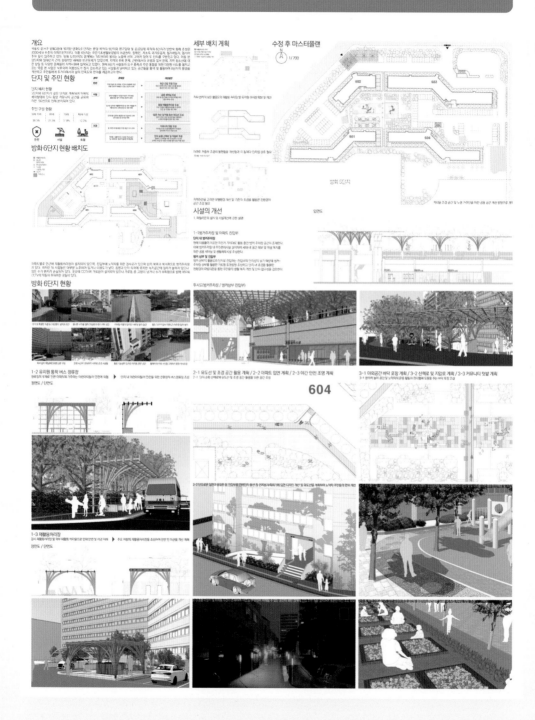

604

소리(所懷)

송하엽 교수 & 정순욱 실장_ 이번 프로젝트는 공동주택 차원에서 생활서비스를 공급해 공간복지를 실현할 수 있도록 설계하는 것이었다. SH공사에서 관리하고 있는 단지의 거주자 특성, 단지공간 구성, 공간이용 행태 등을 분석한 후, 앞으로 필요한 시설을 현재는 필요가 없어진 공간에 설치하며 미이용·저이용 공간을 의미 있는 공간으로 탈바꿈하고자 했다.

지금까지 진행했던 주거환경 관련 프로젝트의 경우엔, 시설 개선, 제도적 개선 등의 필요한 변화가 실이용자가 느끼기엔 다소 멀리서 서서히 이루어졌다면, 이번 공간닥터 프로젝트는 실이용자가 아주 가까이에서 느낄 수 있는 변화를 추구했다는 점에서 그 의미가 있다고 하겠다.

본 설계의 진행에는 중앙대학교 대안건축연구실이 함께 참여했다. 연구원들은 실제 반영될 수 있는 프로젝트를 계획하며, 현실적 요소들에 대해 보다 많은 검토와 연구를 했다. 동시에 기존 환경 개선 패러다임을 바꿀 수 있는 참신하고 창의적인 디자인에 대해서도 고민했다.

이번 설계에서 중점적으로 고민한 키워드는 고령화와 커뮤니티였다. 고령 이용자가 많은 단지 특성을 고려해 인지성 및 낙후 환경을 개선을 통한 안전을 확보었으며, 놀이터, 공용 세탁실, 생활체육시설, 공원 등 저이용 공간을 개선하거나 새롭게 배치해, 향후 지속가능한 커뮤니티 공간을 조성하고자 노력하였다.

빠르고 쉽게 추진되는 일방적인 개선 사업보다는, 조금 느릴 수는 있지만 다양성, 전문성을 확보하며 의미를 갖는 공간닥터 프로젝트 같은 사업들이 앞으로도 많이 추진되기를 바란다.

방화11

방화11단지
환경개선 사업

이상윤

연세대학교, 교수
· 1997 연세대 건축공학과 졸업
· 2002 Harvard 건축대학원 졸업
· 대한건축학회 대외협력담당 이사
· 한국교육시설학회 총무이사
· 법무시설 건축협의회 위원

박세희

㈜지안건축사사무소, 건축사
· 서울시 공공건축가
· 대한건축사협회 녹색에너지 위원회 위원장
· 2013 국토교통부 표창장 수상
· 2014 대한민국 신진건축사 대상
· 2016 한국 리모델링 건축대전 대상 수상

외부의 방 : 목적 공간을 이용한 이웃 간의 소통

단지 좌측으로 개화동에 접하고, 김포공항, 개화산역이 근접해 좋은 입지 조건임에도 불구하고, 시설 노후화로 인한 슬럼화 및 낮은 퇴거율로 인한 입주민 고령화로 단지 세대원에게 필요한 시설이 변화했다. 주변 환경과 연계해 차별화된 공간을 계획하고 환경 개선을 통해 주거 만족도를 높여 공간복지를 실현하고자 한다.

  방화11단지는 준공 후 25년이 경과했지만 관리가 잘 되어 있었다. 하지만 옥외공간 활용도가 떨어졌고, 주동 홀, 단위 세대 내부, 분리수거장 등 노후화된 시설에는 환경 개선이 필요했다. 중장기 계획과 단기 계획을 구분해 효율적인 공간 개선을 제안했다.

  핵심 공간을 공유공간, 놀이 공간, 운동공간, 각 동의 담소 공간으로 정리했다. 현대의 단절된 이웃 소통을 단지 내 '외부의 방'을 통해 활성화하려 한다. 또한 담소 공간은 동 단위의 소통을 유도하고, 공유공간, 놀이 공간, 운동공간까지 확장하여 단지 전체의 커뮤니티 형성을 의도했다. 또한 각 방에 대해 입주민 선호도에 맞춘 선택적 프로그램을 제안한다.

단지 주진입부

현장답사

공유공간 : 배구장

빨래방 옆 위치한 배구장이 현재 무단 점유 주차공간으로 이용되고 있다. 단지 북측 주차장과 연계해 부족한 주차대수를 확보하고 외부공간을 크게 활용하고자 한다. 단계별 조닝 설정으로 구간별 차량 통제가 가능한 외부 편의 공간으로 계획하였다. 구간에 따른 바닥 재료, 패턴, 조명 디자인 제안으로 보행자 중심 공간을 조성하고, '모듈러'는 단지 경계 담장을 대신하면서 부족한 수납 공간을 충족하는 세대 창고 역할을 한다. 임대주택은 특성상 짐의 보관 혹은 임시 이주가 어려워 단위 세대 보수공사가 어렵다. 모듈러를 도입할 경우 다른 단지와 연계해 특정 단지의 내부 공사 시 이동식 창고 혹은 임시 주거로 활용할 수 있다.

Before

After

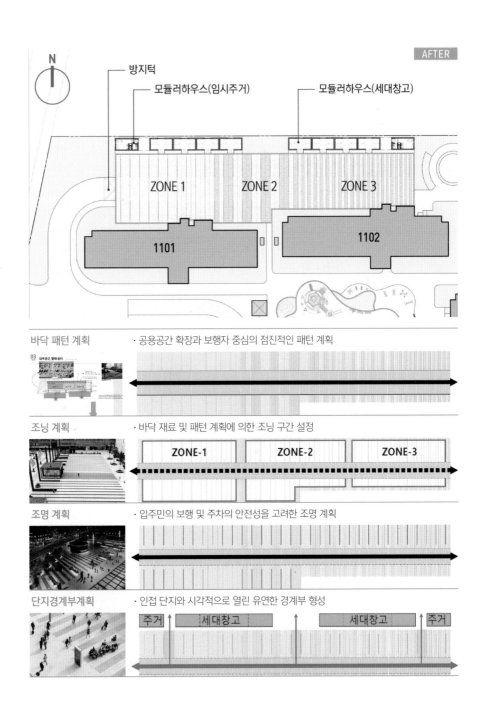

AFTER

N

방지턱
모듈러하우스(임시주거)
모듈러하우스(세대창고)

ZONE 1   ZONE 2   ZONE 3

1101

1102

바닥 패턴 계획 · 공용공간 확장과 보행자 중심의 점진적인 패턴 계획

조닝 계획 · 바닥 재료 및 패턴 계획에 의한 조닝 구간 설정

ZONE-1   ZONE-2   ZONE-3

조명 계획 · 입주민의 보행 및 주차의 안전성을 고려한 조명 계획

단지경계부계획 · 인접 단지와 시각적으로 열린 유연한 경계부 형성

주거 | 세대창고 | 세대창고 | 주거

놀이공간 : 어린이놀이터

높은 수목과 펜스로 단절감을 주며, 세대원 고령화에 따라 거주지와의 연계가 떨어져 놀이터의 이용 빈도가 낮아졌다. 그 때문에 주변 경직된 패턴을 이완시키는 유기적 형태로 디자인했다. 놀이 공간 – 완충 공간 – 운동공간의 중첩으로 열린 놀이터를 형성한다. 경계 없는 놀이터를 모토로 공간 경계 요소인 수목을 제거하고 완충 녹지를 계획했다. 어린이들의 안전을 확인할 수 있고, 장애물이 없는 놀이 공간으로 다방면에서 접근이 가능하다. 성인 운동 공간을 확보해 거주자와의 연계성을 확보하면서 세대 간 경계 또한 허물어졌다. 또한, 공간의 부재로 인도에 위치했던 쓰레기분리수거장을 여유 공간에 마련하며 단지 내 옥외공간 활용도를 높였다.

Before

After

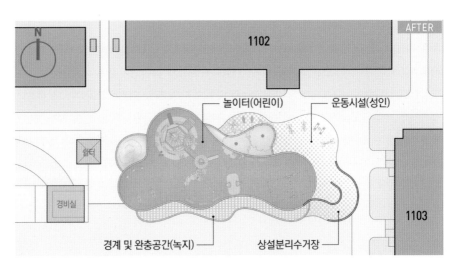

경계부 이완

무장애 놀이공간

유기적 바닥패턴

주변과 시 / 공간적으로 열린
오픈공간 형성

다방면에서 접근 가능한
놀이공간 조성

자유로운 동선체계로
활동적인 놀이 / 운동 가능

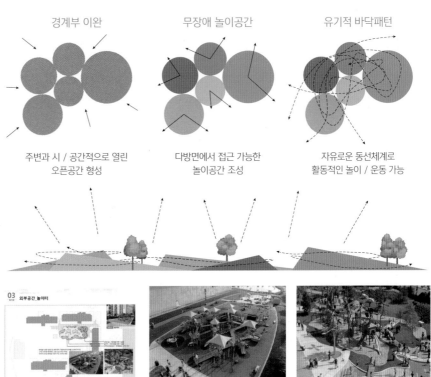

운동공간 : 운동장

배드민턴장과 운동공간으로 계획되었던 간이 운동장이 현재 활용되지 못한 채 통과 동선이 되었다. 방화12단지와 대지를 공유하며 노인종합복지관과 인접해 단지 외부인들도 이용 가능한 열린 공간이 요구된다. 단, 1105동의 프라이버시를 위해 첫 역할을 해줄 수목 배치가 필요하다. 연속된 레이어(Layer)의 키를 통해 점진적으로 열리는 공간을 계획하였다. 주변 환경을 고려한 바닥 재료와 수목 계획으로 명확한 성격을 부여하고, 유지 관리가 용이하고 경제적인 재료로 변경했다. 수목 - 잔디 - 석재 - 모래를 차례로 경험하면서 점진적인 활동성을 가지며, 벤치 설치로 통과 동선이 아닌 머무는 공간을 형성한다.

Before

After

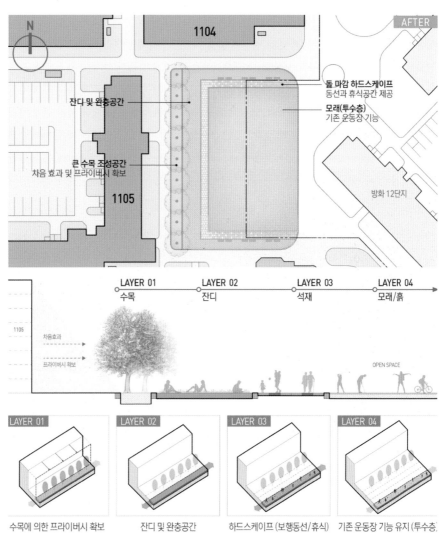

AFTER

1104

1105

잔디 및 완충공간

큰 수목 조성공간
차음 효과 및 프라이버시 확보

돌 마감 하드스케이프
동선과 휴식공간 제공

모래(투수층)
기존 운동장 기능

방화 12단지

LAYER 01
수목

LAYER 02
잔디

LAYER 03
석재

LAYER 04
모래/흙

1105

차음효과

프라이버시 확보

OPEN SPACE

LAYER 01

LAYER 02

LAYER 03

LAYER 04

수목에 의한 프라이버시 확보

잔디 및 완충공간

하드스케이프 (보행동선/휴식)

기존 운동장 기능 유지 (투수층)

03 외부공간_사회복지관 앞 공지

담소공간 : 주동 출입구

정면성과 주동 안내의 인지성이 낮고, 전면의 넓은 계단참이 유휴공간으로 이용되고 있다. 유지관리만 잘 되는 유휴공간이 아닌 활동적이고 밝은 공간으로의 공간 개선이 필요하다. 주변 풍경과 조우하며 휴식할 수 있는 '평상 쉼터'를 제안한다. 색채 선정과 재료 계획을 통해 주변과의 조화와 차별성 있는 공간을 계획했나. 입주민 선호도에 따라 평상형, 벤지형, 복합형과 입면 디자인을 선택할 수 있다. 평상 쉼터는 입면 색채 계획과 더불어 각 주동의 상징성을 구현할 수 있는 공간이다. 출입부 휴게공간에서 세대 간 마주침이 일어나고 자연스럽게 유대감을 높일 수 있게 했다. 외부공간을 통한 단지 전체의 교류에 앞서 이웃 간 교류 활성화가 선행돼 소통의 흐름이 전체 커뮤니티까지 자연스럽게 흘러가길 기대한다.

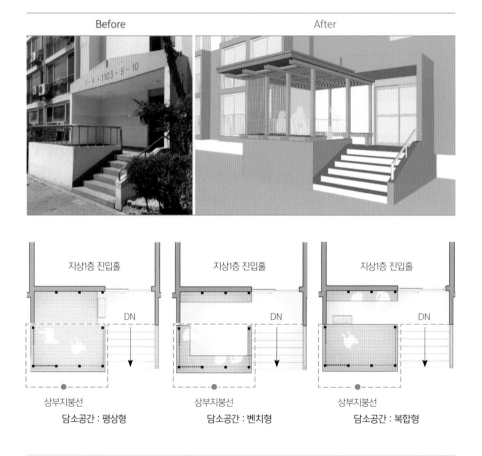

Before

After

지상1층 진입홀

DN

상부지붕선
담소공간 : 평상형

지상1층 진입홀

DN

상부지붕선
담소공간 : 벤치형

지상1층 진입홀

DN

상부지붕선
담소공간 : 복합형

방화11단지 환경개선 사업

단지현황

단지배치도 (전)

단지계획

단지배치도 (후)

사업단지 문제점

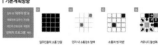

기본계획방향

사업추진계획

공유공간

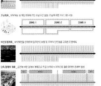

놀이공간

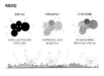

운동공간

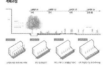

담소공간

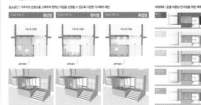

소회(所懷)

이상윤 교수_ 방화11단지 첫 방문 시, 누군가의 집에 초대받은 기분으로 별다른 목표의식 없이 단지 내부를 배회만 했다. 두 번째 답사는 주민 입장에서(주민만큼 이 공간이 충분히 익숙해지도록 배치도를 열심히 들여다보면서) 시간을 보냈다. 이 두 가지의 전혀 다른 역할 극을 통해서 외부공간의 무관심을 느꼈다. 처음에는 어느 단지에서나 볼 수 있는 익숙한 느낌이었고, 그 느낌은 너무나 익숙해서 바로 잊혀지는 그런 경험이었다. 디자인은 더 신경 쓰고 더 배려하며 더 다듬으려고 하는 과정에서 의미가 있다. 주거가 '방-방-방'이거나 '거실-거실-거실'만으로 계획될 수 없는 것처럼 외부공간도 각 공간에 대한 이름과 역할이 필요하다. 외부공간도 각각의 다른 결이 필요하고 그에 따라 주민들 간 소통이 다양한 방식과 규모로서 가능하도록 제안하는 게 본 프로젝트의 시작점이었다. 처음 해보는 방식이어서 우왕좌왕할 때도 있었지만, 그래도 이렇게 살아 숨 쉬는 건축 프로세스는 처음 경험해본다. 단언컨대, 사회적 참여 설계의 중요성을 여실히 보여주는 좋은 사례로 남을 것이다. 관리자, 주민, 책임닥터, 공간닥터, 설계사무소 등과의 긴밀한 대화와 협업을 통해 일궈낸 결과물이 어떻게 평가받게 될지 궁금하고 긴장된다.

박세희 대표_ '사람은 도시를 만들고, 도시는 사람을 만든다.' 라는 말이 있다. 도시와 사람은 함께 성장하는 유기체로 함께 늙어가기도 한다. 이만큼 시간이 흐르며 바쁜 현대인의 생활 패턴이 공간에 투영되어 점차 소통이 어려워지고 있다. 이번 프로젝트를 통해 죽어가던 소통의 창구를 다시 열어보고자 했다. 방화11단지만의 정체성 확립과 이웃 간의 원활한 소통이 확보된다면 주민들의 소속감을 다시금 끌어올릴 수 있다. 본 프로젝트는 단지 하나의 문제 해결뿐 아니라 진행 과정에서 다른 단지와 소통하고 방법론을 서로 공유하며 함께 성장하는 촉진제 역할을 하고 있다. 이처럼 사회에 영향력 있는 프로젝트에 함께 하게 돼 기쁘다.

성산단지
환경개선 전략 수립

김현   **단국대학교, 교수**
· 일본 동경대학교 박사 졸업
· 단국대학교 녹지조경학과 교수
· 한국조경학회 부회장
· 경기도 도시계획위원회 위원
· 수원시정연구원 이사

백종현   **HEA, 대표**
· 미국 하버드대학교 석사 졸업
· 제3기 서울형 공공조경가 위원

김대희   **HEA, 소장**
· 미국 하버드대학교 석사 졸업
· 제3회 대한민국 신진조경가 대상 최우수상

한미옥   **HEA, 부소장**
· 서울대학교 석사 졸업
· 한국표준협회 전문위원

성산단지의 공간 개선 방향 설정을 위해, 입주민 설문 및 인터뷰와 현장 실사를 해 공간의 문제점을 분석하고 이를 토대로 성산단지 환경 개선 키워드를 도출했다. 공간의 주요한 문제점과 핵심 개선 키워드를 나타내 보면 아래 그림과 같은데, 핵심 개선 키워드로는 입주민이 서로 이야기 나눌 수 있는 '따뜻한 소통의 공간'에 대한 수요, 공간에 대한 불안감이 해소되는 '안전한 공간'에 대한 욕구, 그리고 편안하고 쉽게 접근할 수 있는 '산책길과 둘레길', '작은 숲이 있는 풍부한 녹지' 등이 나타났다.

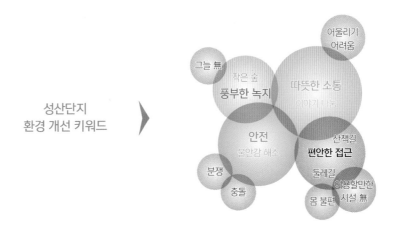

안전하고 소통하는 공간 조성이라는 목표를 달성하는 방법으로, 우리는 <미국 대도시의 삶과 죽음>이라는 책을 통해 도시 설계의 새로운 방향성을 제시한 도시계획가 제인 제이콥스(Jane Jacobs)의 관점을 적용하기로 했다. 그의 저서 <미국 대도시의 삶과 죽음>에 따르면, 도시의 안전은 '보도(Sidewalk)'의 안전에 있으며, 보도는 '접촉'과 '소통'의 장소이며, 보도는 '적절한 감시'와 '활력', '공공생활', 그리고 '재미'가 있는 장소이어야 한다. 또한, 도시가 안전하고 흥미롭기 위해 필요한 것은 공간의 '다양성'과 '집중화'라고 한다. 그러한 관점에 기반해 보행 및 옥외 활동이 이루어지는 단지 외부공간을 보다 더 소통하는 공간, 그리고 다양한 사람들이 어울릴 수 있는 공간, 그럼으로써 보다 더 이용을 집중시키는 공간으로 개선해야 한다는 방향성을 얻었으며, 이로써 단지 입주민이 원하는 안전하면서 따뜻한 소통의 공간이 될 수 있다는 믿음을 가지게 되었다. 따라서 본 단지의 환경 개선 목표를 '열림과 소통을 통한 안심 정주 환경 조성'으로 설정했다.

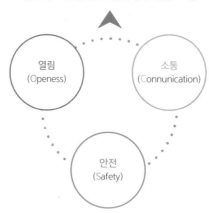

"도시의 안전은 '보도(sidewalk)'의 안전..
보도는 '접촉'과 '소통'의 장소..
보도는 '적절한 감시'와 '활력', '공공생활',
그리고 '재미' 있는 장소이어야 한다..
도시가 안전하고 흥미롭기 위해
필요한 것은 '다양성', 그리고 '집중화'..."

Jane Jacobs,
「The Death and Life of great American Cities」중

열림과 소통이라는 키워드는 공간별로 개선 목표를 가지게 되는데, 사회복지관 주변 공간은 주민과의 열림과 소통 거점으로서 입주민 공동체의 활성화 공간으로, 기존 마을 쉼터 주변 공간은 지역사회와의 열림과 소통 거점으로서 지역사회와 열린 공간으로, 하천변과 면하는 기존 놀이터 주변 공간은 자연과의 열림과 소통 거점으로서 주변 자연환경으로 열리는 자연 휴양 공간으로 조성하고자 했다.

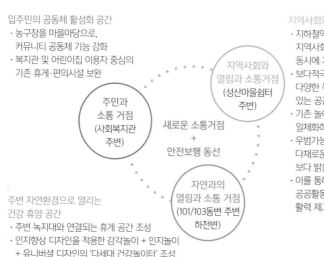

입주민의 공동체 활성화 공간
· 농구장을 마을마당으로,
  커뮤니티 공동체 기능 강화
· 복지관 및 어린이집 이용자 중심의
  기존 휴게·편의시설 보완

지역사회와 교류하는 열린공간
· 지하철역 및 대로변과 인접하여
  지역사회와 많은 접촉이 일어나면서
  동시에 가장 불안한 우범공간
· 보다적극적으로 다수의
  다양한 목적의 이용자를 수용할 수
  있는 공간 설계 도입
· 기존 놀이터와 쉼터 공간을 더욱
  일체화하여 지역 공공쉼터로 제안
· 우범가능성이 높은 102동 주변은
  다채로운 경관식재 및 범죄예방설계로
  보다 밝은 공간 분위기 조성
· 이를 통해 자연스러운 감시와
  공공활동 강화로 공간의 안전성 및
  활력 제고

주변 자연환경으로 열리는
건강 휴양 공간
· 주변 녹지대와 연결되는 휴게 공간 조성
· 인지향상 디자인을 적용한 감각놀이 + 인지놀이
  + 유니버설 디자인의 '다세대 건강놀이터' 조성

그러한 목표를 공간적으로 구현하기 위한 핵심 전략은 첫째, 새로운 거점 공간을 형성하는 것, 둘째, 안전한 보행 동선 환경을 조성하는 것이다. 즉, 개선이 필요한 주요 공간 4개소를 공간별 개선 니즈를 고려해 새로운 커뮤니티의 소통 거점 공간으로 개선하고, 주민들의 활동 동선을 토대로 단지 내 주보행 동선을 설정하고 이를 걷기 편하고 안전성을 확보한 보행 환경으로 조성하고자 했다.

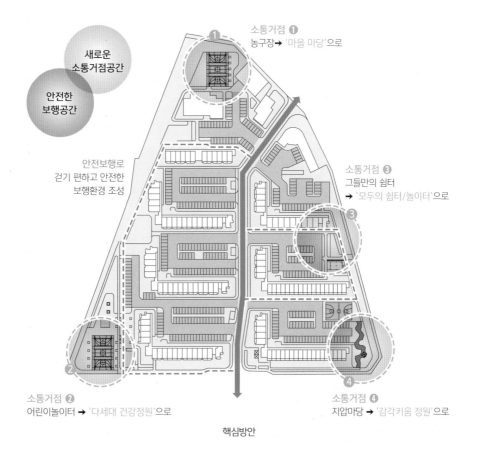

핵심방안

다음은 계획 목표와 공간 전략을 반영한 성산단지 마스터플랜에서부터 소통 거점과 안전 둘레길, 중앙 보행로, 식재 개선 전략, 우선 사업 순위를 고려한 단계별 추진 사업 제안까지, 각 계획 요소별 내용 또한 함께 제시한 것이다.

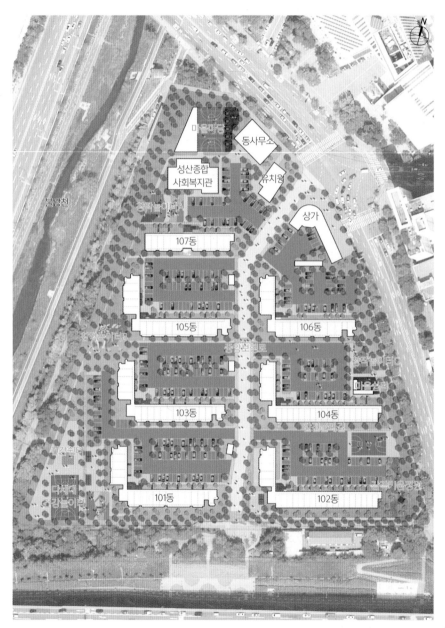

마을마당

동사무소

성산종합
사회복지관

유치원

불광천

창작놀이터A

상가

107동

105동

106동

창작놀이터B

중앙보행로

마을살림

103동

104동

101동

102동

마스터 플랜

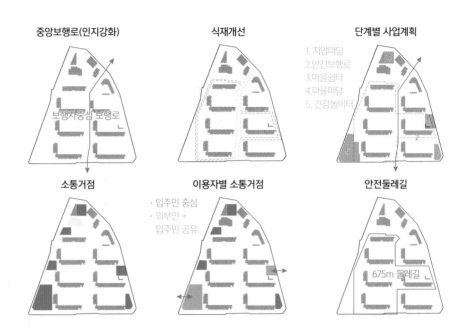

중앙보행로(인지강화) 식재개선 단계별 사업계획

1. 지압마당
2. 안전보행로
3. 마을쉼터
4. 마을마당
5. 건강놀이터

보행자중심 보행로

소통거점 이용자별 소통거점 안전둘레길

· 입주민 중심
· 외부인 +
  입주민 공유

675m 둘레길

　이번 계획에서는 모두 4개의 새로운 소통 거점을 제안했는데, 각 소통 거점별 주요 개선 필요 사항과 설계 목표, 그리고 제안된 개선 사업을 정리해 보자. 첫 번째 소통 거점 공간인 사회복지관 주변은 단지 주출입의 동선이 혼잡해 있지만, 주변 시설에 대한 안내가 부재했다. 또한 사회복지관과 어린이집 이용층과 단지 주민 간 이용 행태가 마찰이 있었고, 쉼터와 놀이터의 배치나 시설들의 이용 편의성이 부족했으며 사회복지관 뒤편 농구장의 기능은 재검토될 필요가 있었다. 따라서 사회복지관 주변 공간은 성산단지의 대표성을 가진 공간으로서, 마을 주민 간 교류 기능을 강화해 공동체 공간 만들기를 설계 목표로 두었다.

　세부적으로는 마을 행사 공간으로 활용되는 농구장을 다목적 공용 공간으로 재단장하고, 주변 공간을 확보해 휴게 및 집기 보관 공간을 별도로 마련하는 것이다. 또한 주민이 공동으로 참여하는 마을 조형물을 제작할 것을 제안했다. 기존 어린이 놀이터와 사회복지관 이용자가 주로 이용하는 각 공간이 분리될 수 있도록 시설을 재배치했고, 기존 휴게 쉼터의 벤치와 그늘막 등의 시설을 재조정하는 것을 제안했다. 사회복지관 주변은 단지 내 진입 동선과 복지관 진입 동선이 서로 중첩되어 있기에 이를 구분할 수 있도록 단지 입구부에 동선 안내 시설물을 설치할 것을 제안했다.

Before

After

고정식 → 이동식 농구대로

마을행사장으로
이용가능한 공간확보

다양한 운동이 가능한
다목적 구장으로 조성

소통거점 1 : 사회복지관 주변

두 번째 소통거점인 101동과 105동 주변 공간은 어린이 놀이터 공간의 이용률이 저조하거나 거의 방치된 상태였으며, 거주민 대부분인 노인과 장애인에 대응하는 휴게기능이 부족했다. 놀이터 주변에는 미사용 물건들이 적치되거나 방치되어 있었고, 안전사고 발생이 우려되어 야간 이용이 거의 이루어지지 않는 상태였다.

개선 사업으로 인지 향상 디자인을 적용해 기존 어린이 놀이터를 '다세대 건강 놀이터'로 변경할 것을 제안했다. 이는 다세대가 즐길 수 있는 다양한 감각 놀이 및 인지 놀이가 가능한 시설을 도입하려는 것이다. 노인 맞춤형 옥외 운동기구를 설치하고 노인 세대에 친근하며 장소성 형성에 기여할 수 있는 수목류를 식재한다. 다양한 건강정보 알림판을 함께 설치해 건강에 대한 관심을 유도하도록 한다.

101동과 105동 놀이터 사이 구간은 무단차 보도, 부드러운 바닥 포장, 보행보조 손잡이를 설치한 어르신 안심 보행 구간으로 조성하고 휠체어와 함께 이용 가능한 휴게 벤치와 공간의 인지성을 높이는 조형물을 설치하며 이 구간을 건강 보행 구간으로 설정한다. 다세대 건강 놀이터 주변에 조명등을 설치하고 도움 비상벨이나 CCTV 등 안전시설을 보완 설치해 야간에도 맘 편히 이용할 수 있는 안심 쉼터로 조성한다.

Before

After

소통거점 2 : 101동 / 105동 주변

Before

After

소통거점 2 : 101동 / 105동 주변

세 번째 소통 거점인 마을 쉼터 주변은 마포구청역 지하철과 바로 연결되는 동선으로 단지 주출입구 역할을 하면서 실제로 가장 보행 밀도가 높은 곳이다. 기존의 놀이터와 쉼터 이용자, 외부 지역주민의 이용이 혼재돼 공간 관리의 주체가 필요한 상황이다. 특히 쉼터는 일부 이용자가 독점해 다른 주민들의 이용이 불편하고 실제 마찰이 발생해 일부 주민들은 이용 및 접근을 아예 피하는 장소이기도 했다.

개선 방향은 마을 쉼터와 놀이터를 일체화해 더욱 다양한 목적의 이용자가 복합적으로 활용할 수 있는 공간을 조성하는 것이다. 주민 일부가 이용하던 시설을 지역 주민 누구나 이용할 수 있는 적극적인 공공공간으로 설정했다. 이는 공간 관리 주체의 부재 문제를 '공공의 눈'으로 해결하고자 하는 것이다. 더불어 주변 외부 데크 공간을 활용해 기존 쉼터의 공간 협소 문제를 해결하고자 했다. 쉼터와 마주 보고 있는 놀이터는 일반적인 조합 놀이터의 형태인데 이를 '창의 놀이터'로 변경해 지역 어린이 모두에게 개방하도록 했다. 특히 휠체어와 유모차 등의 접근을 고려한 '무장애 놀이 환경'을 조성하고자 했다.

Before

After

소통거점 3 : 마을쉼터 주변

Before

After

마을쉼터

루버/필로티 조성
→ 협소했던 마을 쉼터공간 확장

놀이터와 쉼터통합화
→ 다양한 목적의 이용자가 복합적으로 이용할 수 있는 공간으로

소통거점 3 : 마을쉼터 주변

　마지막 소통 거점인 102동 주변 공간은 기존에 이용이 전혀 되지 않은 채 방치된 지압 마당이 있고 102동을 둘러가는 길은 우범 공간으로 인식돼 주민 안전을 위협하는 상황이었다. 이에 방치된 지압 마당을 '감각키움 정원'으로 조성하는 것을 제안하였는데, 이 정원은 다양한 색감, 향기, 질감 등을 가지며 사계절 변화를 잘 지각할 수 있는 곳이다. 이 정원에는 고향에 대한 향수 및 기억 자극을 위한 조형물이 설치되고 조명, 휴게, 안내시설 등은 범죄예방 디자인

지침을 적용해 계획한다. 102동을 둘러 가는 길에도 '범죄 예방 디자인(CPTED)'이 적용된 '안심 골목길'을 조성할 것을 제안하는데, 방범 CCTV, 음성인식/버튼식 비상벨, 안심 반사경, 경고문구 안내판 등을 설치하고 지하철로 연결되는 동선에는 안전 등대를 설치해 동선의 안전성을 확보토록 한다.

102동 주변은 단지의 동측 외곽 부분인데 범죄가 우려되는 단지 이미지를 상쇄하고 잘 관리되는 안전한 단지 이미지를 제공할 수 있도록 단지 경계부의 식재를 보완하게 된다. 이때 저관리형 관목 및 지피류 중심으로 보식하여 관리의 용이성을 함께 고려한다.

Before

After

만남과 대화를 할 수 있는 커뮤니티공간 조성

방치된 지압마당을 '감각 키움정원'으로

개선공간 3 : 지압마당주변

성산단지 내부의 소통과 연결성을 제고하기 위해서 새롭게 계획되는 4개의 소통 거점을 포함해 이용 밀도가 높고 단지 내 주요 외부 거점 공간을 연계하는 '안심 순환 보행로'를 제안한다. '안심 순환 보행로'는 별도의 동선 바닥 포장 및 미끄럼 방지 포장을 해 타 동선과 구분하도록 한다. 동선 상 주요 지점에 도움 비상벨, CCTV 등 설치하고 단차 없는 무장애 동선으로 휠체어, 유모차 이용 편의를 고려하며 '건강 보행 구간'에는 보행 보조물을 설치한다. '안심 순환 보행로'와는 별도로 단지를 통과하는 주요 동선의 보도블록, 단차, 가로수 덮개 등 보행 환경에 영향을 주는 시설물을 점검한 후 개선하고 주요 동선 상에 각 아파트 동 방향을 안내하는 사인물을 설치한다. 안내 사인물에는 인지 건강 향상 디자인을 적용하고 추가로 동별, 동수 표식과 동변 현관 앞 인식 표기를 강화해 장소의 인지성을 제고할 수 있도록 한다.

안심순환보행로	· 동선표기 / 단차제거	안심골목길	· 범죄예방 디자인표기
	· 미끄럼방지포장		· 안심벤치
	· 보행보조손잡이설치(건강보행구간)		· 안심반사경
	· 간이벤치설치(건강보행구간)		· 비상벨 / CCTV
			· 야간조명트랙 등

개선공간 5 : 전체동선

성산단지 환경개선 전략 수립

▌ 단지개요 및 개선전략 Overview & Strategy

▶ 단지개요
- 위 치 : 서울시 마포구 월드컵로12 207
- 준 공 일 : 1991년 5월 31일
- 대지면적 : 39,893.2㎡ (12,064평)
- 입주현황 : 1,780세대(공기72개동)
- 조경면적 : 10,712.77㎡ (3,240평)
- 외부시설 : 어린이놀이터 4개소 등
- 주차대수 : 총 362대(지상)
- 교통환경 : 마포구청역(6호선)

▶ 입주민 현황 및 특성
- 거주기간
- 가구원수
- 세대주연령
- 주민특성

▶ 환경개선 전략
- 개선키워드
- 개선목표
- 개선전략

▌ 의견수렴 및 주요공간 분석 Resident Survey & Analysis

▶ 개선방향 의견수렴
- Q. 왜 이용하지 않는가?
- Q. 개선 방향은?
- Q. 희망시설은?

▶ 공간별 이용행태 및 개선점

Recreation & Event
Rest & Talk
Talk & Play
New & Safe Landscape

- 사회복지지 주변
- 마을입마 주변
- 101동/106동 주변
- 102동 주변

▌ 주요 공간별 개선 방향 Direction of Improvement

▶ 핵심방안

▌ 계획요소 및 우선사업 Planning Elements & Priority

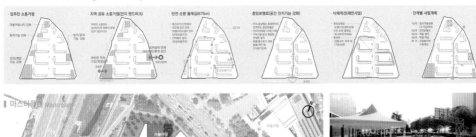

- 입주민 소통거점
- 지역 공유 소통거점(단지 랜드마크)
- 안전 순환 둘레길(675m)
- 중심보행로(공간 인지기능 강화)
- 식재계선(제안사업)
- 단계별 사업계획

▌ 마스터플랜 Masterplan

마을쉼터

건강놀이터

소회 (所懷)

김현 교수_ "공동체적 삶의 재조직을 위한 장소"

창의적 디자인은 언제나 새로운 문제 제기로부터 출발한다. 이번 성산단지 프로젝트는 SH 공사의 의뢰로 시작되었지만, 아파트라는 대다수 현대인의 삶의 장소에서 외부공간이 가지는 의미를 새롭게 들여다보며 개인적으로 의미 있는 문제를 제기할 기회를 얻었다. 성산단지를 접하면서 조경가로서 지금 우리 사회가 직면한 문제와 질문의 한 단면을 어떻게 대응하고 대답할 것인가에 대해 좀 더 진지하게 임해 보는 시간이었다.

아파트라는 다중집합주택이 '집'이라는 거주공간으로서 가지는 의미, 내가 살고 있는 '나의 집'을 둘러싸고 있는 외부공간 또는 장소의 의미, 그러한 공간과 장소에서 만나고 부딪히는 '이웃'이라는 사람들의 의미, 그리고 이 모든 것들을 함께 묶어 '성산단지 아파트'라는 공동체로 속한다는 것의 의미 등을 다시금 찬찬히 들여다보게 되었다.

조경은 태생적으로 공공(The Public)의 사회구성원들이 공유하는 문제를 발견하고 해결하고자 하는 의지에 기반해 사회와 삶을 재조직하는 과정이라 생각한다. 그러므로 어떠한 사물이나 대상의 개별적 아름다움의 완결성에 초점을 두기보다는, 보이는 것들 사이의 공간과 관계에 초점을 두는 작업이어야 한다.

아파트 외부공간의 경우, 주민들 간의 관계성이 고스란히 드러난 결과의 산물인 것이다.

이를 관계론적 관점이라 말할 수 있는데, 조경가는 공간에 작동하고 있는 보이지 않는 관계들을 탐구해야 하고, 이로써 우리가 공감하고 공유할 수 있는 새로운 삶의 형태가 발현되도록 해야 한다.

성산단지 프로젝트는, 거주민들이 조금 더 편안하고 위험 요소로 인한 불안감 없이 외부공간으로 향할 수 있고, 그리고 그 외부공간에서 좋은 일이 일어나거나 적어도 불쾌하고 위험한 일은 없다고 거주민들이 안심할 수 있는 공간을 만드는 것, 이 두 가지를 프로젝트의 가장 중요한 핵심 과제로 삼았다. 이로써 본인이 거주하는 '집' 외부공간에 대한 안심과 기대라는 긍정적 심리를 제공해, 아파트라는 집합적 주거공동체의 일원이며 지역사회 구성원으로서 삶을 재조직하는 데에 기여하는 장소를 만드는 것이 이번 프로젝트의 목표라 하겠다.

백종현 대표, 김대희 소장, 한미옥 부소장_ **"지역사회권으로 나아가는 집합주택을 위한 장소"**

화려했던 경제성장기를 지나 장기 저성장시대 또는 경제 쇠퇴기에 진입해가는 시기에, 이번 공간닥터 프로젝트는 고령화, 1인 가구 증가 등의 사회 문화적 변화에 공공주택정책이 어떻게 대응해야 할지 하나의 단면을 고민해 볼 수 있는 계기였다.

성산단지가 가진 문제의 핵심은 현대 대다수 도시집합주택이 가지는 공동체의 부재, 상호관계의 부재에서 비롯되었다고 할 수 있는데, 상호관계와 공동체의 부재 문제는 거주민 간의 관계 회복만으로는 풀 수 없는 문제일 수 있다. 오히려 외부 주민과 자연스럽게 어울릴 수 있을 때, 단지 거주민들 간의 공유된 의식이 드러나고 정체성도 형성될 수 있다.

그러므로 이번 성산단지 프로젝트의 경우에도 외부공간을 단지의 외부(지역사회)와 공유하는 장소로 내어 줌으로써 단지 스스로 해결할 수 없는 문제를 풀어가는 실마리를 찾고자 했다. 즉, 단지의 외부공간을 보다 적극적으로 개방된 공유공간으로 만들어 지역사회와 교류할 수 있도록 해 공공성을 극대화했다. 이는 사적 영역과 공적 영역이 상호 침투하면서 유기적인 관계를 형성할 때 그 지역에서만 존재하는 고유한 장소성이 발현될 수 있다는 전제에서 출발한다.

성산단지의 외부공간은 이러한 '장소성의 형성'이라는 미션 이외에 '상호 돌봄의 장소'라는 역할을 필요로 하였다. 특히 기존에 용도와 이용층이 불분명한 '어린이 놀이터'를 고령의 독신자 및 장애가 있는 거주민들이 상호 돌봄과 건강 향상을 위한 장소로 재설정함으로써 적극적으로 외부공간을 이용하도록 제안하였다.

05

E

공간닥터 프로젝트

GROUP

공공임대주택단지의
사회적 문제를 공간으로 치유하기

공공임대주택단지의 사회적 병리현상의 심각성

'공간복지'라는 이름 아래 지난 3개월간 진행한 프로그램은 사회적으로 큰 의미가 있다. 사회 통합적 측면에서 우리 사회는 시급한 처방이 필요하기 때문이다. 더 이상 방치하기에는 사회적 병리현상이 심각하다. 이러한 상황에서 우리 조에서 진행한 주제는 공간과 사회의 관점에서 영구임대단지의 외부공간을 대상으로 주민 간, 주민과 인근 지역 주민들 간의 공동체 증진을 추구하였다.

우리나라의 사회적인 병리현상의 심각성을 잠깐 언급해보자. 자살률은 10년 이상 세계 1위를 기록했다. 10여 년 이상 지키던 자살률 1위 자리를 2017년에 리투아니아에 내어주었다. 그러나 2018년에는 다시 1위를 차지하였다. 자살에는 여러 이유가 있다. 직접적으로는 경제적 어려움, 우울증 등으로 인한 신변 비관 등이 있지만, 자살 직전에는 주변에 아무도 없다는 극단적인 고립감을 느끼게 된다. 사회적인 관계에서 철저하게 고립감을 느끼는 것이다. 뒤르켐은 자살이 사회적인 통합의 부재에서 비롯된다고 하였다. 자살 이외에도 우리나라는 이웃 간 폭력이 심각한 상황이다. 층간소음에 화가 나 윗집에 올라가 이웃을 죽이는 뉴스가 이제는 더 이상 놀랍지 않은 상황이 되어버렸다. OECD 보고서에 따르면 우리나라의 공동체 지수는 꼴찌이다. 이 모든 현상은 사회적 통합의 부재에 원인이 있다.

공간적인 상황이 자살에 미치는 원인에 대한 본인의 연구에 의하면, 영구임대단지의 자살률은 OECD 국가 평균 자살률인 10만 명당 11.5명의 5배에 이른다. 우리나라 평균 자살률의 3배이기도 하다. 영구임대단지 주민의 소득수준이 낮기 때문이라는 해석은 설득력이 충분하지 않다. 판자촌의 자살률과 영구임대아파트 주민의 자살률 비교 연구(김영욱, 김주영, 2018)에 따르면 소

득수준은 영구임대아파트 거주 주민이 오히려 더 높지만, 판자촌 거주민의 자살률이 더 적다. 즉, 영구임대아파트에 거주하는 주민은 소득수준이나 주거환경의 질이 판자촌 거주민보다 더 낮지만 자살률은 더 높은 것이다. 이러한 현상은 공공임대주택에 사는 주민이 자살에 심각하게 노출되어 있다는 것을 드러내고 있다. 이러한 맥락에서 우리 조는 임대주택 거주민의 외부공간 활동을 증진해 주민 간 소통을 유도하는 디자인을 추구했다.

공간과 사회

힐리어(Bill Hillier, 1984)는 공간구조(Spatial Configuration)에 의한 공간의 상호연결성에 따라서 사람들이 서로 조우할 수도 있고 반대로 서로 만나지 않을 수도 있다는 것을 입증했다. 이러한 조우의 정도에 따라서 소통의 정도와 깊이가 달라진다. 공간이 상호 잘 연결되어 공간 간 통합성이 강하면 사람들 간 소통이 원활해지고, 그 반대이면 사회적 관계망이 약해진다. 이러한 사회적인 관계망은 뒤르켕이 주장한 사회적 통합의 기본이다.

사회는 공간구조의 형성에 개입한다. 사회를 구성하고 작동하는 논리는 공간을 조직화한다. 따라서 공간에는 사회적인 논리가 있다. 공간에는 사회가 구성되고 사회가 작동하는 논리가 내재되어 있다. 공간을 잘 읽어내면 사회적인 논리를 파악할 수 있다. 이렇게 형성된 공간은 사회적인 논리를 강화시킨다. 때로는 공간을 통해서 사회적인 논리가 만들어지기도 한다. 이처럼 공간과 사회는 밀접한 관련성이 있다.

힐리어와 뒤르켕에 의하면 공간을 매개로 공동체를 증진하고 사회적인 통합을 이룰 수 있다. 이

를 위해서는 크게 두 가지 방법이 있다. 첫째, 공간구조를 개선하는 방법과 둘째, 공간구조를 변경하기 어려운 상황에서는 공간의 사회적 기능을 강화하거나 변화시키는 방법이다. 즉, 공간구조를 개선하여 기존의 상황을 변화시키거나 새로운 배치를 통하여 공간의 사회적인 역할을 재구성할 수 있다. 이러한 방법이 여의치 않을 때는 공간에 새로운 시설물을 설치하여 공간의 사회적 기능을 강화하거나 변화시킬 수 있다. 위 두 방법을 활용하여 임대아파트 단지의 외부공간의 구조를 변화하거나 공간의 기능을 개선하였다.

공간의 개선을 통한 다양한 개입

우리 조에서는 5개의 단지를 대상으로 한다. 위에서 기술한 바와 같이 외부공간을 대상으로 다양한 개선안을 제시했다.

거여3단지와 거여6단지는 서로 인접해 있음에도 불구하고 각자가 단절된 섬처럼 존재한다. 두 단지를 구분하는 담으로 인해 이웃한 주민들은 서로를 이웃으로 느끼지 못한다. 두 단지 지형의 단차는 이러한 상황을 더욱 악화시키고 있다. 이러한 맥락에서 두 단지의 단차를 활용한 '정글짐'이라는 새로운 설치물은 두 단지의 공간적 단절을 극복하고 만남과 교류를 촉진하는 역할을 할 것이다.

수서1단지에는 대청종합사회복지관이 있어 인근의 지역주민이 이용한다. 단지 내 도로를 따라서 슈퍼마켓, 어린이집, 경로당 등이 위치하고 있다. 이 단지 내 도로는 주민들의 동네길인 동시에 인근 지역주민이 통행하는 길이기도 하다. 그러나, 보행하는 주민보다는 차량 우선 도로로 구성되어 있다. 이 도로에 보행자를 위한 공간 설치는, 거주민 간 소통의 빈도와 깊이를 증진하고, 동

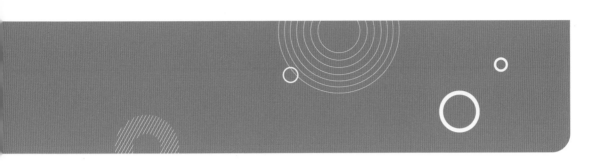

시에 인근 지역 주민과 아파트 단지 주민의 '우연한 마주침'을 불러올 것이다. 길을 따라 설치하는 포켓 파크나 의자, 쉼터에서 이런저런 얘기를 주고받을 것이다. 소통의 시작이다.

수서6단지도 수서1단지와 유사성이 있다. 단지 후면에 탄천근린공원이 있고 단지 내 수서종합사회복지관이 있다. 인근 주민들이 이 단지를 통과해 복지관이나 공원으로 오간다. 그 길목에 위치한 복지관과 어린이 놀이터, 자전거 보관대는 이러한 동선을 가로막고 있다. 수서종합사회복지관 앞의 선큰을 일부 복개해 단지 입구에서 탄천근린공원으로 연결하는 보행중심길을 조성했다. 놀이터에서 공원까지의 축을 연결하는 길을 만들고, 이 길을 따라서 시설물을 설치하고 바닥 디자인을 개선한다면, 동네길로서의 사회적인 역할을 할 것이다. 어린이와 어른의 만남, 어린이를 통한 어른들의 만남, 지역주민과 단지 거주민이 만나는 계기가 될 것이다. 사람들 간의 벽을 허무는 과정의 시작이다.

대치1단지는 노상방뇨라는 골치 아픈 문제가 있다. 아파트에서 보행자들에게 중요한 길임에도 불구하고 특정한 지점에서 음주와 방뇨가 일어난다. 이러한 문제를 방지하기 위해서는 공간에서 자연적인 감시를 높여야 한다. 모두에게 안전하고 즐거운 공간이 되기 위해서는 사람들이 자주 다니게 만들어야 하며 동시에 사람들의 시선이 지속해서 닿게 만들어야 한다. 음주와 노상방뇨가 일어나는 공간은 아파트 4개 동의 측벽이 서로 마주하고 있어 감시하는 시선이 없다. 측벽이라 창을 낼 수도 없다. 따라서 여러 사람이 머물면서 서로를 지켜볼 수 있게 할 필요가 있다.

면목단지는 가파른 경사지에 위치한다. 최상부에 면목종합사회복지관이 위치하고 있으며, 용마

폭포공원과 공원 내 체육시설을 이용하는 인근 지역의 주민들이 가장 낮은 지점의 단지 입구에서 부터 근린공원 입구까지 단지를 가로지른다. 이 경로에는 가파른 경사를 따라 계단이 있다. 힘겨운 오르막이다. 이 경사로를 따라서 에스컬레이터를 설치하고 중간에 쉼터를 두는 건, 단순히 이동하는 계단의 기능을 넘어 교류의 장소이자 전망대 역할을 할 것이다. 주민들이 오르내리는 것을 비롯해 인근 지역주민들도 사회복지관을 가고 등산을 하는 데 쓰이는 동네의 길이 만들어지는 것이다.

공간·사회 통합적 관점에서의 '공간닥터'의 역할 기대

저소득층을 위한 공공임대 주거단지는 공통적으로 여러 문제를 가지고 있다. 특히 우리나라에서는 저소득층의 공간적 격리를 불러왔고 이는 다시 사회적인 소외를 조장하고 있다. 실제로 설문조사에 따르면 영구임대주택 단지의 거주자들은 사회적인 소외감이나 격리감을 느끼는 것으로 나타난다. 심지어 놀이터에서 분양주택에 사는 어린이들이 임대주택에 사는 어린이를 이렇게 부른다. "야! 임대야."

'공간복지'라는 화두 아래, 우리 조는 '공간과 사회'라는 주제로 작업을 진행했다. 5개 단지에 제시한 공간 개선안은 단지 주민뿐만 아니라 지역주민과의 교류까지 세심하게 고려했다. 이러한 작업은 영구임대아파트 단지가 지니고 있는 사회적 병리현상을 치유하는 데 기여할 것이다. 아울러, 임대아파트 거주민의 공간적, 심리적 격리감과 소외감을 해소하는 데에 긍정적인 역할이 기대된다. 우리가 제안하는 개선안은, 우리 사회가 지니고 있는 공동체 해체와 이에 따른 사회적 병리현상의 심각성을 극복하고 소통을 위한 의미 있는 작업의 출발이다.

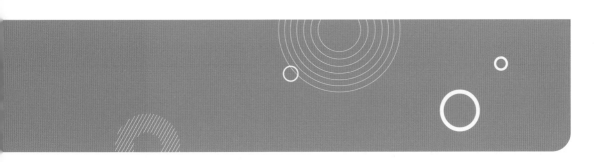

김 영 욱
세종대학교 건축학과, 교수

대치1 ○

공간. 복지. 공유. 하다
– 공유공간으로 공간복지 구축하기

권영상

서울대학교 도시설계전공, 교수
· 서울대학교 졸업
· 행정중심복합도시, 새만금신도시, 부산에코델타시티,
  제주영어교육도시 마스터플랜
· 한국도시설계학회 학술상(논문)
· 행정중심복합도시 중앙공원 국제공모 3등
· 국토교통부스마트시티혁신인재육성사업책임(서울대학교, 2019~2023),
  국가한옥센터장(건축도시공간연구소, 2011~2012)

최순용

더그라운드건축, 소장
· 서울시 디자인서울 디자인닥터 역임
· 경기도 디자인경기 디자인닥터 역임

대치1단지는 북측으로 양재천이 흐르는 양재천공원과 연결되고, 남서쪽으로는 분당선 대모산입구역과도 연결되는 자연과 도시의 중간점에 위치한 강남 속 고즈넉한 대상지이다.

단지 안에는 어린이놀이터 4개 소가 있는데, 어린이들의 사용이 적고 낙후된 상태이다. 구성원 구성이 전반적으로 노인들 위주이고 간혹 아이들이 눈에 띄는 등 단지 노후와 함께 사용자 연령도 높은 편이다.

어린이 놀이터

어린이놀이터와 함께 단지 내 휴게소 5군데도 단지 곳곳에 배치되어 있다. 각 휴게소는 오래된 벤치와 탈락된 바닥포장재로 구성되어 휠체어나 보행기를 사용하는 노인들이 보행하기 어렵고, 머무르는 공간이 되기보다는 버려진 공간으로 남아있다. 반면 오래된 단지라 수목이 그나마 그늘을 제공함으로 간혹 이곳에서 휴식을 취하는 거주민을 볼 수 있다.

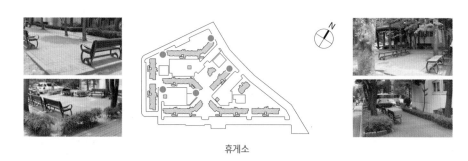

휴게소

이번 프로젝트의 중요한 요소인 기존 경비실은 새로운 통합경비실의 신설로 각 동 1층에 버려지고 자물쇠로 잠겨져 개선이 필요한 부분임을 알 수 있다. 이곳 경비실은 거주민이 반드시 거쳐야 하는 공간으로 통합 커뮤니티를 구성하기 좋은 조건을 지니고 있다. 시설 낙후가 중요한 것이 아니라 공간 구성의 잠재성과 가능성을 찾아내고 현재의 필요성에서 다시 살릴 수 있는 공간 재생 관점에서 가장 눈에 띄는 공간이다.

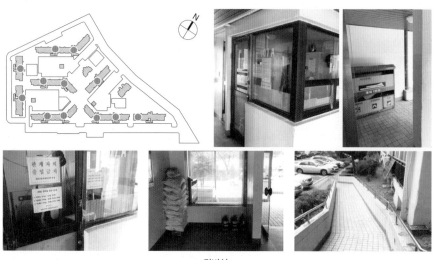

경비실

금요일마다 열리는 금요장터가 단지의 동측 도로에 있는데, 꽤 활성화된 상태였다. 각종 음식을 비롯해 생필품과 식자재 등이 판매되어, 조용한 단지에 그나마 활력을 줄 수 있는 포인트로 생각된다.

금요장터

단지 입구에 위치하는 중앙광장은 거주민들이 나와서 햇볕도 쬐고 서로 이야기도 나누면서 오래 머무는 공간이다. 그러나 그늘 공간이 부족하고, 공간 구획과 구성도 없어, 통과 도로로 사용되는 실정이다.

또한, 주취객과 통행자 간의 마찰이 다소 발생한다는 관리소장의 이야기를 고려해 공간 개선이 필요한 중요한 기점으로 파악되었다.

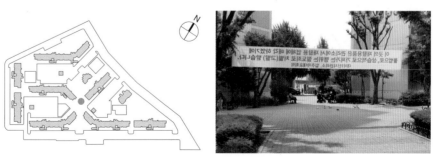

중앙광장

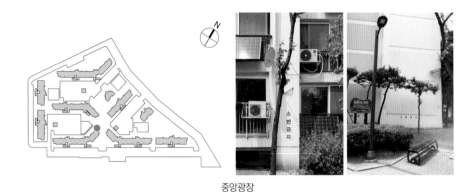

중앙광장

관리소장과의 인터뷰에서 외부인의 불법주차로 인한 보행권의 확보와 몇 가지 문제를 알게 되었다. 오래된 안내 표지판의 인지성 부족으로 인한 문제 또한 개선점으로 파악되었다.

이러한 전반적인 단지 리서치를 통해 네 가지의 전략 방향을 정하였다.

- 중앙광장을 중심으로 한 커뮤니티 복원   - 출입구와 양재천공원을 잇는 보행공간 개선
- 버려진 기존 경비실 활용 방안 및 로비공간 개선   - 진출입공간 주차관리시설 확충

이 네 가지를 중심으로 개선방안을 제시하고자 했다.

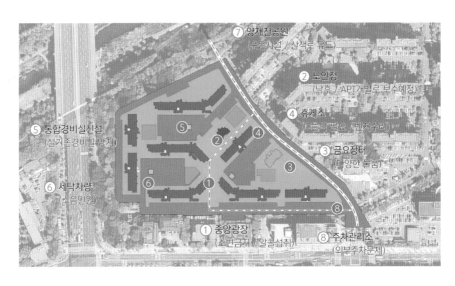

또한 선정된 4개의 주요 지점 공간에 새로운 공간 콘셉트를 적용하여 공유공간으로 공간복지를 구축하는 마스터플랜을 설정하였다.

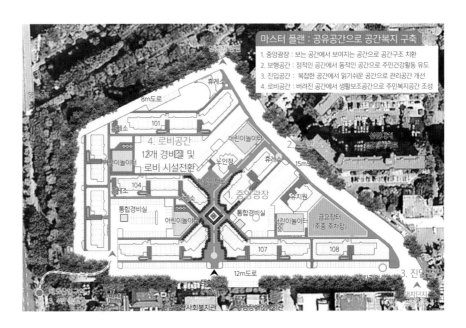

첫 번째, 중앙광장은 '바라보는 공간에서 보여지는 공간으로' 바꾸고자 했다.

중앙광장에 그늘 벤치와 바닥분수, 지압 산책로를 구성하여 기존 공간구조를 치환해 머물 수 있는 공간으로 개선하고자 했고, 차폐식재로 음주, 방뇨 문제를 공간적으로 해결하고자 했다.

벽면녹화와 식재개선으로 밝은 분위기의 공간을 조성하여 단지 대표 공간으로 단지 주민의 중심커뮤니티 공간이 되도록 제안했다.

중앙광장 입면

두 번째, 보행공간을 '정적인 공간에서 동적인 공간으로' 개선하는 것이다.

단지출입구에서 중앙광장, 단지 내 보행로, 양채천공원으로 이어지게 지압산책로와 연계한 건강보행로를 확보했다. 이는 노인들의 활동 유도로 음주·방뇨 행동을 지양하게 하고 건강한 커뮤니티를 이루어지게 하려는 의도이다.

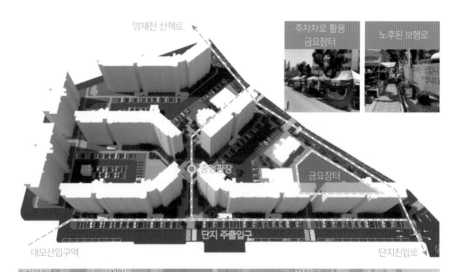

세 번째, 진입공간을 개선하여 '번잡한 곳에서 단지의 얼굴로' 바꾸는 개선안이다.

주차 게이트를 신설하고 기존 안내판을 디자인하여, 진입 경관을 바꾸고, 보행안전을 개선한다. 이와 연계한 금요장터공간을 개선하고 아파트 진입부의 연계성도 가지게 된다.

마지막으로, 각 동의 1층 로비공간을 '버려진 공간에서 주민복지공간으로' 바꾸는 안이다.

통합경비실 조성 이후 버려진 1층 경비실 공간을 주민공유복지시설로 전환하는 것이다.

이는 1층 로비공간 활용으로 협소한 개별 주거공간 보완(상담실, 가족실, 감상실, 세탁실 등)하여 커뮤니티 활동이 가능하게 하는 것이다. 아울러 주민협의체, 협동조합 등을 통해 운영방안을 강구하여 원활한 사용이 가능하게 하는 안도 제안한다. 또한 노인과 장애인의 다수 거주는 단지 특성상 기존의 노후램프를 교행이 가능하게 개선하는 것도 보행권을 위한 주요한 계획안이다.

이런 전략으로 대치1단지의 콘셉트 '공간. 복지. 공유. 하다'는 기존의 낙후된 공유공간을 개선하여 공간복지를 구축하는 방향을 제안한다.

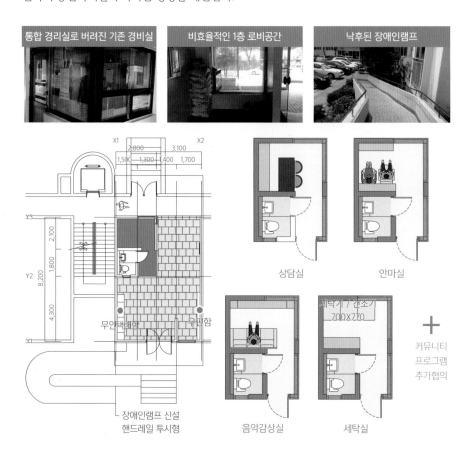

통합 경리실로 버려진 기존 경비실

비효율적인 1층 로비공간

낙후된 장애인램프

상담실

안마실

음악감상실

세탁실

세탁기 / 건조기
700X770

+

커뮤니티
프로그램
추가협의

무인택배함   유편함

장애인램프 신설
핸드레일 투시형

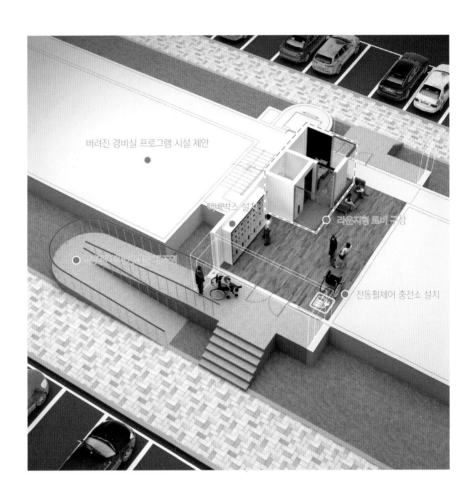

버려진 경비실 프로그램 시설 제안

담배박스 설치

라운지형 로비 구성

전동휠체어 충전소 설치

소회(所懷)

권영상 교수_ 이번 공간닥터 프로젝트는 공공에서 공간을 통해 시민들의 복지를 만들어가는 것에 대해 생각해 볼 수 있는 기회였다. 시민들이 속한 삶의 공간을 디자인을 통해 개선하는 프로젝트를 진행하면서 공공의 복지정책이 단순한 양적 개선만을 통해 이루어지지 않고, 질적 성숙을 통해 한 단계 더 도약한다는 희망도 품게 되었다.

시민들의 적극적인 참여와 의사소통, 이를 실현할 수 있는 합리적인 발주 프로세스, 공간계획을 지속해서 끌고 나갈 수 있는 주민역량 강화와 주민을 중심의 관리운영체계가 앞으로도 계속 이루어지길 기대한다.

최순용 대표_ 대치1단지 공간닥터 프로젝트를 통해 30년 가까이 된 노후화한 공동주택의 외부공간, 공용공간 등을 살펴보면서, 가장 많이 떠오른 단어는 '관계 맺기'와 '지속성'이었다.

노후화한 공간을 단순히 새것으로 고쳐주는 게 능사가 아니라, 사람들이 외부공간 및 공유공간과 관계 맺기의 설계가 되어야 하고, 지속성의 관점에서 10년, 20년, 30년의 사회 변화와 사람들의 커뮤니티가 어떻게 변화할지를 읽으면서 현재의 도시와 건축공간을 제안할 때, 그 공간이 잘 사용되고 영속성을 가질 수 있다는 것을 다시 한번 느끼게 해 준 프로젝트였다.

공간닥터 프로젝트

수서1

공유 강남
- Gangnam Commons

서예례

서울대학교, 교수
· 서울대학교 Harvard Graduate School of Design 졸업
· 서울대학교 미술대학 졸업
· 미국건축사, LEED AP BD+C
　Office of Urban Terrains / 어반터레인즈 디렉터
· 2016-8 서울건축정책위원

+ Urban Terrains Lab / 도시지형연구실
· 김수하, 조윤신, 최근재, 박재현

실시설계팀

주익현
CIID(씨:드), 대표건축가 / 소장
· 홍익대학교 졸업

차승익
솝+어소시에이츠, 소장
· 배재대학교 졸업

임태경
솝+어소시에이츠, 소장
· 숭실대학교 졸업

공유 강남 – Gangnam Commons

1989년 영구임대주택 제도의 도입으로 우리나라에서 진정한 의미의 공공임대주택이 처음 등장하게 된 지 30년이 지난 지금, 노후 임대 단지들의 시설들은 그동안 변화해온 거주민들의 필요를 충족시키지 못하고 있다. 단지 내 어린이 수의 감소로 많은 놀이터들이 비어있고, 자동차 수의 급속한 증가로 부족해진 주차공간으로 인한 이웃 간 갈등이 끊이지 않으며 외부공간은 주차장을 방불케 한다. 보행 보조기와 휠체어를 사용하는 노령 주민들은 증가했지만, 노약자를 위한 안전 차로와 보행로 시설이 미비하고 이들을 위한 편의시설 또한 부족한 상황이다. 현재 서울에는 재건축 대상 노후 임대 단지가 37개, 총 38,702가구에 달한다. 하지만 임대인들의 이주 계획과 맞물려 연쇄적으로 진행되어야 하기 때문에 노후 임대 단지 재건축을 통한 주거환경 개선은 매우 장기적인 계획일 수밖에 없는 실정이다.

　　대지면적이 87,640㎡인 수서1단지는 공간닥터 21개 단지 중 규모가 가장 큰 단지로 임대와 분양이 공존한다. 총 2,934세대 중 984세대는 영구임대(33.5%), 1,230세대는 50년 임대(41.9%), 그리고 720세대는 분양(24.5%)으로 구성되어 있다. 도입 당시 영구임대주택은 생활보호대상자, 의료 부조자, 원호대상자를 입주 대상으로 했고, 그 이후 북한이탈주민, 모자가정, 65세 이상 직계존속 부양자, 장애인, 일군위안부, 국가유공자 등으로 확대되었는데, 50년 공공임대주택의 경우 1992년 영구임대를 대체할 목적으로 공급되어 청약저축가입자, 국가유공자, 철거민을 포함시켰다(김상돈, 이주형, 2008, 222). 따라서 영구임대와 50년 임대가 같이 있는 수서1단지의 경우 대부분의 입주민이 저소득의 취약 계층이라고 볼 수 있다. 거주자 중 철거민이 36.4%, 기초수급자가 19.8%, 장애인이 5.4%를 차지하고 있으며, 1993년 첫 입주민의 80%가 여전히 거주하고 있어 50세 이상 입주민이 90%에 달하는 고령 주거 단지다. 당시 정권의 소셜믹스 정책의 일환으로 분양과 임대 아파트가 같이 도입되기는 했지만, 단지 내 임대동과 분양동들의 구역이 양측으로 분리되어 있으며, 현재는 별도의 유지·관리 체계를 가지고 운영되고 있다. 따라서 단지 내 임대 측 공간의 노후화 문제가 더 가시적으로 드러나고 있는 실정이다.

　　하지만 많은 문제들 이면에는 긍정적인 면들도 많다. 인접한 기피 시설이었던 탄천물재생센터가 일원 에코파크 복개공원으로 재생되었고, 강남자원회수시설은 대기오염 방지시설이 설치돼 관리되고 있다. 단지 주민들은 지역난방공사를 통해 난방비와 관리비를 지원받으며, 서울시립 강남스포렉스를 사용하는 지역주민에게는 할인 혜택이 주어져, 스포렉스의 수영장과 목욕탕 시설 사용이 가능하다. 단지를 'ㄷ'자로 둘러싸고 있는 완충녹지/단지 숲길은 주민들에 의해 자주 애용되는 산책 코스로 조성되어 있다. 단지 내에는 두 개의 넓은 플라자가 위치해 오픈 스페이스가 충분하고, 30년 가까이 자란 울창한 수목들은 쾌적한 휴식공간의 가능성을 제공하고 있다. 거주 기간이 25년 넘는 주민들이 80%에 이르기 때문에 어느 정도 이웃 간 친분이 돈독한 편임을 인터뷰들을 통해 확인할 수 있었고, 주요 실내외 공간들의 활용도가 높았다. 또한 단지 내 어린이 수는 적지만 인접한 저층주택지역 어린이들의 단지 내 놀이터 한 개 소 사용이 활발했고, 단지 중앙가로를 통해 스포렉스를 왕래하는 지역 주민들도 많았다.

1 중앙도로의 주차장화　2 노약자를 위한 보행안전 필요　3 음주문제　4 적절한 휴식공간 부족　5 놀이터의 오용　6 지하시장 진입 문제　7 분리수거장의 시각 공해

A 주민들의 소모임 활발　B 생필품 구매 용이　C 넓은 야외 플라자　D 놀이터 시설 운동용 활용　E 울창한 완충녹지 숲길 F 스포렉스 시설　G 노인정 사용 활발

외부공간의 장단점

'공유 강남'는 기존 공간이 내재하고 있는 가능성의 창의적 재활용을 통해 부족한 부분들을 보완하고 부적절한 부분들을 개선함으로써 단지 주민들에게 보다 나은 공간복지를 제공하고 이와 함께 건전한 공공문화를 확장시키는 것을 목적으로 한다. 또한 비교적 폐쇄적인 단지 내 시설들을 인근 지역주민들도 활용가능한 공간으로 개방함으로써 소셜믹스를 통한 긍정적인 사회적 교류를 기대해 보고자 한다.

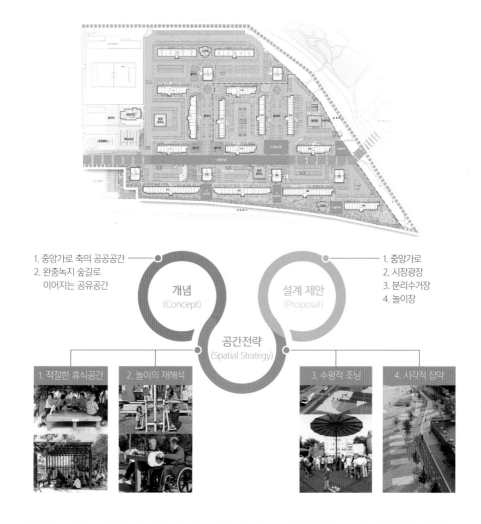

1. 중앙가로 축의 공공공간
2. 완충녹지 숲길로
   이어지는 공유공간

개념
(Concept)

설계 제안
(Proposal)

1. 중앙가로
2. 시장광장
3. 분리수거장
4. 놀이장

공간전략
(Spatial Strategy)

1. 적절한 휴식공간
2. 놀이의 재해석
3. 수평적 조닝
4. 시각적 집약

이를 위해 본 프로젝트는 수서1단지의 주요 공간 요소인 중앙도로와 완충녹지 숲길 두 개 축을 중심으로 네 가지 외부 공간 조성 전략에 따른 네 가지 설계 안을 제안한다.

공간전략

첫째 전략은 적절한 휴식공간의 조성이다. 이미 단지 내에는 벤치, 파고라 등이 곳곳에 설치 되어 있지만, 실제 사용자들의 동선, 선호 위치, 배치 등을 반영하지 못하고 있다. 따라서 주민 들의 실제 사용행태 조사를 기반으로 다음과 같은 휴식공간들을 제안, 배치하고자 한다; 소수 그리고 다수의 모임, 대화가 가능한 휴식공간, 판상과 같이 다양한 사용 행태가 가능한 휴식공 간, 관망이 가능한 휴식공간, 건전한 여가문화를 도모하는 휴식공간, 공동체의 문화가 형성될 수 있는 휴식공간을 제안한다.

둘째, 놀이의 재해석을 통한 시설의 확장이다. 어린이가 없어 방치되고 있는 다수의 기존 어린이 놀이터들의 재해석, 조정을 통해 다양한 연령대의 휴식, 운동, 놀이가 모두 가능하도록 조성하고자 한다; 거주민들의 연령대를 반영한 놀이, 운동, 휴식공간, 다양한 연령층이 함께 사용 가능한 놀이, 운동, 휴식공간, 휠체어 사용자도 사용 가능한 놀이, 운동, 휴식공간, 1인을 위한 놀이, 휴식공간을 제안한다.

셋째, 수평적 조닝을 통해 공간 용도를 구분한다. 놀이터, 지하시장, 중앙도로, 분리 수거장 등 다양한 시설들이 있지만 특정한 '공간'으로 인지되기보다는 기능적인 시설로만 사용되고 있다. 바닥과 천정, 지붕 등 수평적인 건축, 환경 요소들을 활용한 특별 공간 영역들을 명시하 고자 한다; 특정 공간들의 조닝을 통한 용도 구분, 중앙도로에 노약자·어린이 안전도로 확보, 보행로 확장, 보도변 휴식공간 설치를 통해 중앙축을 공공공간으로 규정, 지하상가 상층부 플 라자에 캐노피 휴식공간을 배치해 다양하고 유연하게 활용될 수 있는 '시장광장' 공간 설치, 각 분리수거장 구조물에 사용 아파트 동을 명시함으로써 책임의식을 확산시키고 바닥에 수 거장 구역을 명확히 표시함으로써 공간적 구분 도모, 중앙도로, 지하광장, 분리수거장, 놀이터 바닥의 색상을 모두 일괄적으로 계획해 도로변에서뿐만 아니라 개별 아파트 유닛에서도 특정 구역의 기능을 인지할 수 있도록 한다.

넷째, 시각적 집약을 통한 공공공간의 확립이다. 중앙도로의 중심축을 따라 위치한 주요 공 공시설들을 시각적으로 연결시켜 넓은 단지 내 주요 공공공간들의 인지도를 높이고 이들 간 연결성을 가지도록 한다; 중앙도로, '시장광장', 놀이터의 일괄적인 색채 계획을 통해 주요 공간들의 인지도를 높이고 시각적 집약을 통해 단지의 중앙축인 중앙도로를 더욱 활성화시킨다.

설계 제안

첫째 설계 제안에서는 중심가로를 노약자, 어린이 안전도로 구역으로 지정한다. 기존 도로변 주차공간을 대체하고 보도 폭을 확장시킴으로써 보행자 뿐만 아니라 휠체어 및 보행보조기 사용자에게 안전하고 쾌적한 보도 환경을 제공한다. 또한 양측 보도를 따라 긴 벤치들을 설치함으로써 유동인구가 많은 도로변에 관망이 가능하고 이웃들과의 만남이 자연스럽게 이뤄질 수 있는 휴식공간을 조성한다.

Before	After

담소공간 : 중앙가로를 따라 배치

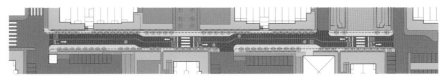

평면

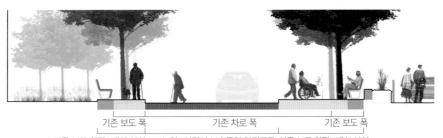

기존 보도 폭   기존 차로 폭   기존 보도 폭

기존 보도 확장&벤치 설치 6m 노인&어린이 보호구역 안전도로 기존 보도 확장&벤치 설치

단면

둘째 설계 제안은 시장광장이다. 지하상가 진입부와 상층부 광장을 덮어주는 케노피 구조물을 통해 그늘을 제공하고 우천시에도 활용 가능한 휴식공간을 설치한다. 사면이 모두 열리고 닫힐 수 있는 접힘문을 설치하여 여름에는 자연 통풍이 원활하도록 하고 겨울에는 바람막이 기능을 제공한다. 지상부 광장에 이동식 평상형 벤치와 'ㄱ'자형 벤치들 설치를 통해 다양한 크기의 모임과 사용이 가능하고 다양한 종류의 자판기를 설치해 저렴한 간식, 음료 구매가 가능하도록 한다. 지하상가 진입부에는 엘레베이터를 설치해 지하상가 진입을 용이하게 한다.

Before   After

Before

After

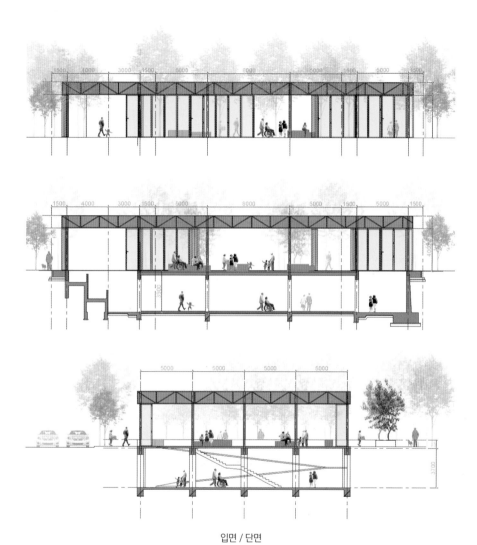

입면 / 단면

셋째 설계 제안은 분리수거장이다. 임대 단지 내 동별로 배포되어 있는 총 10개 소의 기존의 분리수거장은 환경 미화 차원에서 잘 관리되지 못하고 있다. 따라서 사용자의 안전을 고려하면서도 사면을 차폐하여 수거물들이 시각적으로 노출되지 않게 하고 각 분리수거장 외피에 해당 동번호를 표기하여 각 수거장에 대한 거주민들의 책임의식을 도모하고자 한다.

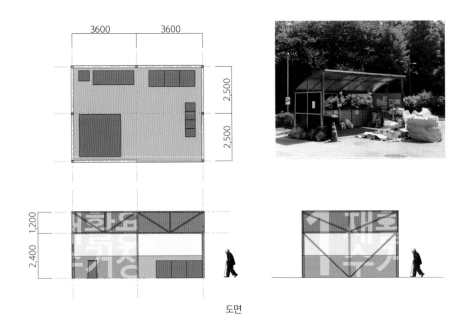

도면

넷째 설계 제안은 놀이장이다. 기존 놀이터에 노령인구와 어린이가 모두 함께 사용가능한 운동, 휴식, 놀이시설로 유동인구가 적어 음주행위가 이뤄지는 기존 놀이터의 파고라 대신 1인만 사용 가능한 휴식, 운동 시설을 제공하고자 한다. 어린이 뿐만 아니라 노인들도 즐길 수 있는 다양한 놀이, 운동 시설과 등나무 케노피를 통해 사계절을 즐길 수 있는 그늘진 휴식 공간을 제공한다. 완충녹지 숲길을 따라 이어지는 놀이터들을 운동 코스로 활용하고 마지막 종착지점이자 단지 입구에 인접한 배구장은 다양한 연령대의 인근 지역 주민들도 함께 사용할 수 있는 놀이/휴식 공간으로 조성하고자 한다.

Before | After

아이소메트릭 / 입면

   "공유 강남"은 언뜻 보기에 서로 모순되는 듯한 문구다. 강남 요충지에 위치한 수서1단지 부지는 노후하고 관리가 미비하지만 경제적, 사회적 약자들을 위한 몇 안되는 공공 공간을 내재한다. 본 작업은 쇠퇴공간의 전략적 재해석을 통해 단지 내 뿐만 아니라 인근 지역주민들의 사회적 차이를 매개하고 새로운 관계들을 생성시키는 '공유'와 '강남'의 혼종 공간을 제안하고자 한다.

공유 강남 – Gangnam Commons

대상지 개요

대지면적 : 총 87,945m² / 임대 41,476m²
건축면적 : 총 14,127m² (건폐율 16%)
연면적 : 총 170,988m² (용적률 195%)
          임대 130,748.84m²
조경면적 : 임대 15,928m²

세대수 : 임대 2,214
부대시설 : 어린이놀이터 8개소, 복지 연립정,
          박카르, 노인정등 2개소
주차대수 : 503대
등록차량수 : 1,298대

Scale 1:2000

입주자 현황

특이점 및 주요이슈

1) 차량 중심의 중앙도로
- 도심의 주차장화
- 노인, 어린이 보행자 안전 문제
- 협소한 보도 및 노후화
- 휠체어이동과 인도노 짧음

2) 활용이 미비한 플라자 및 지하시장
- 주요 오픈스페이스로 방치
- 이미한 지하상가 활용
- 적절한 휴식, 모임공간 부재

3) 적절한 휴식, 모임공간 부재
- 함께 모일 수 있는 휴식공간 미비
- 4계절 사용 가능한 휴식, 모임공간 제한
- 부적절한 위치로 인한 부적절한 사용

4) 지저분한 쓰레기 수거장
- 개방된 수거장구조로 지저분한 주변환경
- 사용자들의 주인의식 부재

5) 어린이가 없는 놀이터
- 어린이가 거의 없이 비어있는 놀이터
- 다른 용도로 사용
- 노령층을 위한 모임시설, 여가시설 부족

컨셉 및 전략

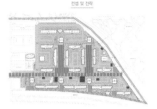

주요 컨셉
1/ 중앙 축의 공공공간, 시설의 가시적 심머을 통한 단지와 주변 지역 주민 모두에 의해 활용 가능한 공유 영역 확장

2/ 완충 녹지 응달 따라 위치한 휴식시설, 놀이공간 지역주민과 공유

공간 전략
1) 적정 휴식공간
- 다양한 모임 유형 가능
- 관망이 가능한 위치
- 건전한 모임문화 도모
- 4계절 사용가능한 쉘터

2) 놀이의 재해석
- 노인을 위한 놀이/운동시설
- 어린이와 함께 사용 가능
- 휠체어로도 사용 가능

3) 수평적 조닝
- 안전도로 설치
- 중앙도로의 인지도 증가
- '시장광장' 설치로 공공공간 활성화
- 쓰레기 수거장 구역 시각적으로 관리

공간 제안

중앙가로 1
2 시설쉴터
쓰레기 수거장
놀이쉴터

- 공공의 축   - 공유 쉼터   - 시각적 집막   - 공유 놀이장

2 / 공유 쉼터 : 시장광장

1 / 공공의 축 : 중심가로

Plan

Section

4 / 공유 놀이장 : 놀이쉴장

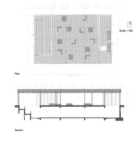

Scale 1:250

Plan

Section

3 / 시각적 집막 : 재활용 수거장

Front Elevation   Side Elevation

소회 (所懷)

서예례 교수_ 유지·관리는 매스컴을 타지 못한다. 현대사회는 창의적이고 진보적인 새로움에만 관심을 쏟기 때문에 창출 이후 필요한 끊임없는 유지, 관리의 노력에는 그다지 신경을 쓰지 않는다. 이러한 의미에서 공간닥터 프로젝트는 오래된 임대주택단지 내 공공 시설의 유지, 관리를 공간 복지의 주요 사안으로 다루려는 의미심장한 노력이다.

수서1단지의 공간닥터 팀은 기존 공간들의 창의적인 개조, 보수, 재활용을 통해 생활시설을 개선하고 이를 기반으로 공간복지를 실천하고자 한다. 이는 무조건 새로운 것으로 오래된 것을 대체하기보다는 중앙가로, 지하시장, 분리수거장, 놀이터와 같은 기존 시설과 공간의 단점을 보완하고 내재된 장점을 다차원적으로 극대화시킴으로써 단지 주민들뿐만 아니라 주변 지역 주민들에게까지 유용하고 적절한 공유 공간을 유지·관리하려는 노력의 일환이다.

케빈 린치(Kevin Lynch)는 "쇠퇴 가이드라인은 성장 가이드라인만큼 중요하다"고 말한다 (Lynch, 1990, 173). 그는 도시의 성장과 개발 이면에 존재하는 쇠퇴는 도시의 생성과 성장의 중요한 부분이지만 쓰레기, 노후화, 부패에 대한 혐오감, 거부감 때문에 우리는 쇠퇴를 제대로 다루고 있지 못하고 있다고 설명하며, 창조뿐만 아니라 폐기까지 총괄적인 스케일에서 도시를 생각해야 한다고 주장한다. 새로운 개발은 쇠퇴와 함께 계획되어야 하고, 탄력적 관리, 유지 계획을 통해 성장과 쇠퇴의 밸런스를 잘 조절해야 한다는 것이다. 쇠퇴는 더 이상 기피, 저지 대상이 아니라 적극적으로 수용, 활용될 수 있는 가치이기 때문이다. 공간 닥터 프로젝트 또한 노후 임대 단지들의 공간적 가능성을 재고찰함으로써 주민들의 공간복지 향상에 기여할 수 있는 기회가 되길 기대해 본다.

수서6

임대 공간에서
일상의 공간으로

– 수서6단지의 공간복지 이야기

김동현

세종대학교, 교수
· 서울대학교 건축학과 학,석사
· Yale University 건축학 석사
· 미국 뉴욕주 공인 건축사
· 공간종합건축사사무소
· Pei, Cobb, Freed and Partners(New York)
· 세종시 공공건축가
· LH 설계공모 평가위원
· 조달청 설계심의분과위원

승재연

태담디자인, 대표
· 이화여대 공간디자인학과 학, 석사
· 계원예술대학 겸임교수
· 현 태담디자인 대표

수서6단지 아파트는 서울시 강남구 광평로56길 11에 위치한 27년 된 임대아파트로, 총 7개 주거동 및 상가동으로 이루어져 있고 1,508세대가 거주하고 있다. 통계를 살펴보면 76.5%의 세대가 전용 25㎡ 이하에 거주하고 53.1%가 1인 가구인데 전체 세대주의 74.3%가 60세 이상이어서 '혼자 사는 노년층'이 많은 아파트단지라 규정할 수 있다.

　일단 현장을 방문해 단지를 둘러보기로 했다. 5월의 어느 맑은 주말 오전, 찾아간 단지에는 사람들이 그렇게 많지는 않았다. 아래 도면을 보면서 주출입구에서 반대편 인근 공원까지 도로를 따라 한 바퀴 돌았다. 우리가 이방인이라는 것은 마주친 사람들의 표정에서 쉽게 알 수 있었다. 선글라스에 큰 카메라를 착용하고 있었던 탓이다.

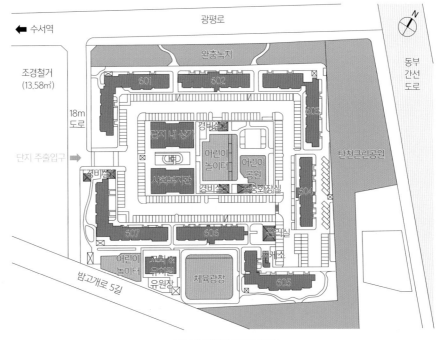

수서6단지 배치도(2019 현재)

단지는 구조는 간단했다. 성처럼 둘러싼 가로변의 아파트와 중심의 공용공간 그리고 상가이다. 상가는 잘 보면 2동인 것 같지만 사실은 한 동의 건물인데 지하만 선큰을 통해 공유하고 지상층은 별개인 그런 건물이다. 이 상가 역시 단지 내에 위치하고 있기 때문에 외지인 보

단지내 중앙공간에는 근린상가와 사회복지관이 위치해 있고 중앙의 공간은 선큰으로 막혀있어 통과자체가 불가능하다.

다는 입주민을 상대로 하는 폐쇄적인 구조이다. 순환도로는 그런 중심공간을 둘러싸고 환형으로 이루어져 있으며 단지의 오른쪽에는 근사한 근린공원이 자리잡고 있다. 이 공원은 수서 6단지 주민만 즐기기에는 너무 멋지기 때문에 외부사람에 의해서도 많은 방문이 이루어지는데 그곳으로 가기 위해서는 어쩔 수 없이 단지를 통과해서 가로질러 가야 하는 상황이다. 단지의 북쪽에는 고가도로의 램프라 길게 가로막고 있어 더욱더 이 단지를 고립된 섬으로 만들고 있다. 필자가 십수년간 수서를 자주 방문했어도 이 단지의 존재를 몰랐던 이유가 있었던 것이다.

　단지 안에서 제일 먼저 눈에 띄어 카메라를 들이댄 풍경은 바로 저 '쓰레기'였다. 주말이라 그런지 여기저기 잔뜩 쌓인 채 악취를 풍기며 수거를 기다리고 있었다. 단지 내 차들은 꽉 들어차 있었고 쓰레기 수거장이 군데군데 있어 사실상 사람이 걸어 다닐 공간은 별로 없었다. 그야말로 필요한 것을 채우고 난 나머지 공간에 겨우 길이 나 있다고 말할 수 있다.

놀이 시설은 이용하는 사람이 별로 없었다. 그런 한산한 놀이시설이 이 작은 단지내 3개나 되고 그 중 2개는 큰 규모로 서로 인접해 있다. 그 곳의 사진이다. 아이들의 모습은 없고 대신 놀이 시설을 의자 삼아 불편하게 걸터앉아 담소를 나누는 어르신들의 모습이 보인다.

그리고 놀이터 바깥쪽 그늘에는 많은 주민이 삼삼오오 모여 있다. 자리가 많이 부족해 보였다. 겨우 쪽 그늘이 진 벤치에 일렬로 앉아 대화없이 한방향으로 공간을 응시하고 있다. 일부는 대화를 하기 위해 마주보려고 서 있는 채로 모여 있다. 사회복지관에서 주말 행사가 있었던 모양이다.

　결론적으로 단지의 중심에 크게 자리잡은 놀이터는 어르신들에게 바라보는 대상이지 이용하는 시설은 아니다. 어린이 놀이터이니 당연하겠지만.

　그리고 지나가다 흠칫 발걸음을 멈추었던 곳이다. 사진속의 이분은 이미 꽤 취하셨는지 카메라를 향해 큰소리로 알아듣기 힘든 말을 건넸다. 이런 분들이 몇 분 더 계셨는데 더 이상 촬영은 할 수 없었다.

　사무실로 돌아와 수서6단지에 관해 팀원과 이런저런 이야기를 나누다 한 가지 흥미로운 사실을 발견했다. 아래 그림을 보면 알 수 있듯, 수서6단지는 아파트가 중앙 공간을 둘러싸고 있는 구조이다. 그리고 그 중앙에 놀이터, 상가, 사회복지관 등이 모여 있다.

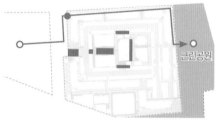

　잘 보면 인근 단지들로부터 고립된 섬처럼 보인다. 그런데 오른쪽 그림에 나타나 있듯이, 인근 오피스텔에서 공원으로 가기 위해서 단지를 화살표 방향으로 돌아가야 한다는 사실을 알게 되었다. 또한, 오피스텔에는 놀이터가 없기 때문에 그곳의 젊은 부부들이 가끔 6단지 중앙 놀이터로 원정 놀이를 하고 간다는 것도 알았다. 그렇다면 왜 먼 길을 돌아가야 할까? 왜 단지 중앙을 관통해서 가지 않을까? 그리고 일부 인근 주민은 중앙 공간의 시설을 이용하기도 하는데 왜 단지 사람들은 그러지 않을까? 이것이 우리 질문의 출발점이었다.

　질문을 던지고 답을 찾아보기로 했다. 해답의 키는 중앙 광장에 있을 것 같았다. 왜냐하면 그곳은 입주민이 유일하게 접근할 수 있는 '공공 공간'이자 '오픈 공간'이었기 때문이다. 즉, 이 아파트의 공간 구조는 너무 단순해서, 모든 사람이 집 밖으로 나와 앞마당처럼 갈 수 있고 시간을 보낼 수 있는 유일

한 외부공간이 바로 중앙 광장이기 때문이다. 우리는 그곳을 '코어그라운드'라고 명명했다. 코어그라운드란 말 그대로 단지 중심의 유일한 그라운드를 의미하며 동시에 전체 조직의 코어로서 순환과 소통의 장이 되는 역할을 부여했기 때문이다.

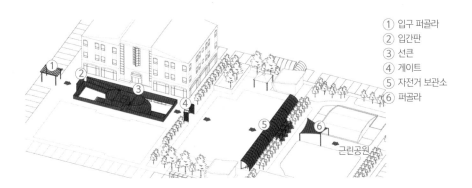

① 입구 퍼골라
② 입간판
③ 선큰
④ 게이트
⑤ 자전거 보관소
⑥ 퍼골라

근린공원

　　그런데 이 중심 공간은 위 그림처럼 접근이 원활하지 않다. 1번부터 6번까지 단지 입구로부터 중앙 광장으로 이르는 길은 각종 장애물(적색 표시)로 막혀 있었다. 잘 보이지 않을 뿐 아니라 지나가기도 힘든 물리적 장애물들이었다.

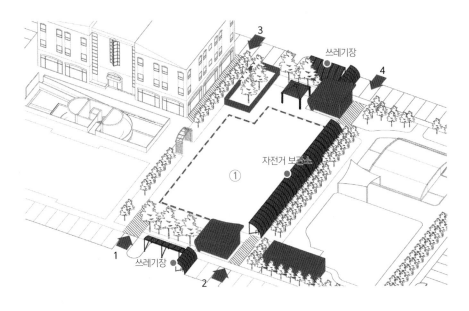

쓰레기장

자전거 보관소

쓰레기장

다른 방향으로도 마찬가지였다. 각종 구조물로 둘러싸여 있을 뿐 아니라 중앙 광장 전체가 하나의 커다란 덩어리 공간으로 구획되어서, 중앙은 비어 있고 사람들이 잘 가지 않았다. 반면 가장자리는 구석이 많아 사람들이 그곳에서 음주를 하는 등 바람직하지 않은 행위들이 일어나고 있었다. 지나다니기 위험할 수 있다고 느낄 정도로 가고 싶지 않은 공간이었다.

이곳에 오랫동안 거주한 주민이나 심지어는 이곳을 설계한 건축가까지도 마치 단지 내 중앙 공간을 제대로 활용하는 법을 모르는 듯 보였다. 진입이 막힌 단지 중앙 공간은 고인 물처럼 많은 문제를 일으키고 있었다. 특히 진입로의 지하 '선큰 공간'은 외부공간 중 가장 중요한 위치에 있으면서도, 실질적으론 방치되어 있었고 사람들의 접근마저 원천적으로 차단하고 있었다.

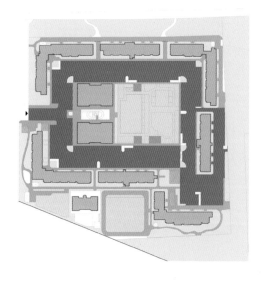

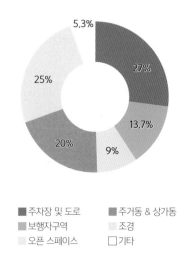

■ 주차장 및 도로　　■ 주거동 & 상가동
■ 보행자구역　　　　■ 조경
■ 오픈 스페이스　　　□ 기타

이는 단지 내 외부공간 점유율 분석에서도 잘 나타난다. 주민들이 집 밖에서 가장 많이 이용하는 공간은 예상과는 다르게 주차장과 단지 내 도로이다. 사람들이 가장 많아야 할 곳은 응당 중앙 공간이어야 하는데 이런 결과가 나오는 게 안타까웠다. 결국, 이 중앙 공간을 활성화하는 것이 수서6단지에서 가장 필요하고 긴급한 처방이라고 결론을 내렸다.

그래서 이를 실현하기 위해 가장 중요한 선큰을 방문했다. 과연 이 공간을 주민에게 다시 돌려줄 수 있을지 구조적인 부분부터 살펴보기 위해서다.

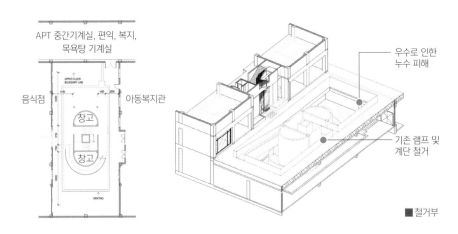

APT 중간기계실, 편익, 복지,
목욕탕 기계실

음식점　　　　　　　　　아동복지관

우수로 인한
누수 피해

기존 램프 및
계단 철거

■ 철거부

　지하 선큰 공간은 앞서 언급했듯이 상가동과 사회복지관 사이의 지하층 공간으로 이 모든 공간이 하나의 건물이었다. 현재 선큰은 아무도 가고 싶어 하지 않는 공간으로, 그 안에는 버려진 물건과 에어컨 실외기의 요란한 소리로 가득 찬 불쾌한 장소일 뿐이다. 하지만 램프를 해체하고 엘리베이터와 추가 기둥을 신설한다면 이 공간을 새롭게 바꾸는 것이 가능해 보였다. 마침 이 아이디어는 주민들의 많은 지지를 받았다. 어디에도 쓰지 못할 것 같아 보이던 지하에 생각지도 못한 넓은 공간을 만들어 노인들을 위한 복지관으로 돌려주겠다는 제안은 의심스런 주민들의 마음을 설득할 수 있을 것이라 평가받았다.

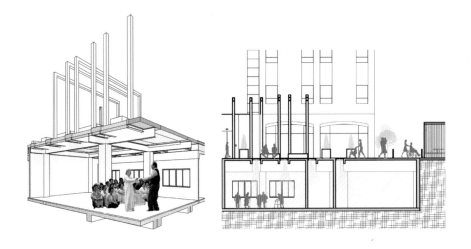

다음은 새로운 수서 6단지를 위해 우리가 제안하는 배치도와 구체적인 아이디어 항목들이다

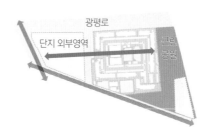

아이디어 1. 외부와의 연결

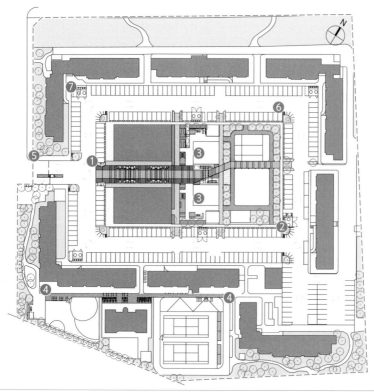

| ❶ 마을입구 중앙길과 커뮤니티 스터드 | ❸ 커뮤니티 퍼골라 | ❺ 단지출입구 | ❼ 쓰레기 하치장 |
| ❷ 코어그라운드 | ❹ 마을 후면 산책길 | ❻ 카트주차장 | |

　첫번째로 단지를 관통하는 중앙 액세스를 도입했다. 이 액세스를 통해 중앙 공간인 코어그라운드로 들어오게 되고 단지 안 뿐 아니라 단지 밖의 사람들까지도 오고 싶어 하는 공간으로 만들고자 했다. 코어 그라운드는 단지 내 공공 공간의 활성 축으로서, 연결을 통해 흐름을 생성하고 정체된 단지를 활성화하는 역할을 하게 될 것이다. 외부와 내부를 연결하는 지속적인 흐름을 공급함으로써 지루하지 않고 매일 다른 일상의 풍경이 펼쳐지기를 고대하면서 몇 가지 장치를 배치했다.

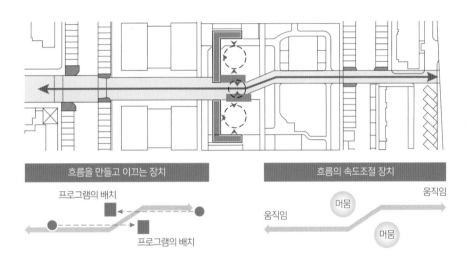

　위 그림은 흐름을 만들고 이끄는 장치를 '길'이라는 축 주위로 배치한 모습이다. 곧은 직선의 길 보다는 약간 꺾인 길 일때 시선의 목표점이 만들어져 사람을 움직이게 하며, 꺾인 부분에서 속도가 변화함으로써 움직임과 머뭄의 행위가 공존한다는 점을 보여준다.

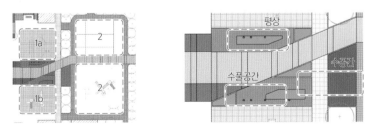

1. 노인놀이터(a. 케이트볼 플레그라운드, b. 바둑, 장기클럽) 2. 어린이놀이터

이 단지에서 공간의 분할은 꼭 필요해 보인다. 단지를 방문해 보면 알 수 있지만, 사람들은 모두 공간의 가장자리에 머물고 중앙으로 가지 않는다. 이는 자연스러운 인간의 행태인데 여기서는 중앙 공간이 큰 면적으로 비어있기 때문에 더 도드라져 보인다. 따라서, 위 그림처럼 사람들이 필요로 하는 공간의 사이즈로 휴먼스케일에 맞게 적절히 나눈다면 많은 가장자리 (edge)가 만들어질 것이고 사람들이 그곳에서 보다 편안하고 친근한 느낌으로 머무르며 시간을 보내게 될 것이다.

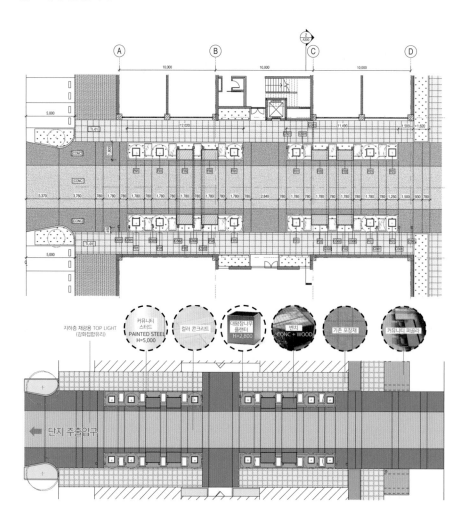

위 그림은 마을 입구 중앙길의 세부 설계이다. 지하의 선큰을 메꿔 지상화한 부분에 나무를 심고 스카이라이트를 배치해서 지하에 채광을 도모한다.

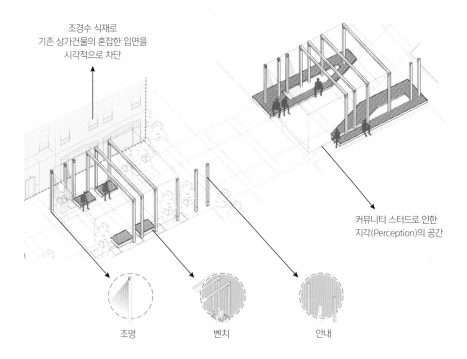

조경수 식재로
기존 상가건물의 혼잡한 입면을
시각적으로 차단

커뮤니티 스터드로 인한
지각(Perception)의 공간

조명　　　벤치　　　안내

커뮤니티 스터드(COMMUNITY STUDS)의 종류

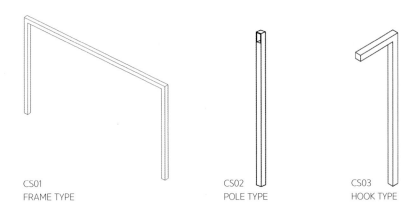

CS01
FRAME TYPE

CS02
POLE TYPE

CS03
HOOK TYPE

그리고 그 길 가장자리에는 커뮤니티 스터드(Community Stud)라는 기둥열을 설치한다. 이 기둥열과 프레임은 조명 역할을 하며 벤치의 구조가 될 뿐 아니라 동시에 안내를 위한 스피커로 쓰일 수도 있다. 커뮤니티 스터드의 가장 중요한 역할은, 노후화된 상가 벽면을 전면적으로 보수하지 않으면서 가상의 벽면으로 가릴 수 있고 공간을 분할해 리듬감과 새로움을 더해준다는 것이다.

코어그라운드의 중앙에는 커뮤니티 퍼골라라는 앉을 자리와 그늘, 마을 평상과 그 주변의 수공간 등이 배치된다. 또한, 평상 주변에는 놀이터가 위치하기 때문에 마을 중앙길 위에 놀거리와 볼거리가 결합하는 풍경이 펼쳐진다.

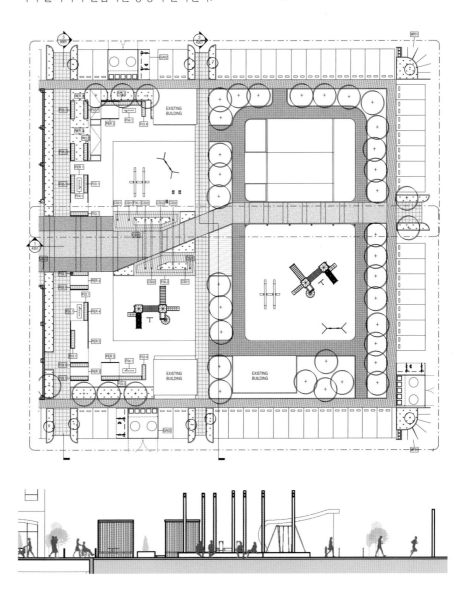

평상 위에는 식물을 설치함으로써 만질 수 있는 자연을 바로 옆에 두는 셈이 된다. 즉, 기존의 프로그램을 유지하면서도 기존과는 완전히 다른 분위기의 그라운드가 되는 것이다. 이 코어그라운드의 중앙부에는 길을 걷는 사람들의 움직임과 평상에 앉아 있는 사람들의 머무름이 지척에서 어우러져 다양한 모습이 생겨날 것이다

코어그라운드 경계부에는 '커뮤니티 퍼골라'라는 벤치 주위로 설치되는 차양막 시설이 배치된다. 이 장치는 그늘을 제공할 뿐 아니라 장애인도 편하게 휠체어를 타고 접근이 가능하기 때문에 일반인들과 테이블을 사이에 두고 잘 어울릴 수 있도록 배려했다. 기존 벤치에 장애인을 고려한 장소가 없음을 개선한 것이다. 소통의 장소로서 기능적으로도 문제가 없도록 시선을 확보하여 광장과 연결된 느낌을 살렸고 그늘을 만들어 쾌적한 공간이 되게 하였다.

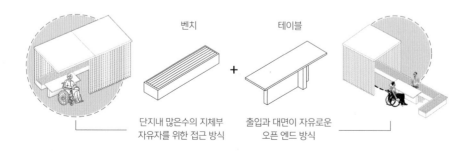

벤치

테이블

단지내 많은수의 지체부
자유자를 위한 접근 방식

출입과 대면이 자유로운
오픈 엔드 방식

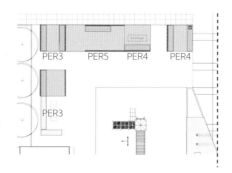 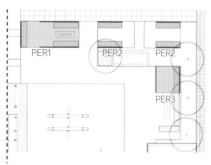

커뮤니티 퍼골라의 개념

그늘의 제공

장애인을 위한 배치

자연요소의 삽입

오픈공간과 연계

단지 외곽부에는 중앙의 주동에 의해 공간적으로 분리되어 입주민들이 자주 방문하지 않는 주변부 공간이 위치하고 있다. 이 뒤쪽 공간에는 체육시설 및 교회, 유치원 등이 위치하는데 시선을 가리는 답답한 나무들과 식물이 질서없이 배치되어 버림받은 장소의 느낌이 강했다. 이곳을 단지 중앙의 공간과 직접적으로 연결하기는 힘들기 때문에 공간의 활성화를 위해서는 새로운 영역의 성격을 부여하되 단지 전체적으로 유사한 요소를 반복함으로써 한 단지라는 연속성을 가져갈 수 있게 하였다.

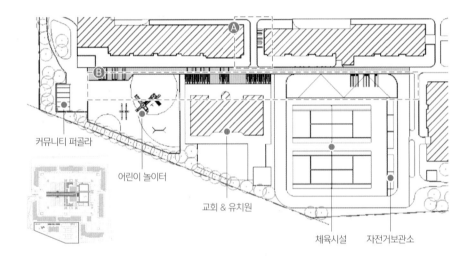

커뮤니티 퍼골라

어린이 놀이터

교회 & 유치원

체육시설   자전거보관소

구체적으로는 무성하게 자란 나무를 일부 이식하고 정리하여 시원한 산책길과 바닥정원을 조성하였으며 커뮤니티 스터드와 퍼골라를 배치하여 연속적인 분위기를 연출하였다.

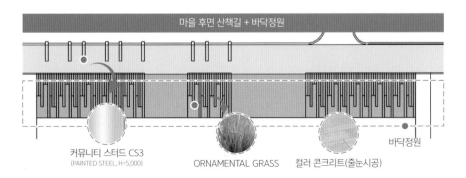

마을 후면 산책길 + 바닥정원

커뮤니티 스터드 CS3
(PAINTED STEEL, H=5,000)

ORNAMENTAL GRASS

컬러 콘크리트(줄눈시공)

바닥정원

　　코어그라운드와의 연결 축(A)와 경계공간의 중앙축(B)를 설정하고 이 중앙축 B가 경계부의 다른 프로그램으로 연결되는 주된 통로가 되도록 하였다.

Before

　　수서6단지 환경 개선에서 가장 중요하게 생각했던 것은, 가고 싶지 않은, 변화없고 지루한 그런 공간이 생기는 원인을 찾는 과정과 그에 대한 답으로서 마을에서 사라진 흐름을 되살려 중앙 공간에 생기를 불어넣기 위한 장치를 제안하는 것이었다. 이것은 마을의 배경이 되고 이야기거리가 되며 사람들을 서로 마주 보게 만드는 장치가 되기를 희망한다. 그렇게 된다면 사람들은 임대아파트의 작고 열악한 실내공간에서 벗어나 밖의 공간, 단지 내 외부 공간을 온전히 즐길 수 있고 찾게 된다고 믿는다. 그것이 태생적으로 이 단지가 가지고 있던 공간의 구조와 가능성을 회복하는 일이며, 그리하여 기존의 임대공간은 주민으로서 마땅히 누려야 하는 행복한 '일상의 공간'으로 복원된다. 그것이 공간닥터의 처방이다.

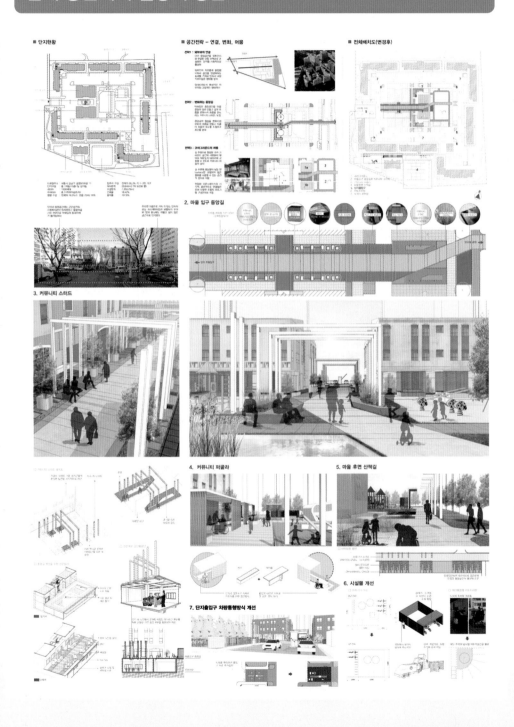

소회 (所懷)

김동현 교수_ 공간닥터 프로젝트를 통해 서울시 임대아파트의 현황과 문제점 그리고 해결책을 모색하는 좋은 기회를 얻게 된 것은 행운이 아닐 수 없다. 임대라는 태생이 주는 여러 가지 제도적, 사회적, 공간적 제약 조건을 실제로 목격하면서, 건강하지 못한 사람에겐 의사의 처방이 필요한 것처럼 건축적 처방을 모색하려 했던 SH공사의 기획은 시의적절했다고 생각한다. 거주민 개인의 요청만 따른다면 절대 시도되지 못했거나 관심 밖에 있었을 여러 공공적 차원의 처방을 외부 전문가가 주도적으로 시도하는 것에 본 프로젝트의 본질이 있다고 생각했다. 그래서 공익이라는 것, 공동체의 삶이라는 것과 바깥 생활이라는 주제에 어떤 문제가 있는지 살펴본 시간이었고 그런 주제가 바르게 실현되도록 하는 중심적 역할을 하려 했다. 여러 단지에서 제안된 다양한 시도가 임대아파트의 질적 개선에 신호탄이 되기를 희망한다.

승재연 대표_ 건축가와 거주민이 관계는, 공간닥터가 의미하는 대로 의사와 환자이기보다는 상담자와 의뢰인의 관계라고 생각했다. 그렇기 때문에 우리는 그들의 삶터에 들어가 직접 관찰하고 이야기를 들으며 어려움을 공감할 수 있었던 소중한 시간을 가졌다. 처음에 이해되지 않았던 외부공간과 거주민의 행태가 점차적으로 이해되었으며 현재 그들에게 무엇이 필요한 것인지를 알게되었다.
고민의 과정을 거쳐 제안된 몇 개의 아이디어는 주로 주민간의 소통과 행태변화를 촉발하는 중심 공간에 관한 것이었다. 비록 우리가 제안한 공간이 그들 삶의 근본적인 문제를 해결해 주지는 못할지라도, 지친 삶에 잠시라도 위안과 안식을 주는 장소가 되기를 바랬다. 동시에 활력소가 될 수 있는 그들만의 커뮤니티를 형성하는 것을 상상했다. 그런 바람이 꼭 실현될 수 있기를 기대해본다.

거여3·6단지

남녀노소 누구나 소소한 일상을 소통하는 잔버들마을

민병욱

경희대학교, 교수
· 경희대학교 조경학과 졸업
· 서울대학교 환경대학원 석사
· 네덜란드 Wageningen Univ. 석사
· 미국 Arizona State Univ. 박사
· 한국조경학회 이사
· 경기도 용인시 공공디자인위원회 위원
· 경기도 광주시 도시공원위원회 위원

이재원

㈜마이너스플러스백, 소장
· 한국전통문화대학교 전통조경학과 졸업
· 문화재수리기술자

거여3·6단지의 진단

개요

거여3·6단지 위치와 주변 맥락

거여3·6단지는 서울의 동남쪽 가장자리에 위치한다. 예전에는 서울 변두리 지역으로 알려져 있었지만, 지금은 서울외곽순환도로, 양산로, 오금로 등 주요 중심도로가 가깝게 지나가고, 지하철 5호선과 다양한 버스노선이 바로 연결되는 우수한 대중교통 여건이 형성되어 있다. 불과 수년 전에는 군부대였던 대상지 동쪽 부지는 현재 위례신도시가 건설되고 있어 새로운 도시의 사회문화적 인프라 혜택을 받을 수 있는 위치이다. 좀 더 자세히 바라보면 대상지의 도보권 내에 유치원, 초등학교, 중학교 등의 교육 시설과, 송파구 체육문화회관, 보건소, 어린이공원 등 다양한 사회기반시설이 갖춰져 있어, 동네 전체 분위기는 젊고 활기찬 느낌이다.

하지만, 이번 프로젝트의 대상인 거여3·6단지는 여타 많은 임대주택단지와 마찬가지로 주변과는 사뭇 다른 분위기를 나타내고 있다. 2001년 서울시 건축상을 받은 거여3단지는 독특한 건축과 짜임새 있는 외부공간이 쾌적한 환경을 구성하지만, 6단지의 경우에는 단지 중심부 외부공간은 대부분 주차장으로 이용되고 있었고 단지 외곽부 편의시설들도 많이 낡아서 제대로 된 공간 활용이 이뤄지지 않고 있었다.

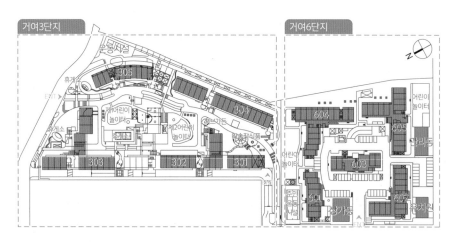

구분	거여3단지(공공임대)	거여6단지(공공임대)
건설사	자유종합건설㈜	삼우종합건설㈜
준공일	2000.11.9.	1997.3.21.
대지면적	16,950.10㎡(약 5,127평), 15,638.67㎡(지하층)	13,158.10㎡(약 3,980평), 10,647.11㎡(지하층)
조경면적	5,072.20㎡	3,211.78㎡
외부시설	어린이놀이터 2개소, 배드민턴장 1개소, 휴게시설 3개소	어린이놀이터 2개소, 주민운동시설 1개소
주차대수	총 430대(지하 : 430대)	총 304대(지상 : 61대, 지하 : 243대)

거여3·6단지의 구성

3단지 내부 경관

6단지 내부 경관

특히, 3단지는 명확하게 보행자와 차량 동선이 분리되어 있었으며, 남북을 가로지르는 단지 내 보행로를 따라 놀이터, 체육시설, 문화예술공간, 휴게시설 등이 체계적으로 배치되어 기존 어느 공동주택단지와 비교해도 수준이 뒤떨어지지 않는 공간구성을 하고 있었다. 반면에, 6단지 중심부에는 보행자와 차량 동선이 혼용되고 있었다. 단지 외곽을 둘러싸고 있는 루프형 순환 보행 동선으로 보행과 외부공간 이용의 흐름을 유도한 계획은 있었지만, 계획대로 이용되는 것 같지는 않았다.

단지 내 녹지

녹지의 양과 질에서도 두 개의 단지는 많은 차이를 보였다. 3단지는 풍부하고 다양한 녹지가 조성되어 있다. 구체적인 조경 식지 패턴을 보더라도 3단지는 키가 큰 교목, 작은 관목, 땅 위를 덮고 있는 화초류 등이 구간별로 다양하게 다층적으로 심어지고 배치가 되어 풍성한 녹지 환경을 제공한다. 하지만 6단지는 수종이 단조롭고 나무의 배치가 체계적이지 않았으며, 게다가 주요 보행환경인 단지 외곽부의 녹지는 교목으로만 구성되어 생태적으로나 심미적으로 매력적이지 않은 환경이었다.

거여3·6단지 수목 현황

수목 관리에 있어서는 두 단지 모두 문제가 심각했다. 두 단지 전체의 수목 전정은 이유 여하를 막론하고 각 나무의 생육적 형태적 특성을 무시한 채, 매우 폭력적인 모습이었다. 예를 들어 원래 원뿔꼴의 웅장한 자태가 아름다운 메타세쿼이아 나무는 가지가 다 솎아지고 머리는 댕강 잘려 나가 마치 전봇대처럼 앙상하게 서 있는 모습이 안타까웠다. 마찬가지로 새로 심어진 듯 보이는 소나무와 쪽동백, 모과나무도 본래의 모습을 잃고 앙상한 모습으로 나무가 심어질 자리만 차지한 듯 보였다. 거여동뿐만 아니라 서울의 다른 임대주택단지에서도 공통으로 일어나는 문제인 것을 알게 되었는데, 앞으로는 전문적이고 체계적인 나무 관리 기준을 만들어서 이런 일이 일어나지 않게끔 해야겠다.

강전정된 나무들

휴게공간과 시설물

외부공간의 편의시설과 구조물 등에서도 비슷한 현상이 나타났다. 3단지는 다양한 휴게시설 및 포켓 공간들이 주민의 여가활동을 잘 지원해줄 수 있게 배치되고 관리도 양호한 편이었다. 그에 반해 6단지의 놀이시설과 놀이터 바닥포장 등은 곧 교체해야 하는 상태라고 진단되었다. 하지만, 비교적 계획과 관리가 잘되고 있는 3단지 경우에도 예쁘게 꾸며놓은 동과 동 사이의 휴게시설이나 단지 중심의 예술전시공간 등은 이용률이 높아 보이지 않았다. 아무래도 그 위치에 문제가 있다고 판단한다. 단지를 가로지르는 주동선에 달려있는 체육시설, 놀이터 등의 외부공간이야 사람들의 관심이 많이 받을 수 있겠지만, 단지 외곽부에 있는 휴게공간들은 아주 특정한 목적이 있는 공간이 아니라면 디자인의 질과는 별개로 사람들의 발길이 뜸한 것이 아닌가 추측한다.

6단지도 마찬가지로 단지를 둘러싸며 배치된 외부공간과 시설들이 그다지 활발하게 이용되는 것 같지 않았지만, 예외로 3단지와 경계부에 위치한 체육시설과 놀이터는 단지 내 어르신과 어린이들이 꽤 활발히 이용하는 모습을 자주 볼 수 있었다. 하지만, 설치된 놀이시설과 비와 뜨거운 햇볕을 피하기 위한 쉘터는 노후도가 심했고, 배드민턴장으로 꾸며진 체육시설은 그 용도가 현재의 주민 이용에 부합하지 않은 채 어린이들의 다용도 놀이터로 이용되고 있어 이런 현상에 대한 공간적 배려가 필요하다고 생각했다.

노후된 공간과 시설

기타 이슈들

기타 여러 문제도 설계팀에서 발견할 수 있었다. 3단지의 주민들이나 방문자들에게 가장 많이 언급되었던 아쉬운 점은, 건물의 배치로 인해 비슷하게 생긴 건물동 입구부가 형태적으로 구분되지 않아 길을 찾는 이들에게 혼돈을 준다는 것이었다. 이는 건물 코어 하단부에 색채 계획과 체계적인 사인 시스템을 적용해 개선될 수 있다고 판단한다.

3·6단지 모두 바닥포장이 낡고 부스러진 곳이 많아 부분적인 보수가 필요하다. 또한, 거주민이 고령화된 단지 특성을 고려하면, 목발이나 휠체어에 의존하는 노약자들을 위한 배려가

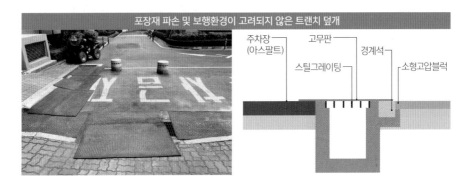

포장재 파손 및 보행환경이 고려되지 않은 트랜치 덮개

주차장 (아스팔트)　　고무판　　경계석
스틸그레이팅　　소형고압블럭

거여6단지 보행환경 개선안

더 필요하다는 진단 결과도 있었다. 예를 들어 6단지의 경우, 건물 출입부에 위치한 배수 트랜치 덮개는 바퀴나 목발이 낄 수 있는 형태여서, 관리사무소에서는 임시로 트랜치 덮개 위에 고무판을 덮어 보행환경을 보완하고 있었다. 하지만 보다 근본적인 처방이 필요해 보인다.

또한, 단지 외곽부에 주요 공공공간이 배치된 6단지는 단지 외곽을 순환하는 자연스러운 산책로 조성이 가능한데도, 그 잠재력이 제대로 구현되지 못하고 있었다. 현재 자연스러운 녹지가 아름다운 단지 서쪽 외곽부는 기존 수목과 지장물을 고려한다면 보다 매력적인 산책로가 조성될 수 있을 것 같다.

6단지 산책로 개선

설계대상지 : 커뮤니티공간으로서 단지 경계부

두 단지 경계부의 상태

앞에서 설명한 것과 같이, 설계팀은 거여3·6단지에서 가
장 중요하면서 구조적으로 해결해야 할 이슈는 두 단지
간 공간적 차이 즉 불평등이라고 판단했다. 단지의 배치,
녹지와 편의시설의 양과 질에서 3단지와 6단지는 분명
한 차이를 보였으며, 게다가 두 단지 사이는 0.5-3.6m의
높이 차이를 보이는 옹벽이 있어 상호 물리적인 왕래를
방해하고 있었다. 따라서 두 단지 간 교류와 소통의 공간
을 마련하고, 이러한 교류를 통해 외부공간의 양적·질적
차이를 완화시키고자 했다.

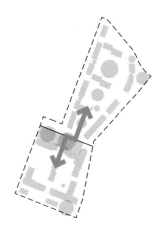

3·6단지 경계부 옹벽

경계부 옹벽 위쪽인 3단지에는 경계 녹지, 아래쪽인 6단지에는 주민운동시설과 놀이터가
배치되어 있었다. 주민운동시설은 테니스장과 체력단련시설로 구성되어 있었지만, 막상 테니
스를 즐기는 경우는 거의 없었고, 주로 인근 초등학생들의 놀이공간으로 이용되고 있었다. 그
놀이공간과 놀이터 사이에는 이용 빈도가 비교적 높은 파고라가 설치되어 있었으나 노후화
정도가 매우 심했다. 놀이터에도 교체 시기가 임박한 낡은 놀이시설들이 대부분이었다. 이에
설계팀은, 이 공간을 제대로 된 커뮤니티공간으로 개선한다면, 두 단지 모두의 공간적 문제를
해결하는 데 큰 도움이 되리라 판단했다.

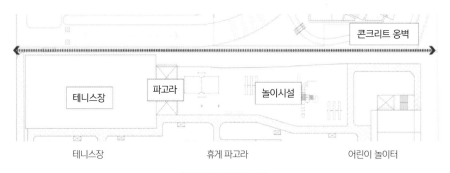

| 테니스장 | 휴게 파고라 | 어린이 놀이터 |

대상지의 기존 배치 현황

대상지의 현황 사진

대상지의 설계 개념

설계팀은 대상지에 대한 진단과 분석의 결과를 바탕으로 설계 개념을 설정했다. 첫째, 현재 대상지는 체육시설(動)-휴게시설(靜)-놀이시설(動)의 순서로 이루어진 공간이지만 실질적으로 이용되고 있는 활동 패턴을 반영해 관계를 재설정하기로 했다. 둘째, 두 단지 주민이 모두 사용할 수 있는 커뮤니티 공간이자 이동통로를 조성하기 위해 높이차를 극복할 수 있는 장치를 설치하도록 했다. 셋째, 세대와 성별을 아우르는 공간프로그램을 도입하고, 공간 이용을 세밀하게 구분해 포괄적이면서도 활용성 높은 공간을 조성하기로 했다.

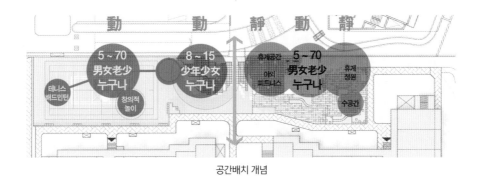

공간배치 개념

기본계획

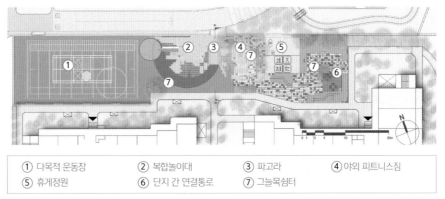

| ① 다목적 운동장 | ② 복합놀이대 | ③ 파고라 | ④ 야외 피트니스짐 |
| ⑤ 휴게정원 | ⑥ 단지 간 연결통로 | ⑦ 그늘목쉼터 | |

기본계획도

　제안된 공간에는 다목적 운동장, 복합놀이대, 파고라, 야외 피트니스짐, 휴게정원, 단지 간 연결통로, 그늘목쉼터가 유기적이고 통합적으로 구성되었다. 테니스장이 리뉴얼된 다목적 운동장에서는 테니스와 배드민턴을 할 수 있지만 다양한 옵션을 제공하는 바닥 패턴을 제공해 어린이들이 취향에 맞는 게임도 선택할 수 있게 했다.

　복합놀이대 및 연결통로는 한 면이 42츠인 정육면체 강철 프레임을 기본 모듈로 부정형의 정글짐이 될 수 있도록 했으며, 이 구조물에는 미끄럼틀, 암벽등반 등 아이들의 활발한 동적 놀이를 가능하게 했다. 또한 개별 모듈은 벤치, 플랜터, 개비온 등으로 탄력적인 활용이 가능할 것이다. 바닥포장은 낙상 등 사고에서 안전성을 보장하기 위해 고무칩 포장을 제안했다.

　무엇보다 이 구조물의 특징은 단지 간 높이 차이를 극복하는 통로로서 기능할 수 있다는 것이다. 경계부 단면도에서 보이는 것과 같이 이 구조물은 아이들의 놀이시설과 쉘터 등으로 기능함과 동시에 구조물 상부는 두 단지를 자연스럽게 오갈 수 있는 낮은 언덕길을 형성하게 된다.

경계부 단면도

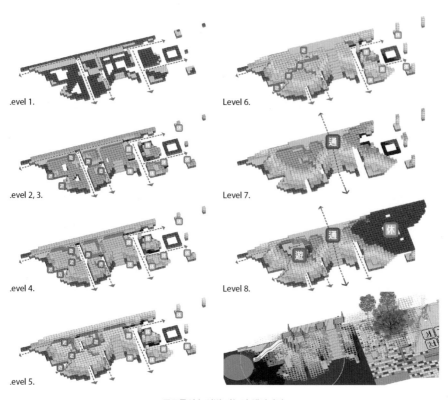

구조물의 높이별 기능과 액티비티

유기적인 형태의 큐브 집합체 하부는 휴게공간으로 활용한다. 바닥의 기본 모듈은 결합하고 변형되어 플랜터 및 벤치로 기능하며, 그 플랜터에 심어지는 나무들은 자칫 인공적으로 보일 수 있는 구조물에 자연미를 더해주고 여름에는 그늘을 제공해 쾌적한 휴게공간으로 꾸며준다.

휴게공간 가장자리 하늘이 열린 공간에는 노인들이 운동할 수 있는 야외 피트니스짐으로 꾸며진다. 기존의 체력단련시설은 이곳으로 옮겨지고, 효율적인 운동의 사이클과 방법을 알려주는 바닥 그래픽이 마련돼 운동을 지도하게 된다. 대상지 가장자리에는 기본 모듈에 현장에서 발생하는 목재와 석재를 채워 넣어 자연친화적인 담을 형성하고, 이 공간은 다양한 초화류 플랜터와 함께 아늑한 정원 형태의 커뮤니티 휴식공간이 될 것이다.

복합놀이대 전경

파고라 역할을 하는 구조물 하부

야외 피트니스짐

대상지 가장자리 커뮤니티 휴게공간

남녀노소 누구나 소소한 일상을 소통하는 잔버들마을

광역적 맥락 및 개요

현황 분석 및 주요 이슈

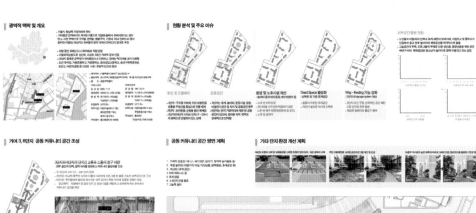

거여 3, 6단지 공동 커뮤니티 공간 조성

공동 커뮤니티 공간 평면 계획

기타 단지 환경 개선 계획

공동 커뮤니티 공간 단면 계획 (A - A')

주요 공간 이미지

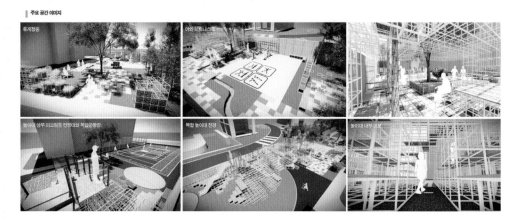

소회(所懷)

민병욱 교수_ 사람은 자신을 둘러싼 환경의 영향을 받는다고 한다. 이런 사실을 바탕으로, 이번 공간닥터 프로젝트는 공간을 계획하고 설계하는 전문가에게 '더불어 사는 세상을 위해 무엇을 할 수 있는가'라는 고민의 기회를 주었다. 우리가 중요하다고 믿고 있는 사회와 환경의 문제가 실제 치열한 삶을 살고 있는 이들의 관심과 차이는 없는지, 또한 그들에게 정말로 필요한 공간적 도움이란 무엇인지를 확인할 수 있는 뜻깊은 작업이었다.

프로젝트를 진행하면서 만난 많은 어르신, 어린이의 진솔한 모습은 이번 프로젝트뿐만 아니라 앞으로의 작업에도 큰 영감을 주고 도움이 될 것으로 믿는다. 또한, 소중한 기회를 만들어 준 SH서울주택도시공사 여러분에게도 깊은 감사를 드린다.

이재원 소장_ 이번 프로젝트를 통해 임대 아파트의 외부공간 복지에 대한 차등 계획이 있었음을 다시 한번 확인했다. 자본력은 현실적인 문제이기에 그 차이 자체를 문제 삼을 수는 없지만, 설계자로서 디자인으로 극복할 수 있는 영역마저 소홀히 해 왔던 것은 아닌지 돌아보는 계기가 됐다. 오래된 임대아파트에서 외부환경 개선은 후순위로 배정될 수 있음을 인지하지만, 그럼에도 일괄적인 조경수 강전정 등 조경관리의 문제는 이해의 범위를 넘어서는 것 같다. 보다 근본적인 해결책이 필요하다고 생각한다. 적은 인력과 비용으로 감당 가능한 좋은 식재관리방안을 도입하는 것이 필요할 듯 보인다.

○ 면목

자연이 숨쉬는
포용의 마을, 면목아파트

유석연 ——— **서울시립대학교, 교수**
· 서울대 건축학과 졸업
· 서울대 도시계획학 박사
· 건축사
· 서울시립대 도시공학과 교수

여혜진,
김현기 ——— **㈜경간도시디자인건축사사무소**
· 2002년 hna온고당건축에서 법인 전환
에코넷센터, 다음글로벌미디어센터 등
건축작업과 함께 신도시 개발계획 수립,
마을만들기, 지구단위계획 등 수행

용마산이 품은 면목도시개발아파트

면목도시개발아파트는 용마산 자락 폭포공원으로 연결되는 자연 속 단지로 서울 도심과 중랑천, 배봉산, 북한산이 어우러진 파노라마 전경을 한눈에 담을 수 있고, 7호선 용마산역에 인접해 민간주택이었다면 소위 숲세권, 역세권으로 불리는 프리미엄을 가졌을 것이다. 단지 내 상가에는 반찬가게, 작은 슈퍼, 분식집, 식당, 세탁소, 부동산, 떡집, 피부미용실, 이용원, 의류수선점 등 조그만 근린생활시설들이 오목조목 모여 있고 단지 안에 사회복지관도 위치해 있어 마을주민들의 풍요로운 삶을 상상하게 한다.

입주민 뿐만 아니라 중랑구민들이 많이 방문하는 인공폭포와 공원은 용마산역에서 단지를 관통해 접근할 수 있고, 사회복지법인 자광재단이 운영하는 사회복지관도 어르신 사회활동 지원사업, 데이케어센터 프로그램, 지역여성 조직화사업 등 다양한 프로그램을 활발하게 운영하고 있지만, 막상 노인들이 대부분이고 장애인이 많아 전동휠체어가 곳곳에 주차되어 있고 계단을 오를 때마다 힘겨운 들숨과 날숨을 내쉬는 모습에서 왠지 모를 처연함을 느끼게 한다.

위치도

30년 된 단지에는 60세 이상이 전체 세대의 60%에 달하며 25년 넘게 거주한 세대가 절반이 넘는다. 전체 가구의 33.9% 이상이 혼자 거주하고, 2인 가구 또한 32.7%로 1,2인 가구 수가 전체의 2/3에 달할 뿐만 아니라 기초생활수급자 자격으로 입주한 세대가 전체 세대의 75%, 장애인 세대주가 21%를 차지하는 등 신체적, 사회적 약자가 밀집해 있는 것을 확인할 수 있다.

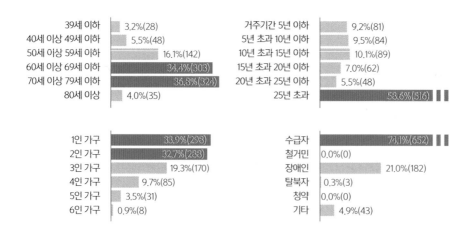

39세 이하	3.2%(28)
40세 이상 49세 이하	5.5%(48)
50세 이상 59세 이하	16.1%(142)
60세 이상 69세 이하	34.4%(303)
70세 이상 79세 이하	36.8%(324)
80세 이상	4.0%(35)

거주기간 5년 이하	9.2%(81)
5년 초과 10년 이하	9.5%(84)
10년 초과 15년 이하	10.1%(89)
15년 초과 20년 이하	7.0%(62)
20년 초과 25년 이하	5.5%(48)
25년 초과	58.6%(516)

1인 가구	33.9%(298)
2인 가구	32.7%(288)
3인 가구	19.3%(170)
4인 가구	9.7%(85)
5인 가구	3.5%(31)
6인 가구	0.9%(8)

수급자	74.1%(652)
철거민	0.0%(0)
장애인	21.0%(182)
탈북자	0.3%(3)
청약	0.0%(0)
기타	4.9%(43)

조용하고 한적한 단지는 일견 안전하고 쾌적해 보이고, 사회복지관에서 함께 모여 담소를 나누거나 교육을 받는 몇몇 사람들도 발견할 수 있었다. 하지만 구석진 벤치에서 졸고 있는 주름진 얼굴과 높디높은 계단을 한 단 한 단 오를 때마다 쉬기를 반복하는 노인들의 구부정한 뒷모습에선 고지대 아파트의 폐쇄성과 불편함을 감지할 수 있었고, 낡고 썩어 사용이 어려운 야외 파고라와 놀이터에선 그들의 사회적 소외감을 느낄 수 있었다.

면목 단지 공간닥터 프로젝트 마스터플랜 : 어디든 가고 싶은 곳으로 안전하게 갈 수 있고, 온종일 단지에서 시간을 보낼 수 있는 단지

노인과 장애인을 배려한 Barrier Free Space
여느 민간아파트 단지 못지않게 쾌적해 보이는 게 첫인상이었지만, 단지 안을 조금 더 들여다보며 느꼈던 소회에 무게를 두고 면목도시개발아파트를 위한 계획 방향을 정했다.
산과 공기가 좋은 환경은 건강한 사람들의 몫이다. 오르내리는 차량들 사이를 누비고 걷는 것과 보도가 없어 주위를 살피며 주차 차량과 장애물을 피해 걷는 건 건강한 청년들도 쉽게 할 수 있는 게 아니다. 급경사인 도로의 불편을 참으며 생계를 위해 출퇴근하고, 보도도 없이 형성된 주차공간으로 인해 조심조심 걷는 단지환경은 하루 일상 대부분을 단지 안에서 견뎌야 하는 다수의 주민에게 위협적일 수밖에 없다.

실제 주민 특성과 필요에 맞춘 Community Space
사회복지관에서 원하는 모든 것을 배우고 충분한 여가를 보낼 수 있다는 것은 환상에 지나지 않는다. 제한된 숫자만 누릴 수 있는 시설은 경쟁률을 뚫고 예약해야 하는 그림의 떡일 가능성이 높다. 어린이, 청소년을 거의 찾을 수 없는 환경에서 단지 곳곳에 보이는 놀이터는 낡고 썩은 시설은 차치하고라도 비어있는 것이 당연하다.

단지 내 전 구성원의 여가 휴식을 위한 Rest Space
가뿐 숨을 몰아쉬며 잠시라도 앉아 쉴 수 있는 휴게공간과 벤치가 필요하다. 하지만 경사진 부지에는 평탄하고 안전한 공간이 적다. 멀리 보이는 근사한 도시와 산의 전망을 여유 있게 즐길 수 있는 공간에는 쓰레기와 재활용쓰레기가 대신 차지하고 있다. 주민뿐 아니라 단지를 위해 일하고 있는 경비원 등도 쉴 곳이 필요하다.

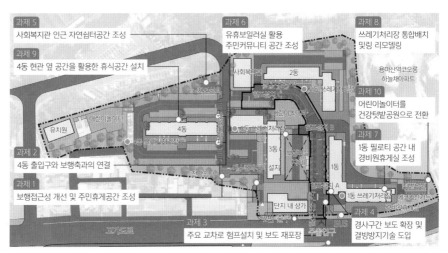

면목단지 마스터플랜

보행접근성 개선 및 안전한 보행환경 조성

단지에서 전철역과 단지 내 상가에 이르는 14m 높이의 계단에 에스컬레이터를 도입하고 단지 서쪽으로 펼쳐진 파노라마 풍경을 감상할 수 있는 전망휴게쉼터를 조성했다. 지형에 순응하며 기존 계단의 선형을 그대로 유지하는 에스컬레이터는 입주민 외에 용마산역에서 용마폭포공원으로 이동하는 지역주민들의 접근성 향상에 도움이 될 것이다.

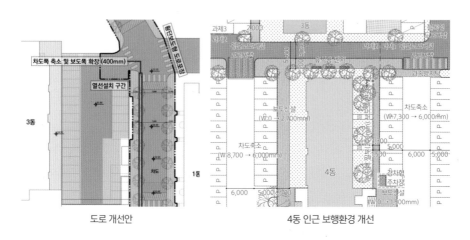

도로 개선안   4동 인근 보행환경 개선

경사가 급한 산지에 위치한 단지 내 보행안전의 확보가 절실하다. 전동휠체어를 사용하는 노인도 많아 보도에 위치한 장애물을 없애고 보도의 폭을 추가로 확보하는 것이 필요하다. 이를 위해 필요 이상으로 공간을 차지하고 있는 차도 및 주차장 일부를 보도로 조성하고, 단지 내 경사도로에 열선을 설치하고 보도와 차도 간 단 차이를 최소화해 안전하게 이동할 수 있는 도로계획을 진행했으며, 또한 전동휠체어의 이동성까지 고려했다.

입주민 특성 및 필요에 맞춘 커뮤니티공간 조성

임대아파트 특성상 외부로의 이주율이 낮아 지속적으로 입주민의 연령대가 상승하고 있었다. 이에 따라 최초 건설 시 필요했던 시설들의 활용도가 저하되고 상대적으로 현재 필요한 시설이 부족한 현상이 여러 공공임대주택단지에서 나타나고 있다. 또 운영관리비 부담을 줄이고 수익도 창출할 수 있도록 자족적인 커뮤니티시설을 조성해 단지 내 주민교류를 확대하는 것은 물론, 단지 내 높은 비율을 지닌 노인들의 실제 필요에 따른 행복도를 높이고자 하였다.

단지를 답사했을 때, 주차장의 쓰임새에 대해 흥미로운 점을 발견했다. 외진 곳에 위치한 주차장 한 면에는 할머니가 며칠 동안 모아두신 폐지로 가득했는데, 할머니는 답사 중인 우리를 주차단속반으로 착각했는지 쌓아둬도 괜찮은지 물어보고 안 된다면 치우겠다고 했다. 임대주택은 단순 거주공간 외에 창고와 일터가 필요한 공간이었다.

1. 유휴보일러실을 활용한 주민 체육시설 및 스마트팜 조성

단지 중앙부에는, 주차장 하부에 있어 밖에서는 보이지 않던 유휴보일러실이 있었다. 과거 중앙난방식 보일러를 가동했던 게 개별난방으로 바뀌면서 방치된 장소인 것이다. 이곳에 진입하기 위한 이동공간을 정비하고, 높이 6m가 넘는 큰 공간을 활용하여 단지 주민들을 위한 실내 체육시설과 적지만 수익을 창출할 수 있는 공간으로 조성하고자 했다. 자족시설로 고려한 스마트팜은 인공조명을 활용해 채소를 키우면서 각종 센서를 활용해 온도, 습도, 빛의 양, 양분, 이산화탄소 농도 등의 환경을 실시간으로 파악해 농산물에 가장 알맞은 환경을 만들어주는 실내농장이다.

재배된 채소를 단지 내 자판기를 통해 판매하고자 했다. 자판기는 주민회를 구성해 운영하고 수익금은 주민회에서 배분하는 단지 내 수익 구조를 구상하였다. 자판기를 운영할 경우, 채소뿐 아니라 주민들이 일상생활에 필요한 비누, 도시락 등 생필품을 판매하는 것도 효율성을 높이는 아이디어로 생각된다. 높은 곳에 있어 이동이 쉽지 않은 단지 내 노인들과 장애인들에게도 좋은 해법으로 보인다.

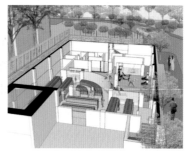

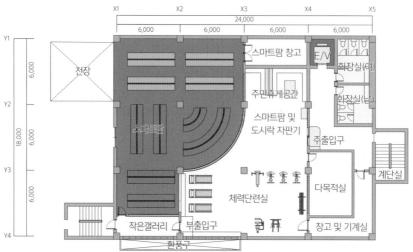

유휴보일러실 활용한 주민체육시설 및 스마트팜 평면도

2. 어린이놀이터를 전환한 텃밭공원

단지 외곽에 위치해 방치되었던 어린이놀이터를 텃밭공원으로 전환하는 것을 제안한다. 텃밭

공원에서 생산된 채소류는 가정에서 먹을 수 있고 자판기에서 판매할 수도 있다. 매년 텃밭 신청자를 모집하고 추첨을 통해 선정하는 운영방식을 고려하였고, 많은 가구가 건강텃밭공원을 즐길 수 있도록 2m x 1m의 소규모 텃밭이 70개 이상 되도록 구획하였다. 또 마을 텃밭에서 채취한 채소를 이웃과 함께 즐길 수 있는 커뮤니티공간인 에코키친가든을 텃밭과 옆에 조성하였다.

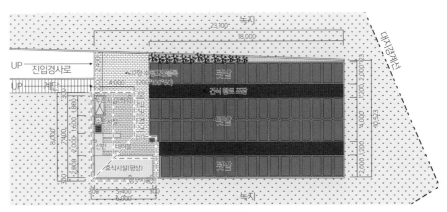

텃밭공원 배치도

3. 사회복지관 인근 자연쉼터공간 조성

복리시설이 부족하고 단지가 오래됨에 따라 있는 공공공간도 노후되었다. 사회복지관 옆 파고라의 목재 기둥 및 보가 오래되어 안전문제 발생이 우려됨에 따라 개선이 시급하였다. 용마폭포공원과 단지가 접한 지점에 있어 단지 내 주민 및 공원이용객이 자주 활용할 것으로 예상되므로 이 공간에 소규

모 주민휴식공간이 마련된 자연쉼터를 계획하였다.

자연쉼터 한 면에 폴딩도어를 설치해 내부공간과 외부공간의 교류를 확대하고, 마당에는 족욕 테마쉼터를 조성하고자 구상했다. 1990년 즈음 온천개발업자가 용마폭포공원 인근 지역에 2개의 시추공을 뚫었는데 그 중 1개 공의 지하 600m 지점에서 29도의 물이 솟구쳐 나왔다고 해, 가능하다면 온천수를 활용해 지역 명물로 활용하는 것도 재밌는 방안이라 생각된다.

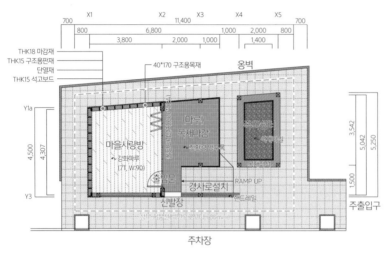

자연쉼터 평면도

4. 쓰레기 처리장 리모델링 및 주민휴게공간 조성

4동 현관 옆 방치된 약 5㎡의 자투리공간을 활용하여 주민휴게공간으로 계획하였다. 평상 및 소형탁자를 배치해 주민들이 비를 맞지 않고도 잠시 나와 휴식할 수 있는 공간을 만드는 것이다. 건물 내 휴식을 취할 수 있는 공공공간이 조성됨에 따라 날씨가 좋지 않더라도 동네 주민들과 야외에서 어울릴 수 있는 공간을 마련해 커뮤니티를 활성화에 도움이 될 것을 기대된다.

새로운 주민휴게공간을 조성하는 것도 좋지만 기존 공간에 커뮤니티를 활성화할 만한 요소를 도입하는 것도 의미가 있다. 각 주동마다 위치한 쓰레기처리장을 리모델링하며 동시에 주민들이 서로 잠시 만나는 공간으로 구상했다. 현재 쓰레기처리장 및 처리장 주변 미관환경을 목재와 같은 자연재료와 화분 등 친환경 요소를 도입해 개선하고, 벤치를 설치해 주민들이 이야기할 수 있는 공간으로 변모하기를 희망했다.

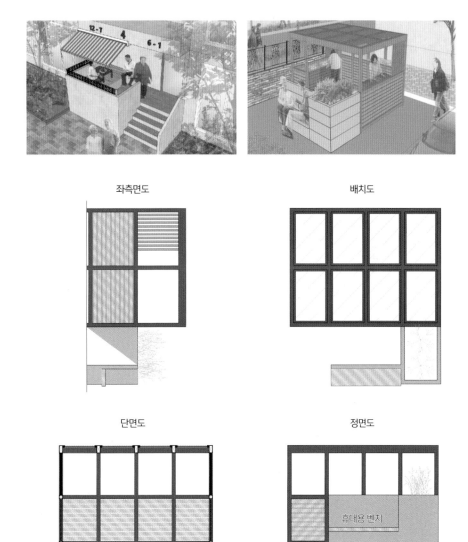

좌측면도	배치도

단면도	정면도

휴대용 벤치

단지 내 신규 쓰레기처리장 입단면도

5. 경비원 및 미화원을 위한 휴게실 조성

최근 단지 내 경비원 휴게공간 조성을 위한 관련 규정이 신설되어 1동 1층의 비어있는 필로티 공간에 경비원 및 미화원을 위한 휴게공간을 계획하였다.

주민들뿐만 아니라 단지를 위해 일하는 구성원들에게도 휴식을 위한 공간이 필요하다. 서울시 가이드라인을 준용하여 남녀 구분된 휴게실을 조성하고, 함께 이용할 수 있는 공용주방을 디자인했다.

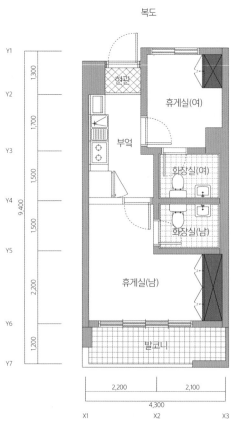

경비원 및 미화원 휴게실 평면도

자연이 숨쉬는 포용의 마을, 면목아파트

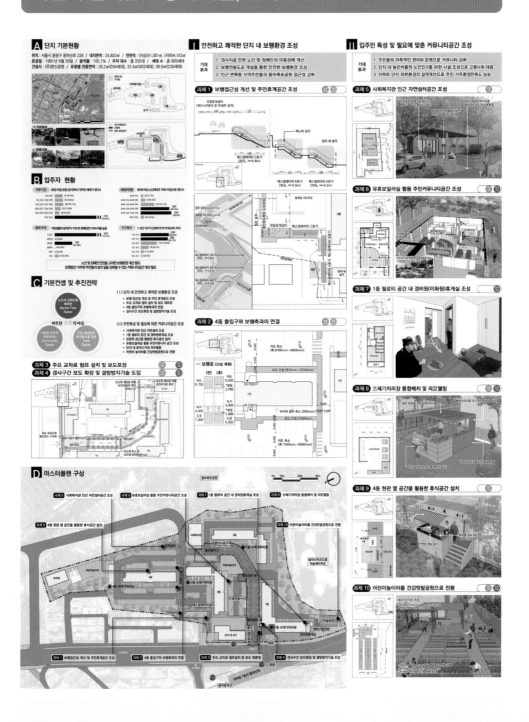

소회(所懷)

유석연 교수_ SH서울주택도시공사가 관리하는 노후 공공임대주택의 현황을 진단하고 개선점을 제시하는 공간닥터 프로젝트는, 도시·건축·조경 등의 공간 분야 전문가들이 서로 다양한 시각을 공유하고 각 한 개의 아파트 단지를 맡아 특성 있는 계획안을 제안하는 새로운 시도였다. 사람들의 생활 공간이 새 필요에 의해 가꿔지고 진화할 때, 사람들 삶 그 자체를 변화시킬 수 있다는 믿음을 품는 계기가 되었다. 앞으로의 공간닥터 프로젝트의 지속과 발전을 기대해 본다.

여혜진, 김현기 팀장_ 프로젝트 아이디어를 구상하고 도면을 그리며 하나의 단지에 몰두하다 보니, 그동안 서울에 살면서도 잘 몰랐던 면목동이라는 지역에 애착이 생겼다. 앞으로 노후 임대아파트의 방향성에 대해 심각하게 고려할 필요가 있다. 그러한 고민에 SH서울주택공사의 노력이 뜻깊은 결실을 맺을 것이라고 생각한다. 아파트에 거주하고 있지만, 공간닥터와 같이 공공주택에 한하여 진행되었던 프로젝트들이 민간임대주택으로도 확장될 수 있는 기회가 생겼으면 좋겠다. 앞으로도 이런 중요한 프로젝트에 함께 하기를 바란다.

F

공간닥터 프로젝트

단지별 현황

상계은빛3단지_ 서울시 노원구 동일로 250길 17

| 건설 현황

구분	상계은빛3단지	구분	상계은빛3단지
건 설 사	한진건설주식회사	조경면적	7,090.47㎡
준 공 일	1988. 10. 15.	외부시설	어린이놀이터 2개소, 테니스장
대지면적	23,590.30㎡(약 7,136평)		
연 면 적	45,390.19㎡(지상층) / 10,420.92㎡(지하층)	주차대수	총 349대(지상 : 117대, 지하 : 232대)

| 입주자 현황 : 총 900세대(공가 : 26세대)

– 면적 별 입주자 현황

면적	(전용)20㎡ 이하	(전용)25㎡ 이하	(전용)30㎡ 이하	(전용)35㎡ 이하	(전용)40㎡ 이하	(전용)40㎡ 초과
세대수	-	-	-	450	450	-
비율	-	-	-	50.0%	50.0%	-

– 거주기간 별 입주자 현황

기간	5년 이하	10년 이하	15년 이하	20년 이하	25년 이하	25년 초과
세대수	107	105	114	366	182	-
비율	12.2%	12.0%	13.0%	41.9%	20.8%	-

– 입주 당시 자격 별 입주자 현황

자격	수급자	철거민	장애인	북한이탈주민	청약저축	기타
세대수	44	499	-	68	184	79
비율	5.0%	57.1%	-	7.8%	21.1%	9.0%

– 세대주 연령 별 입주자 현황

연령	39세 이하	40~49세	50~59세	60~69세	70~79세	80세 이상
세대수	47	85	199	247	179	117
비율	5.4%	9.7%	22.8%	28.3%	20.5%	13.4%

– 가구원 수 별 입주자 현황

인원	1인	2인	3인	4인	5인	6인 이상
세대수	356	305	142	54	12	5
비율	40.7%	34.9%	16.3%	6.2%	1.4%	0.6%

중계3단지_ 서울시 노원구 노원로 331

건설 현황

구분	중계3단지		구분	중계3단지
건 설 사	진흥, 경남		조경면적	17,770㎡
준 공 일	1991. 11. 30.		외부시설	어린이놀이터 6개소, 테니스장
대지면적	64,847㎡(약 19,616평)			
연 면 적	125,594㎡(지상층)		주차대수	총 670대(지상 : 670대)

입주자 현황 : 총 2,619세대(공가 : 17세대)

– 면적 별 입주자 현황

면적	(전용)20㎡ 이하	(전용)25㎡ 이하	(전용)30㎡ 이하	(전용)35㎡ 이하	(전용)40㎡ 이하	(전용)40㎡ 초과
세대수	–	–	966	896	757	–
비율	–	–	36.9%	34.2%	28.9%	–

– 거주기간 별 입주자 현황

기간	5년 이하	10년 이하	15년 이하	20년 이하	25년 이하	25년 초과
세대수	397	289	282	189	150	1295
비율	15.3%	11.1%	10.8%	7.3%	5.8%	49.8%

– 입주 당시 자격 별 입주자 현황

자격	수급자	철거민	장애인	북한이탈주민	청약저축	기타
세대수	2413	–	144	12	2	31
비율	92.7%	–	5.5%	0.5%	0.1%	1.2%

– 세대주 연령 별 입주자 현황

연령	39세 이하	40~49세	50~59세	60~69세	70~79세	80세 이상
세대수	76	208	496	737	741	344
비율	2.9%	8.0%	19.1%	28.3%	28.5%	13.2%

– 가구원 수 별 입주자 현황

인원	1인	2인	3인	4인	5인	6인 이상
세대수	1046	794	443	208	90	21
비율	40.2%	8.0%	17.0%	8.0%	3.5%	0.8%

중계4단지 목화아파트 _ 서울시 노원구 노원로 19길 31

건설 현황

구분	중계4단지 목화아파트	구분	중계4단지 목화아파트
건 설 사	벽산건설, 남광토건	조경면적	6,148.9㎡
준 공 일	1991. 11. 30.	외부시설	어린이놀이터 4개소, 테니스장
대지면적	67,293㎡(약 20,356평)		
연 면 적	134,588.12㎡(지상층)	주차대수	총 711대(지상 : 711대)

입주자 현황 : 총 1,979세대(공가 : 45세대)

- 면적 별 입주자 현황

면적	(전용)20㎡ 이하	(전용)25㎡ 이하	(전용)30㎡ 이하	(전용)35㎡ 이하	(전용)40㎡ 이하	(전용)40㎡ 초과
세대수	-	-	-	390	875	714
비율	-	-	-	19.7%	44.2%	36.1%

- 거주기간 별 입주자 현황

기간	5년 이하	10년 이하	15년 이하	20년 이하	25년 이하	25년 초과
세대수	198	292	402	166	147	729
비율	10.2%	15.1%	20.8%	8.6%	7.6%	37.7%

- 입주 당시 자격 별 입주자 현황

자격	수급자	철거민	장애인	북한이탈주민	청약저축	기타
세대수	129	726	4	225	484	366
비율	6.7%	37.5%	0.2%	11.6%	25.0%	18.9%

- 세대주 연령 별 입주자 현황

연령	39세 이하	40~49세	50~59세	60~69세	70~79세	80세 이상
세대수	76	185	398	632	437	206
비율	3.9%	9.6%	20.6%	32.7%	22.6%	10.7%

- 가구원 수 별 입주자 현황

인원	1인	2인	3인	4인	5인	6인 이상
세대수	552	632	391	249	80	30
비율	28.5%	32.7%	20.2%	12.9%	4.1%	1.6%

월계청백1단지_ 서울시 노원구 초안산로 89

| 건설 현황

구분	월계청백1단지	구분	월계청백1단지
건 설 사	성원건설	조경면적	5,745.76㎡
준 공 일	1988. 6. 30.	외부시설	어린이놀이터 4개소, 배드민턴장
대지면적	28,928.40㎡(약 8,750평)		
연 면 적	59,012.16㎡(지상층) / 11,912.92㎡(지하층)	주차대수	총 512대(지상 : 279대, 지하 : 233대)

| 입주자 현황 : 총 1,147세대(공가 : 33세대)

– 면적 별 입주자 현황

면적	(전용)20㎡ 이하	(전용)25㎡ 이하	(전용)30㎡ 이하	(전용)35㎡ 이하	(전용)40㎡ 이하	(전용)40㎡ 초과
세대수	–	–	–	581	566	–
비율	–	–	–	50.7%	49.3%	–

– 거주기간 별 입주자 현황

기간	5년 이하	10년 이하	15년 이하	20년 이하	25년 이하	25년 초과
세대수	153	125	141	327	368	–
비율	13.7%	11.2%	12.7%	29.4%	33.0%	–

– 입주 당시 자격 별 입주자 현황

자격	수급자	철거민	장애인	북한이탈주민	청약저축	기타
세대수	5	596	11	120	327	55
비율	0.4%	53.5%	1.0%	10.8%	29.4%	4.9%

– 세대주 연령 별 입주자 현황

연령	39세 이하	40~49세	50~59세	60~69세	70~79세	80세 이상
세대수	67	106	265	318	226	132
비율	6.0%	9.5%	23.8%	28.5%	20.3%	11.8%

– 가구원 수 별 입주자 현황

인원	1인	2인	3인	4인	5인	6인 이상
세대수	484	354	154	94	19	9
비율	43.4%	31.8%	13.8%	8.4%	1.7%	0.8%

신내10단지 _ 서울시 중랑구 신내로115

| 건설 현황

구분	신내10단지	구분	신내10단지
건 설 사	㈜건영	조경면적	9,760.95㎡
준 공 일	1996. 3. 11.	외부시설	어린이놀이터 3개소, 운동장 1개
대지면적	32,884㎡(약 9,947평)		
연 면 적	65,073.40㎡(지상층) / 4,100.12㎡(지하층)	주차대수	총 382대(지상 : 300대, 지하 : 82대)

| 입주자 현황 : 총 1,432세대(공가 : 50세대)

- 면적 별 입주자 현황

면적	(전용)20㎡ 이하	(전용)25㎡ 이하	(전용)30㎡ 이하	(전용)35㎡ 이하	(전용)40㎡ 이하	(전용)40㎡ 초과
세대수	-	657	-	150	625	-
비율	-	45.9%	-	10.5%	43.6%	-

- 거주기간 별 입주자 현황

기간	5년 이하	10년 이하	15년 이하	20년 이하	25년 이하	25년 초과
세대수	175	183	130	152	742	-
비율	12.7%	13.2%	9.4%	11.0%	53.7%	-

- 입주 당시 자격 별 입주자 현황

자격	수급자	철거민	장애인	북한이탈주민	청약저축	기타
세대수	447	395	58	33	20	429
비율	32.3%	28.6%	4.2%	2.4%	1.4%	31%

- 세대주 연령 별 입주자 현황

연령	39세 이하	40~49세	50~59세	60~69세	70~79세	80세 이상
세대수	50	79	291	562	260	140
비율	3.6%	5.7%	21.1%	40.7%	18.8%	10.1%

- 가구원 수 별 입주자 현황

인원	1인	2인	3인	4인	5인	6인 이상
세대수	564	434	250	99	25	10
비율	40.8%	31.4%	18.1%	7.2%	1.8%	0.7%

신내12단지_ 서울시 중랑구 봉화산로153

건설 현황

구분	신내12단지	구분	신내12단지
건 설 사	삼환기업	조경면적	4,924.48㎡
준 공 일	1995. 11. 27.	외부시설	어린이놀이터 3개소, 운동장 1개
대지면적	20,569.20㎡(약 6,222평)		
연 면 적	40,180.50㎡(지상층) / 8,612.75㎡(지하층)	주차대수	총 237대(지상 : 127대, 지하 : 110대)

입주자 현황 : 총 1,000세대(공가 : 35세대)

– 면적 별 입주자 현황

면적	(전용)20㎡ 이하	(전용)25㎡ 이하	(전용)30㎡ 이하	(전용)35㎡ 이하	(전용)40㎡ 이하	(전용)40㎡ 초과
세대수	–	–	1000	–	–	–
비율	–	–	100%	–	–	–

– 거주기간 별 입주자 현황

기간	5년 이하	10년 이하	15년 이하	20년 이하	25년 이하	25년 초과
세대수	108	169	116	102	470	–
비율	11.2%	17.5%	12%	10.6%	48.7%	–

– 입주 당시 자격 별 입주자 현황

자격	수급자	철거민	장애인	북한이탈주민	청약저축	기타
세대수	389	–	126	–	–	550
비율	40.3%	–	13.1%	–	–	46.6%

– 세대주 연령 별 입주자 현황

연령	39세 이하	40~49세	50~59세	60~69세	70~79세	80세 이상
세대수	38	55	275	376	150	94
비율	3.9%	5.7%	26.1%	39%	15.5%	9.7%

– 가구원 수 별 입주자 현황

인원	1인	2인	3인	4인	5인	6인 이상
세대수	359	322	163	105	13	3
비율	37.2%	33.4%	16.9%	10.9%	1.3%	0.3%

월계사슴1단지 _ 서울시 노원구 월계로 372

▌건설 현황

구분	월계사슴1단지	구분	월계사슴1단지
건 설 사	삼익건설	조경면적	7,522.24㎡
준 공 일	1995. 5. 30.	외부시설	어린이놀이터 2개소, 장애인사무실
대지면적	28,889.14㎡(약 8,738평)		
연 면 적	51,310.27㎡(지상층) / 7,740.36㎡(지하층)	주차대수	총 347대(지상 : 300대, 지하 : 94대)

▌입주자 현황 : 총 1,372세대(공가 : 1세대)

– 면적 별 입주자 현황

면적	(전용)20㎡ 이하	(전용)25㎡ 이하	(전용)30㎡ 이하	(전용)35㎡ 이하	(전용)40㎡ 이하	(전용)40㎡ 초과
세대수	–	970	–	194	208	–
비율	–	70.7%	–	14.1%	15.2%	–

– 거주기간 별 입주자 현황

기간	5년 이하	10년 이하	15년 이하	20년 이하	25년 이하	25년 초과
세대수	238	162	150	100	721	–
비율	17.4%	11.8%	10.9%	7.3%	52.6%	–

– 입주 당시 자격 별 입주자 현황

자격	수급자	철거민	장애인	북한이탈주민	청약저축	기타
세대수	1302	–	54	5	1	9
비율	95.0%	–	3.9%	0.4%	0.1%	0.7%

– 세대주 연령 별 입주자 현황

연령	39세 이하	40~49세	50~59세	60~69세	70~79세	80세 이상
세대수	53	70	254	512	305	177
비율	3.9%	5.1%	18.5%	37.3%	22.2%	12.9%

– 가구원 수 별 입주자 현황

인원	1인	2인	3인	4인	5인	6인 이상
세대수	708	403	194	42	19	5
비율	51.6%	29.4%	14.2%	3.1%	1.4%	0.4%

월계사슴2단지_ 서울시 노원구 월계로55길 16

▍건설 현황

구분	월계사슴2단지	구분	월계사슴2단지
건 설 사	기산건설	조경면적	5,026.58㎡
준 공 일	1995. 5. 30.	외부시설	어린이놀이터 2개소, 배드민턴장,
대지면적	18,619.26㎡(약 5,632평)		체육운동시설 3개소
연 면 적	36,529.06㎡(지상층) / 4,781.74㎡(지하층)	주차대수	총 286대(지상 : 144대, 지하 : 142대)

▍입주자 현황 : 총 775세대(공가 : 11세대)

– 면적 별 입주자 현황

면적	(전용)20㎡ 이하	(전용)25㎡ 이하	(전용)30㎡ 이하	(전용)35㎡ 이하	(전용)40㎡ 이하	(전용)40㎡ 초과
세대수	-	388	-	-	268	119
비율	-	50.1%	-	-	34.6%	15.4%

– 거주기간 별 입주자 현황

기간	5년 이하	10년 이하	15년 이하	20년 이하	25년 이하	25년 초과
세대수	128	69	104	70	393	-
비율	16.8%	9.0%	13.6%	9.2%	51.%	-

– 입주 당시 자격 별 입주자 현황

자격	수급자	철거민	장애인	북한이탈주민	청약저축	기타
세대수	-	530	-	15	112	17
비율	-	69.4%	-	13.7%	14.7%	2.2%

– 세대주 연령 별 입주자 현황

연령	39세 이하	40~49세	50~59세	60~69세	70~79세	80세 이상
세대수	56	96	168	203	176	65
비율	7.3%	12.6%	22.0%	26.6%	23.0%	8.5%

– 가구원 수 별 입주자 현황

인원	1인	2인	3인	4인	5인	6인 이상
세대수	319	231	119	69	21	5
비율	41.8%	30.2%	15.6%	9.0%	2.7%	0.7%

가양4단지_ 서울시 강서구 양천로57길 37

건설 현황

구분	가양 4단지	구분	가양 4단지
건 설 사	경남기업(주)	조경면적	12,291.23㎡
준 공 일	1992. 10. 15.	외부시설	어린이놀이터 5개소, 배드민턴장, 주민운동시설 3개소
대지면적	42,110.48㎡(약 12,738평)		
연 면 적	79,423.01㎡(지상층) / 8,801.70㎡(지하층)	주차대수	총 418대(지상 : 340대, 지하 : 78대)

입주자 현황 : 총 1,998세대(공가 : 40세대)

– 면적 별 입주자 현황

면적	(전용)20㎡ 이하	(전용)25㎡ 이하	(전용)30㎡ 이하	(전용)35㎡ 이하	(전용)40㎡ 이하	(전용)40㎡ 초과
세대수	–	1,509	–	254	–	235
비율	–	75.5%	–	12.7%	–	11.8%

– 거주기간 별 입주자 현황

기간	5년 이하	10년 이하	15년 이하	20년 이하	25년 이하	25년 초과
세대수	361	251	207	196	158	785
비율	18.4%	12.8%	10.6%	10%	8.1%	40.1%

– 입주 당시 자격 별 입주자 현황

자격	수급자	철거민	장애인	북한이탈주민	청약저축	기타
세대수	1,239	–	270	3	186	260
비율	63.3%	–	13.8%	0.2%	9.5%	13.3%

– 세대주 연령 별 입주자 현황

연령	39세 이하	40~49세	50~59세	60~69세	70~79세	80세 이상
세대수	51	112	444	701	388	262
비율	2.6%	5.7%	22.7%	35.8%	19.8%	13.4%

– 가구원 수 별 입주자 현황

인원	1인	2인	3인	4인	5인	6인 이상
세대수	966	601	232	105	42	12
비율	49.3%	30.7%	11.8%	5.4%	2.1%	0.6%

가양5단지_ 서울시 강서구 양천로57길 36

건설 현황

구분	가양5단지	구분	가양5단지
건 설 사	㈜건영, ㈜대주	조경면적	10,990.81㎡
준 공 일	1992. 11. 30.	외부시설	농구장 1개, 축구장 1개, 놀이터 5개, 노인정 1개, 어린이집 1개, 사회복지관 1개
대지면적	47,698.81㎡(약 14,428평)		
연 면 적	96,332.60㎡(지상층) / 3,200.87㎡(지하층)	주차대수	총 547대(지상 : 439대, 지하 : 108대)

입주자 현황 : 총 2,411세대

– 면적 별 입주자 현황

면적	(전용)20㎡ 이하	(전용)25㎡ 이하	(전용)30㎡ 이하	(전용)35㎡ 이하	(전용)40㎡ 이하	(전용)40㎡ 초과
세대수	–	–	1,813	–	339	259
비율	–	–	75.2%	–	14.1%	10.7%

– 거주기간 별 입주자 현황

기간	5년 이하	10년 이하	15년 이하	20년 이하	25년 이하	25년 초과
세대수	359	285	326	1,441	–	–
비율	14.9%	11.8%	13.5%	59.8%	–	–

– 입주 당시 자격 별 입주자 현황

자격	수급자	철거민	장애인	북한이탈주민	청약저축	기타
세대수	980	–	303	4	588	536
비율	40.6%	–	12.6%	0.2%	24.4%	22.2%

– 세대주 연령 별 입주자 현황

연령	39세 이하	40~49세	50~59세	60~69세	70~79세	80세 이상
세대수	71	94	562	919	479	286
비율	2.9%	3.9%	23.3%	38.1%	19.9%	11.9%

– 가구원 수 별 입주자 현황

인원	1인	2인	3인	4인	5인	6인 이상
세대수	1,125	751	345	137	37	16
비율	46.7%	31.1%	14.3%	5.7%	1.5%	0.7%

가양8단지 _ 서울시 강서구 허준로 176

▌건설 현황

구분	가양8단지	구분	가양8단지
건 설 사	삼성중공업(㈜)	조경면적	7,091.20㎡
준 공 일	1992. 10. 15.	외부시설	어린이공원 1개소
대지면적	30,530.88㎡(약 9,235평)		
연 면 적	59,774.37㎡(지상층) / 892.36㎡(지하층)	주차대수	총 447대(지상 : 354대, 지하 : 93대)

▌입주자 현황 : 총 1,081세대

- 면적 별 입주자 현황

면적	(전용)20㎡ 이하	(전용)25㎡ 이하	(전용)30㎡ 이하	(전용)35㎡ 이하	(전용)40㎡ 이하	(전용)40㎡ 초과
세대수	-	-	-	320	435	326
비율	-	-	-	29.6%	40.2%	30.2%

- 거주기간 별 입주자 현황

기간	5년 이하	10년 이하	15년 이하	20년 이하	25년 이하	25년 초과
세대수	-	36	-	164	-	881
비율	-	3.3%	-	15.2%	-	81.5%

- 입주 당시 자격 별 입주자 현황

자격	수급자	철거민	장애인	북한이탈주민	청약저축	기타
세대수	53	449	1	143	292	143
비율	4.9%	41.5%	0.1%	13.2%	27%	13.2%

- 세대주 연령 별 입주자 현황

연령	39세 이하	40~49세	50~59세	60~69세	70~79세	80세 이상
세대수	66	91	262	349	210	103
비율	6.1%	8.4%	24.2%	32.3%	19.4%	9.5%

- 가구원 수 별 입주자 현황

인원	1인	2인	3인	4인	5인	6인 이상
세대수	323	352	215	123	49	19
비율	29.9%	32.6%	19.9%	11.4%	4.5%	1.8%

가양9단지_ 서울시 강서구 허준로 224

건설 현황

구분	가양9단지	구분	가양9단지
건 설 사	일성종합건설	조경면적	7,135㎡
준 공 일	1992. 10. 15.	외부시설	어린이놀이터 1개소, 게이트볼장 1개소
대지면적	25,329.3㎡(약 7,662평)		
연 면 적	49,896.01㎡(지상층) / 4,049.38㎡(지하층)	주차대수	총254대(지상 : 176대, 지하 : 78대)

입주자 현황 : 총 914세대(공가 : 8세대)

– 면적 별 입주자 현황

면적	(전용)20㎡ 이하	(전용)25㎡ 이하	(전용)30㎡ 이하	(전용)35㎡ 이하	(전용)40㎡ 이하	(전용)40㎡ 초과
세대수	-	-	-	285	359	270
비율	-	-	-	31.2%	39.3%	29.5%

- 거주기간 별 입주자 현황

기간	5년 이하	10년 이하	15년 이하	20년 이하	25년 이하	25년 초과
세대수	87	90	116	100	32	481
비율	9.6%	9.9%	12.8%	11%	3.5%	53.1%

– 입주 당시 자격 별 입주자 현황

자격	수급자	철거민	장애인	북한이탈주민	청약저축	기타
세대수	-	100	-	111	448	247
비율	-	11%	-	12.3%	49.4%	27.3%

- 세대주 연령 별 입주자 현황

연령	39세 이하	40~49세	50~59세	60~69세	70~79세	80세 이상
세대수	54	94	196	295	194	73
비율	6%	10.4%	21.6%	32.6%	21.4%	8.1%

- 가구원 수 별 입주자 현황

인원	1인	2인	3인	4인	5인	6인 이상
세대수	287	326	175	91	21	6
비율	31.7%	36%	19.3%	10%	2.3%	0.7%

방화2-1단지_ 서울시 강서구 방화대로 48길 40

건설 현황

구분	방화2-1단지	구분	방화2-1단지
건 설 사	진로건설(㈜)	조경면적	6,900.84㎡
준 공 일	1993. 10. 25.	외부시설	어린이놀이터 4개소, 배드민탄장, 운동장, 복지관, 어린이집, 경로당
대지면적	33,841㎡(약 10,236평)		
연 면 적	67,595㎡(지상층) / 6,005㎡(지하층)	주차대수	총 384대(지상 : 245대, 지하 : 139대)

입주자 현황 : 총 1,563세대(공가 : 40세대)

– 면적 별 입주자 현황

면적	(전용)20㎡ 이하	(전용)25㎡ 이하	(전용)30㎡ 이하	(전용)35㎡ 이하	(전용)40㎡ 이하	(전용)40㎡ 초과
세대수	–	1,118	–	239	206	–
비율	–	71.5%	–	15.3%	13.2%	–

– 거주기간 별 입주자 현황

기간	5년 이하	10년 이하	15년 이하	20년 이하	25년 이하	25년 초과
세대수	272	225	151	875	–	–
비율	17.9%	14.8%	9.9%	57.5%	–	–

– 입주 당시 자격 별 입주자 현황

자격	수급자	철거민	장애인	북한이탈주민	청약저축	기타
세대수	1,166	–	210	2	–	145
비율	76.6%	–	13.8%	0.1%	–	9.5%

– 세대주 연령 별 입주자 현황

연령	39세 이하	40~49세	50~59세	60~69세	70~79세	80세 이상
세대수	50	94	293	532	360	194
비율	3.3%	6.2%	19.2%	34.9%	23.6%	12.7%

– 가구원 수 별 입주자 현황

인원	1인	2인	3인	4인	5인	6인 이상
세대수	802	439	195	63	20	4
비율	52.7%	28.8%	12.8%	4.1%	1.3%	0.3%

방화6단지 _ 서울시 강서구 금낭화로23길 25

건설 현황

구분	방화6단지	구분	방화6단지
건 설 사	웅산건업(주)	조경면적	6,678.54㎡
준 공 일	1994. 7. 15.	외부시설	어린이놀이터 2개
대지면적	25,115.30㎡(약 7,597평)		
연 면 적	42,586.21㎡(지상층) / 4,350.78㎡(지하층)	주차대수	총 331대(지상 : 233대, 지하 : 98대)

입주자 현황 : 총 1,000세대(공가 : 23세대)

- 면적 별 입주자 현황

면적	(전용)20㎡ 이하	(전용)25㎡ 이하	(전용)30㎡ 이하	(전용)35㎡ 이하	(전용)40㎡ 이하	(전용)40㎡ 초과
세대수	–	596	71	–	333	–
비율	–	59.6%	7.1%	–	33.3%	–

- 거주기간 별 입주자 현황

기간	5년 이하	10년 이하	15년 이하	20년 이하	25년 이하	25년 초과
세대수	148	120	88	83	537	–
비율	15.2%	12.3%	9%	8.5%	55%	–

- 입주 당시 자격 별 입주자 현황

자격	수급자	철거민	장애인	북한이탈주민	청약저축	기타
세대수	375	340	43	70	81	67
비율	38.4%	34.8%	4.4%	7.2%	8.3%	6.9%

- 세대주 연령 별 입주자 현황

연령	39세 이하	40~49세	50~59세	60~69세	70~79세	80세 이상
세대수	73	90	211	307	175	120
비율	7.5%	9.2%	21.6%	31.5%	17.9%	12.3%

- 가구원 수 별 입주자 현황

인원	1인	2인	3인	4인	5인	6인 이상
세대수	450	295	152	57	15	7
비율	46.1%	30.2%	15.6%	5.8%	1.5%	0.7%

방화11단지_ 서울시 강서구 개화동로21길 4

건설 현황

구분	방화11단지	구분	방화11단지
건 설 사	㈜동성종합건설	조경면적	6,371.30㎡
준 공 일	1994. 4. 30.	외부시설	어린이놀이터 2개소, 배구장
대지면적	22,991.50㎡(약 6,954평)		
연 면 적	42,949.40㎡(지상층) / 4,468.01㎡(지하층)	주차대수	총 263대(지상 : 178대, 지하 : 85대)

입주자 현황 : 총 1,065세대

– 면적 별 입주자 현황

면적	(전용)20㎡ 이하	(전용)25㎡ 이하	(전용)30㎡ 이하	(전용)35㎡ 이하	(전용)40㎡ 이하	(전용)40㎡ 초과
세대수	-	770	-	147	148	-
비율	-	72.3%	-	13.8%	13.9%	-

– 거주기간 별 입주자 현황

기간	5년 이하	10년 이하	15년 이하	20년 이하	25년 이하	25년 초과
세대수	211	174	98	87	495	-
비율	19.8%	16.3%	9.2%	8.2%	46.5%	-

– 입주 당시 자격 별 입주자 현황

자격	수급자	철거민	장애인	북한이탈주민	청약저축	기타
세대수	789	-	162	3	1	110
비율	74.1%	-	15.2%	0.3%	0.1%	10.3%

– 세대주 연령 별 입주자 현황

연령	39세 이하	40~49세	50~59세	60~69세	70~79세	80세 이상
세대수	27	68	193	417	240	120
비율	2.5%	6.4%	18.1%	39.2%	22.5%	11.3%

– 가구원 수 별 입주자 현황

인원	1인	2인	3인	4인	5인	6인 이상
세대수	541	322	141	43	13	5
비율	50.8%	30.2%	13.2%	4%	1.2%	0.5%

성산단지 _ 서울시 마포구 월드컵로 207

건설 현황

구분	성산단지	구분	성산단지
건 설 사	고려개발, 삼성	조경면적	10,712.77㎡
준 공 일	1991. 5. 31.	외부시설	어린이놀이터 4개소, 주민운동시설 2개소, 사회복지관 1개소
대지면적	39,883.2㎡(약 12,065평)		
연 면 적	84,565.66㎡(지상층) / 4,568.18㎡(지하층)	주차대수	총 382대(지상 : 382대)

입주자 현황 : 총 1,807세대(공가 : 27세대)

- 면적 별 입주자 현황

면적	(전용)20㎡ 이하	(전용)25㎡ 이하	(전용)30㎡ 이하	(전용)35㎡ 이하	(전용)40㎡ 이하	(전용)40㎡ 초과
세대수	–	–	536	717	554	–
비율	–	–	29.7%	39.7%	30.7%	–

- 거주기간 별 입주자 현황

기간	5년 이하	10년 이하	15년 이하	20년 이하	25년 이하	25년 초과
세대수	134	224	117	158	130	1,017
비율	7.5%	12.6%	6.6%	8.9%	7.3%	57.1%

- 입주 당시 자격 별 입주자 현황

자격	수급자	철거민	장애인	북한이탈주민	청약저축	기타
세대수	576	–	347	11	0	846
비율	32.4%	–	19.5%	0.6%		47.5%

- 세대주 연령 별 입주자 현황

연령	39세 이하	40~49세	50~59세	60~69세	70~79세	80세 이상
세대수	42	97	265	449	732	195
비율	2.4%	5.4%	14.9%	25.2%	41.1%	11.0%

- 가구원 수 별 입주자 현황

인원	1인	2인	3인	4인	5인	6인 이상
세대수	635	621	292	144	62	26
비율	35.7%	34.9%	16.4%	8.1%	3.5%	1.5%

대치1단지_ 서울시 강남구 개포로109길5

건설 현황

구분	대치1단지	구분	대치1단지
건 설 사	라이프, 남강건설	조경면적	6,163㎡
준 공 일	1991. 11. 20.	외부시설	어린이놀이터 4개소
대지면적	41,092.17㎡(약 12,430평)		
연 면 적	66,521.50㎡(지상층) / 8,122㎡(지하층)	주차대수	총 420대(지상 : 420대)

입주자 현황 : 총 1,623세대

– 면적 별 입주자 현황

면적	(전용)20㎡ 이하	(전용)25㎡ 이하	(전용)30㎡ 이하	(전용)35㎡ 이하	(전용)40㎡ 이하	(전용)40㎡ 초과
세대수	–	–	1120	503	–	–
비율	–	–	69.0%	31.0%	–	–

– 거주기간 별 입주자 현황

기간	5년 이하	10년 이하	15년 이하	20년 이하	25년 이하	25년 초과
세대수	189	117	121	116	77	1003
비율	11.6%	7.2%	7.5%	7.1%	4.7%	61.8%

– 입주 당시 자격 별 입주자 현황

자격	수급자	철거민	장애인	북한이탈주민	청약저축	기타
세대수	1214	–	263	6	–	140
비율	74.8%	–	16.2%	0.4%	–	8.6%

– 세대주 연령 별 입주자 현황

연령	39세 이하	40~49세	50~59세	60~69세	70~79세	80세 이상
세대수	40	89	160	569	615	150
비율	2.5%	5.5%	9.9%	35.1%	37.9%	9.2%

– 가구원 수 별 입주자 현황

인원	1인	2인	3인	4인	5인	6인 이상
세대수	738	543	208	86	37	11
비율	45.5%	33.5	12.8	5.3	2.3	0.7%

수서1단지_ 서울시 강남구 일원1동 711

건설 현황

구분	수서1단지	구분	수서1단지
건 설 사	진로건설, ㈜신한	조경면적	15,928㎡
준 공 일	1992. 11. 20.	외부시설	어린이놀이터 4개소, 배드민턴장
대지면적	약 61,176㎡(약 18,505평)		
연 면 적	약 120,749.64㎡	주차대수	총 503대

입주자 현황 : 총 2,214세대(임대 : 2214세대, 분양 : 720세대)

- 면적 별 입주자 현황

면적	(전용)20㎡ 이하	(전용)25㎡ 이하	(전용)30㎡ 이하	(전용)35㎡ 이하	(전용)40㎡ 이하	(전용)40㎡ 초과
세대수	–	–	692	297	925	300
비율	–	–	30.3%	13.4	41.8%	13.6%

- 거주기간 별 입주자 현황

기간	5년 이하	10년 이하	15년 이하	20년 이하	25년 이하	25년 초과
세대수	181	124	146	–	–	1763
비율	8.2%	5.6%	6.6%	–	–	79.6%

- 입주 당시 자격 별 입주자 현황

자격	수급자	철거민	장애인	북한이탈주민	청약저축	기타
세대수	438	805	119	49	216	587
비율	19.8%	36.4%	5.4%	2.2%	9.8%	26.5%

- 세대주 연령 별 입주자 현황

연령	39세 이하	40~49세	50~59세	60~69세	70~79세	80세 이상
세대수	101	159	427	774	520	233
비율	4.6%	7.2%	19.3%	35.0%	23.5%	10.5%

- 가구원 수 별 입주자 현황

인원	1인	2인	3인	4인	5인	6인 이상
세대수	711	746	421	244	63	29
비율	32.1%	33.7%	19.0%	11.0%	2.8%	1.3%

수서6단지_ 서울시 강남구 광평로 56길 11

건설 현황

구분	수서6단지	구분	수서6단지
건 설 사	동신주택	조경면적	7,359.29㎡
준 공 일	1992. 12. 24.	외부시설	어린이놀이터 2개소, 체육시설
대지면적	29,945㎡(약 9,058평)		
연 면 적	57,880.99㎡(지상층) / 2,174.76㎡(지하층)	주차대수	총 276대(지상 : 276대)

입주자 현황 : 총 1,508세대(공가 : 63세대)

- 면적 별 입주자 현황

면적	(전용)20㎡ 이하	(전용)25㎡ 이하	(전용)30㎡ 이하	(전용)35㎡ 이하	(전용)40㎡ 이하	(전용)40㎡ 초과
세대수	-	1154	210	-	144	-
비율	-	76.5%	13.9%	-	9.5%	-

- 거주기간 별 입주자 현황

기간	5년 이하	10년 이하	15년 이하	20년 이하	25년 이하	25년 초과
세대수	260	136	111	52	65	821
비율	18.0%	9.4%	7.7%	3.6%	4.5%	56.8%

- 입주 당시 자격 별 입주자 현황

자격	수급자	철거민	장애인	북한이탈주민	청약저축	기타
세대수	1131	-	152	7	-	155
비율	78.3%	-	10.5%	0.5%	-	10.7%

- 세대주 연령 별 입주자 현황

연령	39세 이하	40~49세	50~59세	60~69세	70~79세	80세 이상
세대수	42	97	233	507	379	187
비율	2.9%	6.7%	16.1%	35.1%	26.2%	12.9%

- 가구원 수 별 입주자 현황

인원	1인	2인	3인	4인	5인	6인 이상
세대수	768	465	149	44	13	6
비율	53.1%	32.2%	10.3%	3.0%	0.9%	0.4%

거여3단지 _ 서울시 송파구 양산로 2길 44

건설 현황

구분	거여 3단지	구분	거여 3단지
건 설 사	자유종합건설(주)	조경면적	5,072.20㎡
준 공 일	2000. 11. 9.	외부시설	어린이놀이터 2개소, 배드민턴장 1개소, 휴게시설 3개소
대지면적	16,950.10㎡(약 5,127평)		
연 면 적	36,738.03㎡(지상층) / 15,638.67㎡(지하층)	주차대수	총 430대(지하 : 430대)

입주자 현황 : 총 598세대(공가 : 39세대)

– 면적 별 입주자 현황

면적	(전용)20㎡ 이하	(전용)25㎡ 이하	(전용)30㎡ 이하	(전용)35㎡ 이하	(전용)40㎡ 이하	(전용)40㎡ 초과
세대수	–	–	–	–	380	218
비율	–	–	–	–	63.5%	36.5%

– 거주기간 별 입주자 현황

기간	5년 이하	10년 이하	15년 이하	20년 이하	25년 이하	25년 초과
세대수	68	156	78	257	–	–
비율	12.2%	27.9%	14%	46%		

– 입주 당시 자격 별 입주자 현황

자격	수급자	철거민	장애인	북한이탈주민	청약저축	기타
세대수	30	77	–	38	253	161
비율	5.4%	13.8%	–	6.8%	45.3%	28.8%

– 세대주 연령 별 입주자 현황

연령	39세 이하	40~49세	50~59세	60~69세	70~79세	80세 이상
세대수	33	86	155	159	87	39
비율	5.9%	15.4%	27.7%	28.4%	15.6%	7%

– 가구원 수 별 입주자 현황

인원	1인	2인	3인	4인	5인	6인 이상
세대수	181	183	102	64	22	7
비율	32.4%	32.7%	18.2%	11.4%	3.9%	1.3%

거여6단지_ 서울시 송파구 양산로 2길 38

건설 현황

구분	거여6단지
건 설 사	삼우종합건설(㈜)
준 공 일	1997. 3. 21.
대지면적	13,158.10㎡(약 3,980평)
연 면 적	36,560.74㎡(지상층) / 10,647.11㎡(지하층)

구분	거여6단지
조경면적	3,211.78㎡
외부시설	어린이놀이터 2개소, 주민운동시설 1개소
주차대수	총 304대(지상 : 61대, 지하 : 243대)

입주자 현황 : 총 660세대(공가 : 37세대)

- 면적 별 입주자 현황

면적	(전용)20㎡ 이하	(전용)25㎡ 이하	(전용)30㎡ 이하	(전용)35㎡ 이하	(전용)40㎡ 이하	(전용)40㎡ 초과
세대수	-	-	-	-	660	-
비율	-	-	-	-	100%	-

- 거주기간 별 입주자 현황

기간	5년 이하	10년 이하	15년 이하	20년 이하	25년 이하	25년 초과
세대수	57	78	63	49	376	-
비율	9.1%	12.5%	10.1%	7.9%	60.4%	-

- 입주 당시 자격 별 입주자 현황

자격	수급자	철거민	장애인	북한이탈주민	청약저축	기타
세대수	55	428	2	26	56	56
비율	8.8%	68.7%	0.3%	4.2%	9%	9%

- 세대주 연령 별 입주자 현황

연령	39세 이하	40~49세	50~59세	60~69세	70~79세	80세 이상
세대수	24	62	168	175	137	57
비율	3.9%	10%	27%	28.1%	22%	9.1%

- 가구원 수 별 입주자 현황

인원	1인	2인	3인	4인	5인	6인 이상
세대수	196	175	144	81	22	5
비율	31.5%	28.1%	23.1%	13%	3.5%	0.8%

면목단지 _ 서울시 중랑구 용마산로228

건설 현황

구분	면목단지	구분	면목단지
건 설 사	㈜한신공영	조경면적	8,415㎡
준 공 일	1991. 9. 30.	외부시설	어린이놀이터 3개소, 복지관
대지면적	24,833㎡(약 7,511평)		
연 면 적	41,000.77㎡(지상층) / 4,152.29㎡(지하층)	주차대수	총 335대(지상 : 335대)

입주자 현황 : 총 905세대(공가 : 25세대)

- 면적 별 입주자 현황

면적	(전용)20㎡ 이하	(전용)25㎡ 이하	(전용)30㎡ 이하	(전용)35㎡ 이하	(전용)40㎡ 이하	(전용)40㎡ 초과
세대수	–	–	264	403	238	–
비율	–	–	29.2%	44.5%	26.3%	–

- 거주기간 별 입주자 현황

기간	5년 이하	10년 이하	15년 이하	20년 이하	25년 이하	25년 초과
세대수	81	84	89	62	48	516
비율	9.2%	9.5%	10.1%	7%	5.5%	58.6%

- 입주 당시 자격 별 입주자 현황

자격	수급자	철거민	장애인	북한이탈주민	청약저축	기타
세대수	652	–	182	3	–	43
비율	74.1%	–	21%	0.3%	–	4.9%

- 세대주 연령 별 입주자 현황

연령	39세 이하	40~49세	50~59세	60~69세	70~79세	80세 이상
세대수	28	48	142	303	324	35
비율	3.2%	5.5%	16.1%	34.4%	36.8%	4%

- 가구원 수 별 입주자 현황

인원	1인	2인	3인	4인	5인	6인 이상
세대수	298	288	170	85	31	8
비율	33.9%	32.7%	19.3%	9.7%	3.5%	0.9%

공간복지 Vol.1

2020년 4월 16일 초판 1쇄 발행
2020년 11월 25일 초판 2쇄 발행

기　　획　서울주택도시공사 공간복지전략실
　　　　　(김세용, 김혜정, 모세범, 김한나,
　　　　　박권수, 박태원, 원선미, 이재원)
지 은 이　권영상, 김동현, 김아연, 김영욱, 김정곤, 김진욱,
　　　　　김충호, 김현, 민병욱, 박윤미, 박진아, 백진, 서예례,
　　　　　송하엽, 원정연, 이경훈, 이명식, 이상윤, 이영범,
　　　　　유상오, 유석연, 오상헌, 정욱주, 주범, 최혜영, 홍경구
펴 낸 이　박해진
펴 낸 곳　도서출판 학고재

등　　록　2013년 6월 18일 제2013-000186호
주　　소　서울시 마포구 새창로 7(도화동) SNU장학빌딩 17층
전　　화　1600-3459(편집), 02-745-1722(마케팅)
홈페이지　www.i-sh.co.kr(서울주택도시공사), facebook.com/hakgojae(학고재)

I S B N　978-89-5625-392-3 94300
　　　　　978-89-5625-391-6 94300(세트)